薄荷实验
Think As The Natives

亲密的分离

当代日本的独立浪漫史

［美］艾莉森·阿列克西 著

徐翔宁 彭馨妍 译

Intimate Disconnections

Divorce and the Romance of Independence in Contemporary Japan

Allison Alexy

华东师范大学出版社
·上海·

图书在版编目（CIP）数据

亲密的分离：当代日本的独立浪漫史/（美）艾莉森·阿列克西著；徐翔宁，彭馨妍，译 . — 上海：华东师范大学出版社，2022
　ISBN 978-7-5760-3103-4

Ⅰ. ①亲…　Ⅱ. ①艾…②徐…　Ⅲ. ①文化史—研究—日本　Ⅳ. ① K313.03

中国版本图书馆 CIP 数据核字（2022）第 169586 号

亲密的分离：当代日本的独立浪漫史

著　　者	［美］艾莉森·阿列克西
译　　者	徐翔宁　彭馨妍
责任编辑	顾晓清
审读编辑	陈锦文　韩　鸽
责任校对	周爱慧
封面设计	周伟伟
出版发行	华东师范大学出版社
社　　址	上海市中山北路 3663 号　邮编　200062
网　　址	www.ecnupress.com.cn
邮购电话	021－62869887
网　　店	http://hdsdcbs.tmall.com/
印 刷 者	苏州工业园区美柯乐制版印务有限责任公司
开　　本	890×1240　32 开
印　　张	9.5
版面字数	151 千字
版　　次	2023 年 1 月第 1 版
印　　次	2023 年 1 月第 1 次
书　　号	ISBN 978-7-5760-3103-4
定　　价	69.80 元
出 版 人	王　焰

（如发现本版图书有印订质量问题，请寄回本社市场部调换或电话 021-62865537 联系）

目录

引言　焦虑和自由　　　　　　　　　　　　001

"永久"的终结　　　　　　　　　　　　　　005
定义"亲密"　　　　　　　　　　　　　　　008
浪漫与亲密的形式　　　　　　　　　　　　010
缺乏安全感时代中的亲属关系　　　　　　　012
通过"依赖"和"联结"理论化人际关系　　　019
作为符号和统计数据的离婚　　　　　　　　021
性别与离别机制　　　　　　　　　　　　　025
离婚人类学　　　　　　　　　　　　　　　027
民族志研究方法——如何找到离婚的人　　　029
梅：离婚经历被发现了　　　　　　　　　　036
本书的章节组成　　　　　　　　　　　　　039

第一部分 | 终结的开始

第一章　日本亲密关系的政治经济学　001

经济奇迹、公司家庭，以及"日本公司"　006

处在"奇迹"核心的劳动男女有别　008

税收与工薪结构对性别差异的强化　014

　山口先生：尝试成为一个好丈夫　016

情感脱节、生活依存的婚姻　019

　野村女士：最后一段时光　021

泡沫破灭与经济重组　024

关于责任的说法　025

新经济中理想的亲密关系　027

　青山女士：分离中的"日本公司"　029

重新出发寻找亲密关系　032

女性花钱买离婚？　034

第二章　避免离婚的两个建议　037

脱节依存和空气般的爱　041

相联独立与爱就大声说出来　044

　贞子：小词汇对婚姻有益　047

　藤田先生：话多的"空气"　048

爱称　051

　大田女士：我不是你妈！　053

爱的依赖　055

悦子和矢野先生：依赖中的浪漫   059
依赖的吸引力   061
为"我自己"离婚   063
什么样的联系最好？   065

第二部分 | 法律上的分离

第三章　达成协议   067

缔造家族国家   071
通过家制度和户籍制度对家庭立法   074
离婚的法律流程   078
简单的离婚也花时间   084
 麻里子：让时间说服他   084
 和田女士：为了孩子   086
 范子：离婚还在进行中   088
争取签字   090
 樱井女士：延续的感情   090
 田中女士：从暴力中脱身   093
什么让人们达成协议？   095

第四章　家庭分合   099

监护权的法律结构   104
共同监护的现实状况   106
 和田女士和冈田先生：探索复合型家庭   107

一刀两断的逻辑	112
三浦：一定是最好的选择	116
共同抚养以及探望子女的相关法律支持	117
性别和监护权	120
监护权中的巨大争议	123
远藤先生：为将来计划	126
保持联系好还是不好？	128

第三部分 | 作为前任

第五章　离异后的生活　　　　　131

户籍卡脏了	135
离婚污名	139
新型婚姻失败者	143
日渐增长的贫富差距	145
梅：没想到贫困会来临	148
性别与离异贫困	153
千春：勉强度日	156
离婚的代价是否值得？	158

第六章　社会关系断裂后的新生　　　　　161

无缘社会	165
吉田先生：太近了	167
离开与被离开	171

疗愈项目的世界	173
没有男性想要参加这个活动	176
女性小组:学习倾听	179
良子女士:计划确凿	*181*
吉田先生和秋吉先生:我一点都不想你	*184*
分离可以成为团聚的理由吗?	187

结语 终点和新起点   191

| 重新思考人际关系 | 192 |
| 尾声 | 193 |

附录:人物介绍   197
注 释   203
参考文献   221

引言　焦虑和自由

  2006 年 2 月，我在电梯里遇到一个中年男人。我们并不认识，但他可能看出我长得不像日本人，就礼貌地问我在东京做什么。我解释道，在做研究，与离婚、当代家庭变迁相关。他紧张地笑了笑，回应道："我认识的所有男人都很害怕。我们都被吓到了。"我还没有追问，他便主动讲起他对离婚的恐惧——他很担心妻子会不理睬他的意愿，执意离婚。他甚至还没介绍自己，就分享了这些很私密的困扰。向陌生人如此主动地分享私密困境，是令人意外的；同样意外的，还有山口先生极其肯定的态度，他认为这困扰毋庸置疑是普遍的。就像他自己怕被离婚一样，他坚信很多男人也在类似处境中——离婚是悬在头顶的剑。随后，我们一同向最近的车站走去，一路上他详细描述了他妻子可能离婚的原因：他俩的爱好和朋友圈毫无交集，同时他常因工作而不着家。这些原因很常见也很真实，只是离婚也很普遍。近来法律有所调整，给妻子在离异后提供了前所未有的稳定的经济支持。这个巨变让很多和山口先生一样的已婚男子更加恐惧他们的妻子会抛弃他们。

  同时，另外一些人在设想离婚时有着完全不同的状态。良子，这个中年妇女边讲她的离婚计划边咯咯笑起来。对她来说，离婚的想法本身就很快乐。良子今年五十多岁，是家庭主妇，已经支持她丈夫工作了二十多年。日本二战后，劳动的性别化分工非常明确，良子女士活脱脱就是那时性别分工的实例。我们才认识几分钟，她便开始说她丈夫一大堆要命的问题。很多年来，她在婚姻中并不快乐，而通过邮件发现她丈夫出轨，成了离婚前最后一根稻草——或者说几乎是最后一根稻草。在我们第一次会面的家庭事务支持小组上，良子女士还没有就离婚问题诉诸法律，但很明显她是乐意这样去做的。当山口先生认为离婚只意味着扑面而来的孤独时，良子女士只要想想离婚后的各种可能性，就能感受到强烈又真实的快乐。在她的描述中，离婚代表着向自由和快乐迈出重要的一步。过去几个世纪中，离婚在日本都是合法的，二战后离婚率或有攀升。但是在 21 世纪之初，离婚迅速变得肉眼可见地普遍，成为一个可行的选择，这是从未有过的情形。即使从来没有认真考虑过离婚的人，都在臆想着离开他们的配偶。其中一些把臆想化为行动，把离婚变成现实。另外一些人则开始担忧他们可能会被突然抛弃。这样的恐惧和臆想在大众媒体中也很常见。以离婚为主题的日剧聚集了难以想象的高人气，在年长的观众群体中尤其受欢迎。报纸和杂志也开始刊登各种指导，告诉人们"如何提出离婚 / 走法律程序"，或者"如何提高婚姻质量而避免离婚"。每日的谈话节目也提供测量婚姻质量的小问卷，并且将答案用年龄和性别分类。这类问卷同时提供提高婚姻质量的小妙招，以便有需要的人（比如中老年男子）在现实中应用（Saitō, 2005）。指导手册则会给出更笼统的建议，常见的有《离婚让一些人快乐一些人痛苦》和《绝对不后悔：轻松离婚手册》(Yanagihara and

Ōtsuka，2013；Okano，2001）。还有一些出版商瞄准了更精细的读者群体，出版了诸如《离婚后的父母和孩子》《我的丈夫是个陌生人》《对男人最好的离婚策略》等手册（Himuro，2005；Okano，2008；Tsuyuki，2010）。日本政府和市政部门也新建了网站，向民众普及他们应当了解的离婚后权益，女性读者是重点普及对象。想要做婚姻咨询的人比十年、二十年前多了很多选择。任何人都可以轻易地找到线上或者线下的咨询疗程、支持小组或者专业咨询师。在这个环境中，离婚在大众意识中成为一个可行的选择。有些人在考虑计划离婚，另外一些人则处在担忧、臆想离婚的过程中。虽然像山口先生一样在电梯里和陌生人谈离婚还是有点突兀，但是关注这个话题其实是很自然的一件事，没有想象的那么极端，毕竟对于离婚的讨论，例如有关离婚带来的风险或者希望，充斥在流行文化、私人关系以及政府的话语中。这本书研究作为个人生活和家庭变迁的一个阶段的离婚。同时，离婚也离不开变化中的大环境——从前的行为准则、社交合约、隐性允诺都不再理所当然，但依旧有吸引力。当人们在臆想离婚，或者拯救当下的婚姻时，他们辩论探讨的内容不仅包括如何和他人建立并保持健康的关系，也涉及分离可能带来的风险和机遇。在这些讨论中，每一个词都是有争议的，从什么能够成就一段"好"的婚姻，到可预见或者不可预见的离婚风险，比如对小孩的影响。在个人层面上，离婚的想法常常会引发关于亲密关系特征的深度思考，比如哪些特征会伤人，哪些会让人有安全感，哪些会产生机遇，或者哪些让人感觉良好。这本书追寻的是一个过程——人们如何在婚姻、家庭关系、生命中看到自己想要的是什么，在与他人的关系中表达自身诉求时，遇到了怎样的困境。在个体、家庭和国家层面，21世纪之初的离婚潮引发了关于亲密关系中价值、风险、安全感的严肃讨论。人们如何下决心去结束一段关系，以及如何决定结束哪一段关系呢？

本书认为日本男性和女性考虑离婚时，他们常常需要去调和亲密、联结以及依赖等不同方向的作用力，这个过程很艰难。人们试图分析什么缘由可以正大光明地结束一段婚姻时，他们发现与联结和依赖相关的问题可以成为依据。联结和依赖对判断亲密关系的质量、安全感，或者更笼统的成功与否有决定意义，但并不提供固定答案。这些讨论反映了多重意识形态在浪漫关系上的交汇，一方面涉及日本文化中的人际关系理念，另一方面离不开日益流行的新自由主义伦理观——个人与个体责任愈发重要。日本男人和女人们从这些不同理念中吸收建议，了解如何拥有一段稳固的亲密关系，如何修复有问题的婚姻，抑或如何离开让人不满意的伴侣。但是他们时常处于两难困境，发现不同理念之中的矛盾之处，特别是涉及对亲密关系的态度以及维持稳固婚姻（而不是家庭）的方法。

两性在考虑离婚或者如何避免离婚时，关于亲密关系中的风险与可能性，他们要考虑这样一些问题：人们如何能够保持一定程度的亲密而它又不变得令人窒息？一个人如何能在传统模式不再可行之际，建立有意义、有爱、相互扶持的亲密关系？什么样的亲密模式对于婚姻、家庭，甚至更广义地说，对于国家最为有利？"无联结"在什么时候是一种补救或者营救措施，又在什么时候是自私的证据？用更直白的话说，真的忍不下去时，你会怎样做？

"永久"的终结

日本二战之后，（异性）婚姻一直是强有力的社会行为准则，只有结了婚的人才是负责任的社会人[1]。绝大多数人都会结婚，并且维持（异性）婚姻是"正常"的表现（Dasgupta，2005；McLelland，2005）。然而（异性）婚姻的主导地位，以及理想婚姻的形态，在21世纪初的日本，明面上暗地里都受到了质疑和挑战。很多公开或者私下的讨论把当代的亲密关系放在传统的对立面，明摆着将新做法、偏好及建议与旧常态作对比。不论是婚姻建议还是幸福满意度量表，电视上评论员们详细描述这些新做法时，常常理想化某些特定的亲密行为，这些理想行为与上一代人中的模范行为截然相反。那一代人的婚姻模式在二战后占主导地位，一度让人感觉会永久存在。然而这种永久存在的印象，只能在离婚率高企的环境中，进一步给各种离婚焦虑煽风点火。

公众和媒体对离婚的关注，不仅仅是对高企的离婚率的反应，它本身也和离婚率的增长齐头并进。日本的离婚率从1947年的1.02‰增长到2015年的1.81‰，其中2002年达到峰值2.30‰。特别是从20世纪90年代早期开始，离婚成为愈发普遍的经历。从离婚案件的绝对数值也可以看出这一点，1990年大约有 15 万零 7 千个离婚案件,该数字在 2015 年增长到逾 22 万零 6 千,2002 年的峰值是近 29 万。

但是这种流行趋势中,无处不在的离婚焦虑和臆想难以全部借由离婚率或是离婚案件数目来解释。离婚作为一个想法、威胁,或是臆想比数字更能够传达出重要意义。就像山口先生在电梯中吐露的忧虑和良子女士的欢乐计划一样,很多人只是在思考而不是正在经历离婚,这种思考会让人们重新审视什么样的亲密关系是理想、合意且可行的。

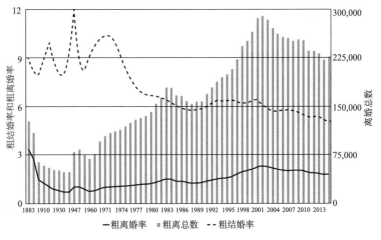

图 1　粗结婚率、粗离婚率与离婚总数　1883—2015

说明:"粗"率是人口中每千人的案件数。(计算细节详见 MHLW 2017,表格 6.1 和 6.2)

具体来说,焦虑和臆想聚集在"熟年离婚"(*jukunen rikon*),即快要退休或者已经退休的两口子要离婚。由于一个法律上的变化——离婚的女性可以合法占有前夫国家退休金的一半（Alexy，2007；Itō，2006），熟年离婚抓住了公众的想象力。这个法律变更在 2004 年通过，2007 年开始执行。日本政府通过这个法案增加想要离婚的老年女性的收入。尽管这个收入的增加并不足以支撑独立生活，但是该法律的变更前所未见地促使很多女性开始考虑离婚。

晚间日剧或者日间谈话节目往往将熟年离婚呈现为女性赋权的象征，以及婚姻、亲密关系理想型变迁的证据。男性从前赚钱养家的领导形象也被颠覆，现在被描述成无能的失败者，靠着老婆，看脸色过日子。对于什么是好丈夫、理想妻子与完美婚姻，尽管人们有不同意见，时常有争议，但总的来说已经变了。很多年长的男性向我指出，突然之间，现在他们像几十年前的标准丈夫那样做，会收到离婚警告。在七八十年代，常见的理想婚姻是夫妻主要通过经济利益联结，在日常生活上几乎是分开的。在这个模式中，丈夫和妻子有不同的责任和任务——丈夫做有偿劳动，妻子负责处理家务、带孩子，他们很少有一起社交的机会。而 21 世纪初的新模式认为最好的婚姻是那些夫妻双方情感相通的婚姻。这个模型里，夫妻也是最好的朋友，是爱和相互扶持把他们拴在一起，而不是金钱。

事实上，公共领域和私人空间内关于熟年离婚的探讨，关注的是一个更广阔的话题——亲密关系的理想形态，亲密关系对个体的影响，以及亲密关系中涉及的个体、国家利益。熟年离婚之所以吸引了媒体的注意力，是因为人们很难想象，爷爷奶奶那辈缔造日本经济复苏神话的人，竟然决定不再忍受他们的婚姻。熟年离婚的统计数据其实与话题热度并不匹配。2015年的数据表明，日本大多数离婚发生在30到34岁之间，涉及65岁以上男性的离婚案件不到总数的3%。然而，熟年离婚依旧明确指向了亲密关系中标准的变迁，给人们一个契机去讨论之前视为正常的关系如何变得愈发地高风险，甚至是产生破坏效果。

定义"亲密"

近几十年间，学者对"亲密"的关注呈爆发式增长，特别是在社会科学和人文领域。"亲密"可能意指在友情、亲子、两性关系中一系列迥异的信念和具体做法。虽然"亲密"难以明确界定，但越来越多学术著作开始关注"亲密"这个概念。尽管大众对于"亲密"的理解更倾向于情感上的亲密，但是学界正在挑战并且完善这个过于简化的版本。在泽利泽（Zelizer）看来，一段亲密关系，不仅仅是紧密，而且需要同时被标记为紧密；关系的紧密是可以表达、可以识别的，关系中的个体可以接受到特定的信息并提供特定的关注（Zelizer，2010：268）。她标记了两种亲密，这两种亲密有相通之处，也有交集：第一种是涉及个人信息传递的关系，第二种是大范围、长期的关系。两种都可能包含不同"类别"的亲密，包括身体、信息和情感上的亲密。鲍里斯和帕利娜斯（Boris and Parreñas，2010：2）同样认为亲密既可以通过身心亲近来实现，也可以通过近距离观察或者掌握个体信息来达成，两者不必同时发生。更重要的是，伯兰特（Berlant，2000）和门多萨（Mendoza，2016：10）让人确信，亲密从来就没有听上去的那么私人。不用说道德评判，政治活动、政府的注意力就经常聚焦在亲密生活和行为上，从同性婚姻到堕胎权，通过家庭关系取得公民身份，无一不在政治的笼罩中。和直觉相反，亲密从来就不只是私人的，它一直纠缠在实际的社会关系与大众臆想中（Frank，2002：xxviii）。因此尽管人们常常假设亲密是私人的，但是实际上它存在于公众意识的中心（Faier，2009：14；Ryang，2006；Wilson，2004：11）。从以前的研究出发，我将含有以下特点的关系定义为"亲密关系"：（1）有特定的情感、身体或者信息上的紧密联系，或是准备发展出这种紧密联系；（2）发生在人们通常认为的"私人"领域——即使我明白这个类别有建构的一面；（3）经常由爱情和/或是性欲望、性接触产生，不过，这个条件不是必要的。

在日本的话语以及学界研究中，"亲密"是众多术语中的一个，从英文直译过来的版本并不是日本当代学术讨论的核心。在当代研究中，日本也有相似的一些用于讨论浪漫关系的词汇，包括恋爱（ren'ai）、爱（ai）、love（rabu），最后一个是源于英文的舶来词汇（Shibamoto Smith，1999，2004）。虽然有时"恋爱"听上去更加正式且循规蹈矩，但是人们也常常辩论哪些术语能够最好地体现不同形式和风格的爱。而且当大家讨论浪漫关系时，经常把这些术语轮换着用。具体讨论到理想亲密关系时，大家可能会使用强调配偶的术语，比如"丈夫"（danna）这个词的引申含义。这个词字面含义是"主人"。

浪漫与亲密的形式

我刚开始做这个项目时,以为已经离异或者快要离异的人们会难过,感到孤独、被抛弃,或者抑郁。当然,我碰到过这样的人,其实几乎所有人都会在这个循环里进进出出。只是,我从来没能设想到会有这么多人和我谈浪漫以及爱。与我的预想不同,很多离异的人想要聊浪漫的爱情,包括他们想要的是什么样的浪漫,如何得到它,以及他们对于"好"的浪漫关系的理解是如何随着年岁渐长而变化的。这些访谈对象促使我在研究中去提炼"离异"和"浪漫爱情"两者的理论关系。毕竟如果离异是婚姻不理想的结果,浪漫与否可能就是测量的工具。

即使浪漫具体指什么还在不断变化中,时常有争议,学者们也已经把浪漫当作一个理解不同文化中社会关系的平台。具体地说,他们关注一个越来越火的概念,即**"心灵伴侣式婚姻"**(companionate marriage),也叫有爱的婚姻。这个概念指的是婚姻建筑在"伙伴关系"与"友情以及性满足"之上,情感上的亲密尤为重要,而家庭责任、传宗接代或是其他什么责任感都退居其次(Smith,2009:163;Simmons,1979:54)[2]。人们常常把"有爱的婚姻"和现代的自我觉知联系起来,认为现代人应该要求这样的爱。心灵伴侣式婚姻常常是进步个人主义的最好诠释(Masquelier,2009:226;Smith,2008:232)。托马斯和科尔(Thomas and Cole,2009:5)提出"得到爱就是得到现代性"。葛雷格（Gregg，2006：158）也把心灵伴侣式婚姻描述成现代性理念的核心之一。比如有些墨西哥人认为，和他们父母那一代的婚姻相比，当代婚姻更"'好'，因为更自由、更快乐、更让人满足，甚至更有权威性"（Hirsch，2003：13；Schaeffer，2013：17）。虽然这些常见的论断都说特定的亲密模式更现代。

沃德洛和赫希（Wardlow and Hirsch，2006：14）认定心灵伴侣式婚姻这种理想标准对男女双方而言，有得也有失。学者们甚至发现即便是在现代婚姻中，"亲属、社群纽带依旧很牢固"（Smith，2009：163）。这可能意味着话语上的变迁没有落到实处。也可能是，想要变得更现代的想法和努力，反而会损害人们的身份认同、在社群中的地位，甚至是身体健康（Collier，1997；Hirsch，2003；Smith，2006）。因此针对浪漫关系的研究发现，不同浪漫形式和操作中的想法其实是现代性认同的体现，这些想法本身可以带来更多自由。同时，研究也具有批判性，把这样的亲密关系放到了权力与不平等的研究框架中。虽然很多人认为浪漫爱情体现了个人选择以及现代性，但学者进一步挖掘两者关系，质疑任何把爱情与自由画等号的简单想法。

每时每刻的决定中，人们不仅考虑是否要亲密，还有如何表现、感受亲密。在当代日本，不同的亲密形式表现出巨大的差异，但这些表现出的差异不能被简单地解读为感情存在与否。比如，情侣间可能在公开场合秀恩爱、牵手、亲吻对方、说甜言蜜语。然而这些行为可能让其他在场的情侣感到极度尴尬，只想回到私人空间里再亲热。由此延伸，我们可以想象有的情侣认为行动比言语更能表现亲密，甚至有些人在私人空间里也说不出"我爱你"这样的话。所有这些情侣可能都爱着对方，彼此之间也足够亲密，但是表达方式迥异。一个局外人可能觉得有些情侣看上去比另外一些更亲密，事实上到底有多亲密很难判定。更重要的是，伴侣间可能对于如何表达情感有不同看法，从而引发矛盾。

新世纪之初，大家在讨论如何提高婚姻质量、避免离婚时，一个核心内容是亲密形式的变化。具体问题的争论总会转移到天差地别的亲密形式上，不论这个问题是稳固婚姻的条件，还是离婚原因的标准。熟年离婚进入公众视野时，大家震惊的部分原因是，这个现象其实是在公开谴责整个战后时期日本亲密关系的标准行为，而这种标准行为曾经对国家经济复苏有着巨大的贡献。复苏之后，人们对于这种亲密关系的唾弃似乎并不只是表达自己的偏好，而像是从根本上否认——从前的亲密形式已经过时，问题重重，风险大。由此我们看到，感觉上很私人的亲密形式其实也反映了社会变化，加剧了政治经济的变革。

缺乏安全感时代中的亲属关系

针对亲密关系中损益的讨论越来越多地反映出新自由主义不断攀升的人气，它的影响已经从政策、经济改革等阵地转移到了私人关系。新自由主义，由经济学家和哲学家提出并发扬光大，是一种推崇个人主义、市场经济的意识形态，强调个人通过市场创造财富。1947年朝圣山学社（Mont Perelin Society）把这个概念具象化，将其设定为对经典自由主义的回应。经典自由主义强调无为，不干预，市场才能"自由"。与经典自由主义相对，新自由主义认为市场不是制度上的羁绊消失后就可以自然发生的现象。正相反，政府应当主动地通过政策推行私有化，大量减少监管，容忍高失业率，来培育市场。新自由主义标准促使政府支持私有制，而不是公有制；默认个人责任而不是集体责任。所有这些都是建筑在自由、选择、个人主义的话语体系之上。实际上，这类政策增加了工人们面临的风险，同时又让工人对新增加的风险负责：在新自由主义体制下，你被炒鱿鱼是你的能力问题（Gershon，2017；Lane，2011）。新自由主义不给需要的人提供福利，只强调字面意义的自助。不论赶不赶得上变化，人们只能靠自己。最好的情况是，政府鼓励公民/劳动者对自己负全责，把这个当成自由。最坏的情况是，政府大规模减少公共支持，加剧社会经济不平等，谴责那些跟不上变化的人。

新自由主义在学界成了人气很旺但难以界定的研究类别。有人觉得这个类别太广，没有具体界定，因而派不上用场。然而许多人类学家研究了新自由主义理念下的政策和治理的方式与结果（Ganti，2014：100）。约翰逊（Johnson，2011）研究"卡特里娜"飓风后政府的行为——美国政府对于飓风的应对刚好可以视为新自由主义政策与种族、阶级不平等的交汇，在此之下最穷的社区反而什么都没有得到。在新自由主义伦理观中，对自己都不管不顾的人是应当被放弃的。这种观念加深了某种固有观念：有些人、有些"自我"，就是不值得的。同理，有些地方政府在产业私有化过程中解雇工人时，用的也是"自立"这样的说辞。政府只提供心理疏导的服务，帮助人们成为独立自主的个体，对自己的成败负责，而不是直接提供新的岗位或者继续从前的福利。政府把个人主义说成"自立"，从根本上改造了这个用来描述集体力量的词汇（Yang，2015：68）。除了这种个体责任的说法，新自由主义还认为成功的人都发展出了原子化、具有企业家精神的自我。"新自由主义下的理想自我能够不断快速适应环境变化，预估到市场需求，转化自己的能力和技巧来适应市场"（Gershon，2018：176）。学者们发现新自由主义重置了人际关系、公共空间中的成员感、自我认知的情况，因此它的影响超出了市场、金融政策的范围，创造了新的认知困境。

人类学者认为新自由主义伦理观也渗透在浪漫关系中，特别是那些涉及金钱交易的关系，比如性工作。伯恩斯坦（Bernstein，2007）发现硅谷男员工宣称他们和性工作者的关系是拥有"女友经历"。这些男人更喜欢有偿关系，恰恰因为金钱界定了亲密范围，不用履行更多的义务。与"真"女友不同，建立在金钱上的关系对双方都没有义务；消费者购买性工作者的时间，在需要的时候有个"女友"，不需要额外付出情感劳动（同上，120）。在日本，亲密关系在新自由主义模式下与商业、公民权交汇，孕育出男性性工作者在夜店"做东"迎合女性客户的工作（Takeyama，2016）。这些"东家"并不卖肉，而是卖注意力、卖情调，以此让年长的女客人感到欢乐。这些女性客户面对社会上针对她们的性别和年龄的双重歧视，乐于支付天文数字的价格以自由地获取年轻男性的注意力。这样的夜店给了雇佣双方各自一个新自由主义的梦，男性工作者通过劳作和竞争实现男子气质，女客户则通过"可以被爱"来重新实现女子气质（同上，10）。

令人感到荒谬的是，新自由主义一方面推崇个人主义，同时另一方面出台政策迫使个体更依赖家庭。新自由主义强调独立是成熟自我的标志，然而人类学家已经发现确凿证据，新自由主义政策常常让人更紧密地依赖家庭。举例来说，韩（Han，2012）在智利研究一整代人如何因国家私有化进程而债台高筑，不得不向亲属网络求助。宋（Song，2009）在研究国际货币基金组织如何引发性别、家庭、劳工系统中大规模错位时，得出了这样一个结论：韩国政府利用1997年债务危机，把男性员工定义为最需要福利保障的人，从而将不属于这个类别的人推向更可怕的深渊。通过这些方式，"新自由主义者极力敦促个体掌控自己的命运，但是面对经济难题时，对个体责任的强调不可避免和家庭责任混为一谈"（Cooper，2017：71）。与理论不同，新自由主义在实践中常常要求家庭成员间的相互依赖，甚至加深了这种依赖。对于家庭和市场间联系的漠视，恰恰反映出多种范畴划分的构建性，包括公私分离、男主外女主内、资本主义的剥削与亲属关系的温暖（Eng，2010：8；Fernandes，2018：4；Zelizer，2005）。这本书通过研究日本的情况，探索新自由主义是如何被人们当作伦理价值来处理家庭关系的，特别是在社会中传统的家庭合约开始转变、分崩离析的这样一个时期。

新自由主义最早在上世纪末新世纪初进入日本。经济泡沫破灭后，不论政策如何刺激，经济一直处于衰退或者接近衰退的水平（Alexander，2002）。稳定的就业机会渐渐消失，这意味着很多男性一辈子的饭碗也随之灰飞烟灭。那些铁饭碗的收入，从入职到退休都是稳定且可预测的。劳动法上，除了经济改革、公共福利私有化以外，企业可以合规地把薪资高的永久职位替换成合同工和"外派"员工。这些员工的工资相对而言低很多[3]。新井（Arai，2016：35）这样描述社会合约的解体与同时期兴起的新自由主义话术："经济泡沫破灭以后，在学校里和其他工作岗位上大家都了解熟悉的保障系统也渐渐萎缩。同时，'强壮''独立''自力更生''技能'这些词汇发展壮大起来。"

日本前首相小泉纯一郎希望通过结构性重组来解决经济停滞的问题。他大力号召个体自力更生，将公民福利、身心健康等踢出了政府的责任保障范围（Takeda，2008：154）。与其他很多文化中使用的语言一样，日本的政客和媒体开始强调个体责任、独立、个人主义，以及风险承受能力。只有勇于承担风险，你才是一个好公民，一个成熟的人。宫崎（Miyazaki，2010：239）把这种新口号描述为"政府和媒体狂欢，庆祝新自由主义下的'强人'理想，时刻准备着承担风险，并为自己的风险行为负责"。日本新自由主义说辞鼓吹人们为自己做事，强调"独立"（*jiritsu*），"对自己负责"（*jiko sekinin*），"做真实的自己"（*jibunrashisa*），"自我约束"（*jishuku*）[4]。建议手册和其他媒体把这些特质表现为成功和幸福的前提。（Hook and

Takeda, 2007; Mathews, 2017: 237; Miyazaki, 2013) [5]

与强调个人主义相匹配的，是"无关系社会"这个流行词汇，它描述日本社会中出现的缺乏社会关系的问题。这个词和追求自由、鼓励个人主义"做自己"的话语不同，它侧重新自由主义政策中令人不安、压力倍增的一面。从前人们在大家庭里生活，有稳定的工作，合意的教育系统，现在却可能漂浮在前途未卜的孤岛上。人类学者已经从不同角度关注了新自由主义对日本的影响，包括工人阶级男性通过性工作实现阶层流动（Takeyama, 2016），自然灾害中公民面临的更大隐患与不确定（Allison, 2013; Takahashi, 2018），还有年轻人找工作遇到的麻烦（Brinton, 2010; Cook, 2016; Toivonen and Imoto, 2013）。罗凯（Roquet, 2016: 13）强调现实中新自由主义挂羊头卖狗肉的可能性，"新自由主义的生物政治挂起个人'自由'，配上的是自我规训、自我约束的要求"。就从以前的限制与要求中解脱出来之后的情况来说，有好处也有坏处——脱离局限的社会准则，人们也许会有新的机会，但是也再无法看到通向成功和安定的道路。

21世纪初，日本家庭在政策主导下成为新自由主义意识形态的主要目标。小泉内阁提出家庭和家庭中的女性应该作出结构性的改变，帮助日本走出几十年来的经济衰退。传统模式中，男性赚钱养家，女性做家务，也会做一些兼职补贴家用。小泉选择性忽视传统的雇佣模式，提出女性是"潜在的劳动力储备"（Takeda, 2008: 160）。这样的一个提议既没有考虑到女性要承担的巨量（无偿的）家务劳动，也没注意到弹性的（廉价）劳动力供给可以给经济带来的好处。具体来说，2002年的一个白皮书建议政府取消或改革，给已婚妇女兼职工作的税收补贴（同上，157）。我们从中看到，新自由主义的伦理观"对自己负责"在家庭中的体现：从前政府赞扬婚姻中的合伙关系，认为那是经济增长必不可少的一环；现如今，政府需要女性自力更生，做有偿工作，便开始贬损这种合伙关系。顺着这个逻辑，家庭主妇不再对社会有贡献了，即使她们中大多数本来也做着兼职工作。

我刚开始做这个项目时，并不是对新自由主义感兴趣，也没有刻意地搜集这方面的数据。在最初的田野调查过去很多年后，我才发觉，独立自主与一度被看成牢不可破的社会合约解体之间存在的联系和规律。可能读者现在觉得用新自由主义来解释社会经济变革中的离婚问题，是杀鸡用牛刀。但我不同意这样的看法。事实上，当我意识到新自由主义可以用来做社会分析时，我是很崩溃的。因为几乎所有的研究都提到这个词，但只是把它当成一个既定答案，而不是引人思考的真问题。那时，这个词让人感觉太包罗万象的同时也没说到点子上，是一种"偷懒的方法"，把"任何数量的不同事物放进了同一个篮子"（Cahill and Konings，2017：5；也参见 Fernandes，2018：7；Ganti，2014：90）。我现在明白我当时可能是对学科流行词的反感，但至少我可以说，我当时很怀疑新自由主义，不论是作为私有化财富的一套操作，还是作为社会研究的一种手段。这种怀疑减缓了我的研究，但是拉近了我和受访者的距离。他们也觉得很困惑，新自由主义伦理观下的建议自相矛盾。即使他们认为自力更生在某些情境下是有道理的，也很少会有人觉得它可以被轻易用在人际关系中，不论是与配偶、父母、小孩，还是远房亲戚。甚至，这些人还会抗拒新自由主义中把自力更生描绘成正面特征的说法。对一些人来说，家庭准则是一种限制，新的说法推崇自由和弹性，带来的是解脱和机遇。但是，对另一些人来说，分离感觉上像是抛弃，从前以为是永久的爱之纽带，突然就蒸发了。探究新自由主义是否和亲密关系有关，成了让我头疼的难题，更不要说新自由主义是怎么影响亲密关系的了。

通过"依赖"和"联结"理论化人际关系

小泉纯一郎曾暗示家庭主妇不做贡献依赖社会过日子。他一定没想到，他的措辞听上去很讽刺。在日本，人们把女性、母亲与依赖人联系在一起，在这个语境中，她们是靠山。"依赖"（*amae*）是著名的心理学家土居健郎（Doi Takeo）提出的，他认为这是一种属于日本人的基础情感，对社交极为重要（Borovoy，2012：264；Doi，1973）。小泉的措辞刚好是这个词的反义。虽然所有人都依赖着其他人，但是在土居健郎的理论中，日本社会在交往中特别强调"依赖"。与小泉采用的新自由主义修辞不同，在日本，人们觉得小孩或者任何家庭成员都需要依赖妻子、母亲。他们认为这是理所当然，且令人向往的。更重要的是，人际交往中含有依赖关系常常被视为亲密和成熟的表现。

本书的理论贡献在于探索新自由主义如何塑造亲密关系，更具体地说，如何影响基于平等同伴理念、同时容许"依赖"存在的亲密关系。表面上看，人际关系上不同的意识形态似乎相互矛盾。如果新自由主义逻辑建议人们把自己当成具有企业家精神的自由个体，这意味着依赖他人或者让别人依赖会带来可怕的风险。而基于平等同伴的浪漫关系正好相反，它和基于责任的浪漫关系不同，人们情感相通而相互依赖，通过平等交流、深度坦诚来展现亲密。日本关于依赖的说法表达了相似的亲密感，但除此之外，依赖学说认为真爱也是可以在刻意不平等的情景中存在的，即浪漫关系中的一方依赖另外一方。在这本书中，我会一一展示这些解释、影响亲密关系的意识形态。这些意识形态深入渗透到当代日本社会的各个角落，贯穿在人们的日常决定和选择中——从如何选择亲密关系，在关系中协商，到结束一段感情。

本书副标题中的"独立浪漫"，涉及当代日本多重意识形态对人际关系不同方向的作用力。一方面，日本男女看到了在相互之间独立而非依赖的关系中浪漫的可能性。这种思路认为如果两人之间可以相对独立，不论这个独立是怎样捉摸不定且有争议的概念，它都会成就更好、更强壮、更有安全感的浪漫关系。因此个人独立使浪漫关系变得更容易。另一方面，这些人际选择发生的社会环境是全新的。这个新环境特别强调独立自主，人人都要主动避免依赖他人。在这个环境中，跳出亲密关系的范畴，广义的独立似乎自带光环，对很多人来说是毋庸置疑的好品质。然而就人际关系而言，没有任何一个意识形态的转变是清晰的，不论从经典自由主义到新自由主义，从依赖到独立，还是从责任到欲望。本书追寻人们在多重意识形态中摇摆不定的过程。

当日本男女想象什么可以让亲密关系牢固时，他们其实在两个话语系统中游移，一个是关于"亲密"概念本身，另一个是关于亲密关系的实际操作。不论是和朋友讨论婚姻，看离婚相关的电视剧，还是做杂志上测量婚姻风险的小问卷，人们对于亲密关系的体验都是在一大团话语（discourse）和表述（representation）中发生的（Swidler, 2001）。因为这本书主要关注**"亲密的分离"**（intimate disconnections）的实际操作，即婚姻如何通过离婚解体，它也涉及媒体和大众话语中和人际关系相关的部分。换句话说，这本书不是要研究日本媒体对"亲密"的表述，而是要把重点放在人以及他们作出的决定上。亲密关系的话语和实际操作从没有完全分离，但我关注前者是因为它对后者有影响[6]。

作为符号和统计数据的离婚

不论是在日本还是其他地方，离婚都可以是一个鲜明的符号，象征着个人失败、家庭解体，原本富有活力的人际网络从此一蹶不振。但离婚也可以是代表女性赋权，通过离婚案件人们可以看出，女性是否能够合法地保护自己的权益，拒绝并重建亲属关系，并且在经济上自给自足[7]。然而实际情况是，任何离婚案件都可能在这两个极端中来回震荡。即便离婚是一个

"高度个体化的过程",这些个人选择也和离婚的象征意义分不开(Coltrane and Adams,2003:370)。

在日本,人们对离婚的态度充满了道德危机感,把离婚和其他"家庭问题"混为一谈,比如晚结婚、不结婚、小孩的心理问题(Alexy and Cook,2019;Arai,2016;White,2002)。研究过程中,我发现不论单身、已婚还是离异的人都把离婚当成一个现代的产物,体现了现代生活巨大压力对于家庭纽带的摧残。确实,所有我接触的人都觉得当代离婚率肯定比从前任何时候都要高,而且他们认为高离婚率象征着日本家庭,甚至日本社会的分崩离析。对这些人来说,传统是神圣的,高离婚率代表着家庭传统的消亡。不止这些受访人这样认为,有些研究者也把离婚描述成现代独有的问题(Giddens,1992;Vaughn,1990)。

事实上,这些常见的看法与事实不符,现在的离婚率和日本1883年的峰值相比,几乎不算什么。明治时代,政府重塑了整个国家,结婚和离异的操作流程在各个地区有着巨大的差别。社会和家庭的通行标准是情侣可以用"试结婚"——非正式结合/婚姻的形式,来检验两人的匹配度,好聚好散,没有什么羞耻感(Fuess,2004;Kawashima and Steiner,1960)。菲斯(Fuess,2004:6)发现大多数日本人并不知道或者在意他们的先人曾经有多么高的离婚率。在我的研究过程中,我也发现几乎没人能想象日本历史上离婚是多么常见的状况。大众对高离婚率的认知与历史事实存在巨大的鸿沟。大众认为高离婚率是现代特有的问题,象征着传统家庭观念沦丧,然而历史上离婚只是再平常不过的一个操作罢了。离婚成为一个与历史、统计数字脱节的信号。

然而不得不提的是,统计数字也有助于梳理日本离婚案件的规律,有些规律比常见看法更复杂。2015年,离婚平均发生在婚后五年到九年之间,与之前的年份相比略有升高。同一年,离婚案件中,女性在30岁到34岁之间,男性略微年长一些,离婚男女的这种年龄差距与男女结婚时的平均年龄差距相似。大约60%的离异夫妻有幼年子女。尽管绝对数目上涨,但这一比例与上世纪50年代持平。日本没有共同监护一说,离异后子女监护权分配在几十年间有重大转变:1950年48.7%的案件把监护权判给父亲,但是2015年,这个数字只有12.1%(MHLW,2017)。我在第四章将讲述这个转变的动因以及影响。

从统计数据来看,离婚和大范围人口规律一样,影响着每一个家庭及社会中的每一个群体。出生率下降,人口加速老龄化,都是显著、有长远影响的人口趋势。除了二战后的婴儿潮,日本总生育率一直低于每对适龄夫妇2.1胎的世代更替水平。即使日本政府不断颁布愈发疯狂的鼓励生育政策,包括税收补贴,新学前项目,鼓励公司提供父亲产假等,生育率也只有1.45%,没有任何要增长的苗头(MHLW,2017;Ogawa,2003;Osawa,2005;Roberts,2002;Takeda,2004)。这些人口趋势将会给日本带来巨大的挑战,即到2065年65岁以上人口将占总人口的38.4%(NIPSSR,2017a)。倘若日本移民政策没有重大调整,就业人口将无法负担老龄人口的支出(Campbell and Ikegami,2000;Świtek,2016)。

一系列的家庭问题伴随着人口加速老龄化而来，离婚只是其中一种可能。和二战后以及 80 年代相比，现在人们更可能独居（Ronald and Hirayama, 2009）。同时，两性中未婚的比例都有所增长（S. Fukuda, 2009）。人们结婚变得更晚，2015 年的统计表明，女性初婚年龄是 29.4 岁，男性是 31.1 岁（MHLW, 2017）。未婚的人口里有些是明确不打算结婚的，也有一些想结婚但没有找到对的人，或者时机不成熟而没结婚（Dales and Yamamoto, 2019; Miles, 2019; Nakano, 2011）。与此同时，"无性"这个词进入大众视野，指的是已婚夫妇没有从前应有的亲密。

尽管人口趋势上呈现出如此巨量的变化，当代家庭首当其冲，但有这样一个统计数字却一直保持惊人的稳定，意义非凡：整个战后时期，非婚生的子女只占有子家庭的 2%。比率如此之低涉及多个原因，包括计划生育手段、合法堕胎以及"霰弹枪"式婚礼——小孩出生时妈妈一定已婚的，虽然怀上的时候可能不一定。除此之外，这个数字还反映出社会传统的延续，即便其他传统都在变，婚姻和生孩子始终是一体的（Hertog, 2009; Raymo and Iwasawa, 2008）。这个先结婚再生孩子的传统观念，和晚结婚年龄一道共同降低了生育率。在人口规律大背景下，离婚的象征意义不仅仅将离婚置于"家庭问题""家庭变化"的范畴，也映射出在人际关系破裂转变中，人们越来越清醒地意识到其中的威胁和机遇。

性别与离别机制

20世纪90年代以前,日本离婚案件多由男性提出,女性试图避免。人们认为男性提出这样的要求,多半是要开始下一段婚姻。不论是小说、法律案件、媒体报道还是田野调查,那一时期人们假设离婚都是男性提出的。1983年播出的人气电视剧《给星期五的妻子们》如此描绘离婚:一个愚蠢的傻丈夫抛家弃子,开始新生活,完全想象不到他的全职妻子在供养她自己与女儿两人时,会面对怎样的生活困境。和美剧《三十几岁的人》相似,《给星期五的妻子们》取得了巨大的成功,人气一时无两,因为它讲述了中产阶级夫妇面对的"真实"问题(Kitazawa,2012:163)。该剧围绕着一群住在横滨通勤小镇的朋友们展开,主角们面临着相似的困境,丈夫不忠、工作压力以及女性职业与家庭难以兼顾的焦虑。某人丈夫突然爱上在车展认识的年轻模特之后,离婚便排上日程。尽管非常戏剧化,但该剧对离婚的表现和大众认知相近——人们在什么样的情况下会离婚,离婚怎样进行。剧中离婚彰显了男性欲望和个体意志。对于妻子们来说,离婚是非常不情愿的一个选项,她们只想保住婚姻,即便只是名义上的。

我了解到,老年离异人群的经历和上述规律相似。比如,现年八十多岁、已经是祖母的佐藤女士,说当初她丈夫在1975年要求离婚时就是这样的情形。他们婚后住在四国岛松山市,她丈夫出轨，要求离婚，因为只有这样他婚外的孩子才能"合法"。佐藤女士考虑到离婚可能对她和孩子们带来的伤害，拒绝在离婚协议上签字。我将在第三章里解释，法律程序要求夫妻双方同意离婚，离婚才能成立，所以只要佐藤女士不同意离婚，这个婚就离不成。她当时担心如果她离婚了，孩子们以后也结不成婚，因为没有人想和离过婚的人有瓜葛。因此，即使她丈夫已经搬出去，组成另外一个家，她也想在法律上保住自己的婚姻。幸运的是，佐藤女士把分居掩饰得很好，她的儿子和女儿都顺利结婚了。当子女们结婚之后，她才允许子女们和各自的配偶、亲家说家里的真实情况。二十年之后，1994 年，佐藤女士最终同意丈夫的离婚请求。那一年，她 66 岁。在这两个例子中，我们看到从二战后到 90 年代，典型的离婚是如何发生的：丈夫为了和其他人过日子，提出离婚，而女性拒绝离婚，因为离婚污名不仅影响自己，也会波及子女和其他家庭成员。

到了新世纪之初，在互助小组里如果有人提到男性主导离婚，常常引发怀旧的笑声。2005 年我开始做研究时，所有人似乎都挺确定，离婚是女方提出的，让男方吓破了胆。这与从前截然相反，转变之快让我难以相信。虽然我遇到过主动提出离婚的男性，法律数据上也看不出来是谁先提的离婚，大众认知也许可以反映出普遍规律。当代电视剧几乎无一例外地讲述妻子离开家庭。《风中的小遥》讲述了两姐妹的故事，母亲因为事业抛弃家庭，农村出身的朴实父亲将两人抚养长大（NHK，2005）。《我和她和她的生存之道》描绘的则是妻子想要通过艺术找寻自我，离开了家庭，单身父亲独自抚养女儿（Fuji TV,

2004）。《熟年离婚》中，一对六十多岁的夫妻，生活了半辈子之后，妻子在丈夫退休的那一天提出离婚（Asahi TV，2005）。虽然这些女性角色有所不同，有人忽视了孩子，有人追求事业，但上述角色涵盖了大众对于离婚的认知。在这些作品中，女性作出选择，男性想方设法地降低他们被抛弃的概率，虽然可能没什么用。在这些电视剧中，父亲行使监护权的概率比实际中的20%高得多，我猜可能和电视剧有运用反例煽动情感的需求有关。

在这本书中，性别既是主位（emic）也是客位（etic）的研究对象。流行文化的讨论中，不论是女性更可能提出离婚，还是离异后性别财富差异，人们把性别差异当成自然而然的一件事。性别因素一直是思考、评判离婚问题的一部分。因此，我也在书中穿插着讲述性别议题，但是性别议题并不是任何一章的主题。这种方式让我更好地看到性别和其他重要身份的交汇，比如阶级、代际还有区域。我认真了解了流行文化中对离婚的看法——离婚催生出女强人和男倒霉蛋。但我对这样简单的划分持谨慎态度，我的研究表明，事实往往更复杂。人们的想法一直在变化中，不论是对成功、安全感的理解，还是从亲密关系中看到的好处。

离婚人类学

离婚可能让人释怀，人们在艰苦斗争之后终于得到了向往已久的自由。同样，离婚也可能带来难以招架的孤独，它时时刻刻体现着某种个人失败，想象中的美好未来提前破灭。事实上，离婚过程中人们在这两极中摇摆：时而觉得自己成功地幸存下来，时而沉浸在悲伤中不能自拔。另外，离婚受法律束缚的同时，对个体、家庭、社区的含义都不甚相同，影响机制各异。离婚可能会彰显自私行为，促使性别关系向不好的方向发展，甚至是"瓦解"家庭纽带，摧毁整个国家。即便如此，离婚也能成为赋权、独立、幸存、逃离的符号象征。本书将在上述层面上探讨离婚：人们是如何想象、执行离婚，并最终心理上跨过离婚这道坎的，特别是在离婚被过度解读成女性权力、破坏社会纽带的这样一个时代。

文化人类学对亲属关系的关注一直漏掉了离婚这个议题。不论是这个领域早期对于继嗣结构的关注，或是施耐德影响下人类学者对于既往亲属研究的批判（the Schneiderian shift），还是新近对于选择的家庭、繁衍技术的探索，人类学的研究始终聚焦在亲属关系上。尽管亲属关系不再像以前那样不可或缺，它依旧可以被视为是文化人类学中的核心议题（McKinnon and Cannell，2013；Strathern，2005）。然而，即使文化人类学对于亲属关系有这样广泛持续的关注，也很少有人类学家探索离婚这个领域（有几个例外，包括 Hirsch，1998；Holden，2016；Hutchinson，1990；Simpson，1998）。家庭以及夫妻关系如何通过自主选择抑或是外力或法律而解体，似乎没有像其他形式的亲属关系那样吸引人类学家。美国和日本的学界中，大多数离婚研究都出自社会学家之手，我的研究借鉴了很多他们的洞见。

本书凸显了离婚作为人类学研究对象尚待挖掘的潜力。尽管离婚和其他亲属关系一样,在不同文化下以不同形式呈现,但离婚提供了一个重要的切入点。从离婚入手,研究者可以探索个人、法律、社会以及经济结构等方向的交互。在离婚过程中,人们解体又重组的不只是亲属关系,还有经济上的收入支出、法律和社会意义的身份等方面。从上述变化中,我们可以探索文化规范、理念、意识形态以及相关局限和潜能。比如婚姻不再"理想",人们选择离婚,而恰恰是离婚将"理想"家庭结构的讨论推到聚光灯下。更重要的是,离婚协商常常伴随巨大的压力,牵涉到诸多关于个人轨迹、家庭转变甚至是国家变革的话题。与常见观点相反,我不认为离婚只是代表失败或者结束,它也是极为重要的起点,虽有争议,但人们会有新的社交途径,新的社会关系。离婚中充盈着情感和争执,是一个研究个人、政治以及公众关系交汇点的重要手段。

民族志研究方法——如何找到离婚的人

因为离婚是一个私人、私密话题,某种程度上令人难以启齿。不论是在日本还是其他地方,很多人最开始不信离婚可以成为人类学研究课题。不论我去哪,都有人对我要怎样开展研究感兴趣。"人们真的想和你聊这么么?"是我在不同场合遇到的典型问题,之后紧接着的是,"你怎样遇到他们呢?"。虽然很少人直接提到研究方法，但这其实是大多数人最先感兴趣的方面。一听到我的研究课题，人们就想先知道我是怎样做这个课题的，而并不急着问初步结论或是我的个人情况。

整个研究过程中，"怎样做"研究和自我介绍分不开。因为我的相貌，大多数人都认为我不是日本人。当我和朋友去参加一个聚会，去酒吧里聊天，或者参加一个互助小组，大多数人很自然地从"你为什么会来日本"这个问题开始对话。相貌和语言上的与众不同常常让我感到尴尬，但这种不同也让很多人对我好奇，和我聊天，自然而然地谈到研究课题。其他情境下这是很难的。我对人们说，我来日本是想要了解当代日本的离婚与家庭问题。这个意外且不寻常的题目足以打开人们的话匣子。不是只有离异的人才对此有看法，一个快乐的家庭主妇曾对我说："所有结了婚的人都想过离婚！"我的研究证实了她的看法，也显示了考虑离婚和付诸实践之间存在巨大的鸿沟。

本研究里主要的田野调查是在 2005 年 9 月到 2006 年 9 月之间完成的。我在 2009 年到 2011 年间又做了后续田野回访。我从一个寡妇那租了一个房间，住在东京市里，但是我努力拓展研究范围，不希望我的研究局限在典型的日本城市中产阶级身上。我多次造访横滨、千叶和埼玉，在这些地方有相当多的联系人。千叶市是我的第二田野点。在那里，我和一个大家庭以及他们的朋友在一起。这家人祖祖辈辈都在同一个小镇上。他们的父母离婚，日常生活为小镇闲言碎语所困，整日想的是如何避免意外碰面。在第三个田野点四国岛松山市也有相似状况。这里的居民告诉我，松山虽是四国岛上最大的城市，但和东京非常不同，不论是家庭观还是离婚经历，都不是大都市的样子。在日本的这段时间里，我尽力把我的生活弄得和一个典型的日本人相似。我住在东京西边的一栋房子里，邻居洗澡溅起的水花声都能听得见。和大多数人一样，我花费在火车通勤上的时间特别多，回家之后累得要死，只想和室友一起看俗气的电视剧。我也常常通勤去郊区；朋友们错过了最后一班车时，也会在我这里借住一晚。我和朋友们一起吃饭、看电影，一起去看共同好友的演唱。我的大拇指因为发短信太多而酸痛，我的时间也被社交媒体吞噬。

与众不同的是，我的日常生活同时围着离婚转。我看的大部分电视剧都和离婚有关。能找到一本新出的离婚笑话书会让我特别兴奋。我的理发师也是一个离过婚的女人。人们因为知道了我来日本的原因，也更爱聊与离婚相关的话题。我也一直随身带着小本子，记录别人说的话和自己的想法。有人看到我的状态之后，说我是"离婚宅"（*rikon otaku*），意思是沉迷某件事不能自拔。人们对我的身份认知已经发展到，对话中一出现"离婚"字眼，就有人做手势指向我这边。人们将我与"离婚"挂钩，这一字眼引发的条件反射和人们提到"美国人"便可能想到我的情形相比，几乎有过之而无不及。

在不同场合中，我了解到不少二手的离婚故事。人们了解到我的研究课题之后，就会和我讲他们听过或者遇见的离婚故事。这些都不是第一手的信息，都是朋友或是陌生人讲述他们的表亲、调酒师或者同事的离婚情形。"（研究）离婚的女孩"的名声传开之后，这些二手故事如影随形，越来越多，对我的研究很有帮助。有一次在咖啡店碰到一个朋友,她立马叫住我:"嗨,艾丽!我上星期去剪头发的时候,听说理发师也在离婚。你想知道发生了什么吗?太可怕了。"我想尝试"正常"生活,但总会遇到这类离婚故事,有些故事是我问出来的,有些却是自己找上门的。因此,我的日常生活和人在离异后的生活有那么一点相像:虽然我试图过正常人的日子,"离婚"却总是如影随形。离婚社交群里有我的身影,甚至对话里一涉及离婚,人们就立刻指向我这边。类似的情境中,离婚有时浮出水面,有时缩回到幕布后,可能是一个聚会的由头,也可能是不合时宜的秘密。

我做研究的途径有很多种。平时聊天,参加五个不同的离婚或家庭互助小组,看相关的媒体信息。我采访过 72 个已婚、离异或是正在离婚的人。除此之外,我还采访过离婚咨询师、律师这些有偿服务提供者。我花了很多时间陪伴已婚、离异的朋友,去与家庭相关的非营利机构做志愿者,加入"家庭问题"的邮件群发名单以及线下的聚会。我尽可能地收集了各种媒体对于离婚的描述,定了闹钟,每天早上八点一刻准时收看 NHK 电视台的日剧《风中的小遥》,该剧讲述的是一个年轻女子与离异父母的故事。除了我自己能找到的相关媒体资料,我还向别人寻求建议,读了很多人觉得很有帮助的离婚指导手册以及其他相关书籍。有一次,我遇到两个中年男子,一个婚姻幸福,另外一个离异后再婚,想要读社会心理学相关的书籍,没多久我就参加了一个阅读小组,和他们一起讨论《爱的艺术》(1956年出版)[8]。像所有的田野研究者一样,我乐意参加一切相关的活动,不论是平时与(已婚)情侣的对话,还是相关的互助小组,抑或是活动之后的聚餐(*nijikai*,二次会)。

尽管"谈话疗法"(talk therapy)在日本不是很流行,但对绝大多数要离婚的人来说,谈话是这个过程中不可或缺的一部分。不同的情境中,人们谈论不同的话题,从传统家庭制度(*ie seido*)如何影响当代日本社会,到他们如何生前任的气,到七大姑八大姨对离婚的反应态度,涉及离婚的方方面面。我意识到谈话是了解离婚过程的一个重要手段。这个想法来源于我参加的那些互助小组,每个小组都是以谈话为主。但这本书里涵盖的不仅仅是这些(非正式)谈话情境,还有很多录音采访。采访发生在不同的场合下,常常是开放且发散的。我通常用一个笼统的个人经历问题开头,比如"你为什么结婚?"或者"你为什么离婚?"。同时我也会问到他们对当代社会趋势的理解。在这些对话快结束时,我会邀请他们问我一些问题,这时对话就不会那么一边倒。我很乐意回答他们的问题,包括我做这个课题的动机、个人相关经历、初步结论、美国与日本的文化差异,等等。

在互动中,我从来不认为自己听到的是未加修饰的真相。我并没有就某些事件向夫妻双方确认,像侦探一样调查"到底"发生了什么,或是像离婚律师一样检查事实细节[9]。相反,我感兴趣的是人们想告诉我什么,那些他们认为合理或者不合理的细节,以及他们是如何讲述这些故事的。本书中收集的数据面临三重局限:这些描述不仅是单方面的,只由乐意分享离婚经历的人提供,而且描述多是对(遥远的)过去再想象的产物[10]。换句话说,人们和我讲述他们的亲密关系和离婚经历时,常常为了囊括后来发生的事情,而调整叙述方式,以及对关键人物的看法。人们在描述他们多年前结婚的经历时,可能会点到某些细节和事件,那些预示着将来的细节和事件。比如,有位女士特别说了婚礼前夜她心头挥之不去的忧虑,结果发现不是杞人忧天,后来真的出现了问题。我并不怀疑她婚礼前夜忧虑的真实性,但我也明白,她作为叙述者的处境影响了她如何叙述婚姻和离婚故事。在当下回顾她自己的婚姻历程,她明白了离婚是怎么发生的;但如果让她新婚后立即来讲这件事,她的描述会不一样。

人们考虑如何描述一件事情时,常常会让它逻辑自洽,即便事件发生时逻辑可能尚未形成。这种状况在描述亲密关系和离婚时,尤为常见。怎样描述一件事,和什么时候描述是有很大关系的。举个例子,在沃恩(Vaughn, 1990)针对美国社会的离婚的经典研究中,她发现提出分手和被分手的双方对同一段关系的描述,有显著差异。提出分手的一方经常把那段关系说成一开始就有重大问题,而被分手的一方则表示在对方突然改变想法之前,一切都挺好的。描述方式和原因阐述都取决于当事人讲述的具体情境。虽然这种讲述的弹性和流动性并不意味着谈话中透露出的信息就是假的,我也会从其他渠道去捕捉民族志细节,分析离婚的具体情况。我不仅和这些人聊天,同时我也和他们生活在一起,观察生活中与离婚相关的点点滴滴。

本书主要探讨日本法律上的离婚,因此只关注异性婚姻。虽然日本有很多同性恋以及性少数群体,他们也建立了长久稳固的家庭,但是法律上同性婚姻尚不被认可[11]。由于法律上的区别对待,很多同性情侣(并非所有)通过领养的方式建立法律关系，获得属于家庭成员的法律权益（Maree，2004）。尽管这样的领养对外国受众来说不太寻常，但领养成人在日本是一个常见的手段，用于维系远房亲属关系，该亲属关系可能难以通过其他手段维持。因此，同性伴侣通过这种方式建立联系，是容易被理解接受的，领养本身并不让人感到羞耻（Bachnik，1983：163；Goldfarb，2016：49）。我知道只关注合法离婚案件会强化异性恋的正统性，因此田野调查期间，我也花时间了解当地推动同性婚姻以及性少数群体权益的宣传机构。一方面我想要了解离婚案件难以涵盖的离婚情形，另一方面，也为了更好地探寻人们对日本传统家庭观念又渴望又批判的态度。最终那些事例难以融合到本书的分析框架中。我希望将来的研究可以去探索同性伴侣的分手过程，法律对于同性伴侣的协助甚至比异性伴侣还要少。同时我也希冀这种区别在同性婚姻合法化之后不复存在。

田野调查中，我的三个特征很重要。第一个是我的身份，一个相对年轻的美国白人女性；第二个是我父母离异；第三个是我自己的经历，那时我也在约会，同时观察我的好友们在不同关系中分分合合。前两个在别人口中很重要，而第三点我自己感受最为深刻。比如，不同互助小组的讨论涉及让参与者想象自己离婚后对孩子有什么样的影响时，他们便会来问我，父母离婚后的经历如何，然后把文化差异考虑进去，想象他们孩子的反应。

非日本人的身份非常重要。这点在遇到山田女士后，变得尤为明确。山田女士住在一个离东京几小时路程的小镇上，和我透露更多信息之前，她特地说明："我之所以会和你讲这些，因为你是外国人。"之后我再提起这个细节时,山田女士说,她觉得日本人是没有办法做这种研究的,因为至少她会担心这个日本人会不会更加看不起她。我猜,不仅是这位女士,其他日本人可能也一样,外国人的身份代表不评判,或者更直白地讲,这是一种受欢迎的无知。人们因此更乐意分享难以启齿的经历。某种程度上他们是对的。进入田野没多久,我就发现,接收信息量之大,故事轶闻数目之多,让我无暇顾及评判,只能先专心理解人们想要讲述的内容,他们在乎的是什么,以及为什么在乎[12]。本书呈现田野调查资料的方式希望能够既传达其中共通的主题,也表现它纷繁复杂的一面。

梅:离婚经历被发现了

人们何时发现我在做离婚的田野调查,以及离婚经历在什么场合下暴露,都是没有定数的。有一次我去夜店跳舞,更准确地说是坐在夜店里看别人跳舞。那是在东京六本木新城边缘的一家夜店,我和梅一起去的。梅三十七岁,两年前离了婚。我们通过共同好友介绍,认识已有三年。梅在一家发廊工作,非常喜欢和她的客户聊天,完全不避讳私人话题,因此我们的共同好友了解到了她离婚的经历。他刚好又知道我在做离婚的研究,因此就介绍我们认识。从那以后,我和梅就时常碰面,成为朋友。

去夜店之前几个星期,梅就发短信和我说她有一件大事要对我宣布。我们碰面喝咖啡吃零食的时候,我问她是不是要搬到泰国去了,因为她想这事已经想了几年了。"不是的不是的,"她说,"我决定要开始一个新计划——找到一个男朋友!"虽然她在离婚之后相过几次亲,却没有正经地约会过,即使她渴望有一个男友。她解释道,她并不想再婚,但是她很孤独,想要和人有肢体接触。她并不是想念性生活,而是希望有人能拥抱她,经常碰碰她,有一个能理解她、在乎她的人。她想要让我帮她寻找新男友,觉得跳舞可能是个好起点。虽然我不觉得跳一晚上舞对我的研究能有什么用,但如果能帮到梅的话,我还是愿意的,脑子里已经把当天晚上和第二天早上从研究日历上划掉了。

我本来没有觉得那天晚上会和研究有什么关系,结果大错特错。一个陌生男子来到我和梅的桌子前,问我们:"所以,你们两个真的是朋友吗?"我从来没有听过这么搭讪的,于是要求他解释一下。他说:"你看,这里几乎看不到日本女人和外国女人在一起。要么是日本女人和外国男人,要么是日本女人和日本女人,却没有你们这样结伴的。"梅笑出了声,向他申明,我们确实是朋友。但他没有放弃这个话头的意思,想知道我们是怎样成为朋友的。梅瞟了我一眼,变得调皮,一语惊人:"这个嘛,我离婚了,她研究离婚的!"那天晚上,这个解释的不同版本没让我们错过任何一个对话机会。好多人第一反应都是吃惊,"啊"地叫出一声。开始搭讪的男子也是这样,吃惊过后还反应很快地对梅说:"但是你看上去还这么年轻!你怎么可能离过婚?"我以为这一晚上会浪费掉做不成研究,但梅简明扼要的解释激发了一系列对话，和不同男人关于离婚的对话。我没料到自己会陷入这样的困境：一方面我想要给梅一点空间，她好去找新男友，另一方面我又迫切地想要看这些男人对她离婚的经历作何反应，对离婚发表什么看法，或者离婚会不会把他们吓走。我看到的状况是，离婚还没有让人羞耻到立刻就要终结互动的程度。

夜店在凌晨渐渐安静下来，我们向车站走去，准备等第一班车。梅并没有找到一个男友，但说她玩得很开心。"毕竟，我更想出来玩，让自己开心。我本来也知道找男友不可能一晚上就找到呀。"和我的预期相反，那天晚上我研究的进展远比她找男友要快。很多人好奇为什么一个日本女人会和一个白人女人在一起玩，以及梅的那句在整个晚上不断完善的经典回答，让所有的对话互动都围绕着离婚展开。

通过这个小插曲，我们看到田野数据有时候会在完全意料不到的情形中冒出来。尤其是我做的离婚这种敏感话题的研究，我的存在本身就可能引出一系列的对话机会。不仅如此，人们也会因为我的存在讨论起一些平时他们自己不轻易提出的私密话题。这种状况屡见不鲜。因此，与直觉相反，我与众不同的外貌反而铺垫了一种亲密的氛围，打开了很多话匣子，丰富了我的研究数据。

本书的章节组成

离婚从不是一个独立事件。正相反，离婚是一个过程，不断延伸——从一个想法，到和配偶的谈话；从法律文件上的状态，到抚养身份的变更。离婚释放了新的自由空间，也消耗了金钱和情感。这本书围绕着离婚的不同阶段展开，呈现出离婚的全景图。任何个体在任意时间点，哪怕身处离婚中心，也未必能纵观整个过程。本书章节由三组话题构成，分别对应离婚的三个阶段。首先是离婚前的考虑，包括如何诊断、修复问题婚姻（第一章、第二章）。其次是离婚进行中，包括法律相关事宜和监护权分配（第三章、第四章）。最后是离异后，财产、情感以及社交方面的后续影响（第五章、第六章）。

我把每个处于离婚过程不同阶段的受访人的经历、想法分散在了各个对应章节中讲述。我尽可能地还原他们的看法、策略、过程中的挫败感，以示对人们自己生发出的阐释和分析的尊重。我并不想要这些受访人作为简单例子在各章节正文中无缝衔接，因此给她们起了假名，希望读者能够记住并辨认出这些"人物"，在不同章节中对比他们的选择和决定[13]。为了更好地实现这个目标，我在附录中提供了人物特征的总结表格。除了特别声明的情况，所有的翻译都是我做的。尽管任何呈现方式都会有偏颇之处，但我希望这个形式可以传达出人们在离婚这个具有挑战的过程中，表现出的整体性和复杂性。

第一部分　终结的开始

第一章，"日本亲密关系的政治经济学"，分析婚姻规范和亲密关系如何随着劳动力市场重组而变换。工薪族男性，曾经意味着白领、乐于奉献的工作狂，一度在大众眼中象征着日本战后经济复苏的原动力，现在成了婚姻问题的罪魁祸首。典型的工薪族男性从早到晚不知疲倦地工作，靠妻子照顾饮食起居。在这个亲密模式中，虽然夫妻紧密地依赖着对方，但他们几乎没有共同爱好或者相通的情感。经济泡沫破灭之后，日本经历了几十年大萧条，工薪族男性的主导地位不仅在经济体中受到挑战，在亲密关系中也是如此。公司规模变小，更可能聘用那些容易解雇的合同工，而不是全职工。同时，日本的离婚率上扬，大家想要远离的刚好是上一代人眼中的模范婚姻。婚姻指导手册和互助小组都敦促配偶们抛弃从前的亲密观念。所有年龄段的人都开始想象基于相通情感和共同兴趣的亲密关系。二战后经济复苏时期，日本亲密关系中的政治经济学塑造了人们对于异性婚姻的期待和婚姻的可能性，现在它左右着人们如何决定离婚。

第二章，"避免离婚的两个建议"，通过建议来分析那些无趣病态婚姻中出现的问题。这一章围绕着两个建议展开。这两个建议看上去简单，但是从根本上挑战了传统观念中家庭的标准。第一，夫妻间不建议称对方为"妈妈"或"爸爸"。这在日本是非常常见的。第二，丈夫应该更勤快地表达他们对妻子的感激眷恋，以及最重要的——爱。大声说"我爱你"，表达出这些情感，是很多人认为解决婚姻问题直截了当的办法。这项建议似乎是社会上呼吁改进婚姻沟通方式的一部分，我认为这些建议代表的是理想婚姻形式的重大改变，尽管这些改变依旧争议不断。这些建议与上一章提到的传统模式相背，希望夫妻双方刻意地敞开心扉，实际上让他们在情感分离和过度依赖之间走钢丝。我用田野实例来说明，人们如何在钢丝上保持微妙的平衡。这些建议很受欢迎，但是应用起来相当棘手。

第二部分　法律上的分离

第三章，"达成协议"，通过剖析法律流程，来审视正在离婚的夫妻在达成一致过程中涉及的协商和矛盾。夫妻双方若想要在法律上完成离婚，需向相关政府部门提交一份双方签字的表格，只有两页纸。这些离婚案件法律上是"协议"离婚。要离婚的人一旦签了字盖了章，就表示两人都同意离婚，已经谈妥各项条件。因此日本的绝大多数离婚不需要通过法律系统来实现。然而，旷日持久的协商还是存在的，离婚中的一方试图说服另外一方同意，会通过物质利益的交换，达成一致。这样的离婚最后在系统中注册也是"协议"离婚。"协议"这个词的模糊性让我们看到，有些离婚看似没有受到家庭相关法律的影响，实则被法律中相关的范畴与意识形态紧紧束缚着。

第四章，"家庭分合"，探究离婚后养育理念对亲子关系的影响。养育理念一直在不断变化，父亲应扮演什么样的角色受到越来越多的关注。所有离婚案例中亲子关系的讨论都基于这样一个法律现实,即日本不存在共同监护。二战后的这段时间里,越来越多的母亲得到监护权,女方抚养的比例在稳步上升,目前大约是 80%。另一个重要的现实是日本传统文化相信,分手双方各过各的、"一刀两断"对小孩更好,这样小孩就不用在两个家庭间奔波。然而现如今兴起改革家庭法的运动,大多由没得到监护权的离异父亲组织,呼吁法律提供共同监护的选择。这一章既关注了那些离婚后"井水不犯河水"的夫妻,也包括了那些认为传统方式有问题的人。我认为,虽然日本名义上没有共同监护,实际上不在少数的夫妻执行的就是共同监护。不论是争取共同监护权力,还是实际操作中的妥协,都展示出养育理念、亲子关系的标准在争议中变化,突显了离婚后人们对"合"的追求,即便这样的追求可能带来风险。

第三部分 作为前任

第五章,"离异后的生活",开篇以离婚代名词"叉叉""删节线"为引子,分析在日本离婚的污名化。过去二十年中,离婚污名和贫困密不可分。大众逐渐了解日益扩大的贫富差距,而离婚会进一步加剧贫富分化中的性别差异。我在这一章里主要关注女性离婚后的现实生活。虽然离婚是这些女性主动提出、后来也庆幸的决定,但她们在离婚后很快陷入贫困,或者在贫困线边上摇摇欲坠。我认为离异女性的现实和大众媒体中的形象不符,离婚并不像宣传的那样,女性可以当家作主而男性疲于应对。正相反，离婚后，女性的生活要糟糕得多。

在第六章"社会关系断裂后的新生"中，我通过分析来反驳大众观念中离婚让人成为孤岛、独自一人生活的假设。在流行的"无缘社会"论调里，离婚是各种现象中最具代表性的——人们主动切断了现有的社会关系。离婚确实可能让人孤独，独自一人生活，但它也是建立新人际关系的契机，有些新关系在从前的情境中是不可能发生的。离婚催化了一些因关系破裂而建立的人际关系，很多分手之后才可能发展的关系。在心理疗愈的空间下，人们常常因为共同的经历产生共鸣；在娱乐场所，离婚把相似的人聚在一起，很多人在之后也依旧保持联系。这一章围绕着离异的后续展开，想要给读者呈现出更全面的图景——离婚如何影响人们的日常生活。

在结语这一章中，我将田野调查的发现与我关于当代日本人们如何在"自我"（selfhood）、"人际"（relationality）、"亲密关系"（intimacy）困境中挣扎的广义的结论联系起来。结语中，一方面我回顾了离婚经历和受访人的多样性，另一方面也重申了本书的主题：对于独立和社会关系的双重强调一直会是压力源，对于当下的日本社会尤其如此。最后，我总结了离婚带来的好处和陷阱，摈弃了任何把离婚过度简化的主张。离婚不代表社会关系瓦解、家庭离析，或者是绝对意义上女性的胜利。

第一章

日本亲密关系的政治经济学

安藤麻里子被求婚的时候已经和她的男友在一起四年了。两人就读于同一所精英大学,本科时相识,毕业后都在东京的金融行业工作。尽管他们不在同一家公司,但这类职位的要求与作息却非常相似——高压高强度,工作时间长,傍晚和夜里还要参加与同事、客户的社交活动。当两人都到了二十多岁的时候,麻里子的男友觉得是时候结婚了。麻里子自己呢,确切地说,并不反对,但她认真花时间去思考了自己想要从婚姻中得到什么。她最终同意结婚,并提出两个条件:一个是婚后住所要离她母亲近,以方便照顾年岁渐长的母亲;第二个是她想要一直工作。在二战后的日本社会中,人们对女性都有一个不成文的期望,即在结婚或者生第一个孩子时就离开全职岗位。虽然大多数女性在小孩开始上学时,会回归劳动力市场,但是回归的时候很可能只能做兼职或者工资很低的职位。麻里子喜欢她的工作,并且这份工作是她非常努力争取来的,她并不想放弃。她的男友答应了她的条件。他们在 2000 年结婚,那年两人都是 25 岁。

尽管麻里子一开始就明确地希望建立一段符合她的需求和规划的亲密关系,但没过多久他俩就出现了严重的问题。虽然她的丈夫遵守了承诺,让麻里子继续做她的全职工作,但是他同时对这个新家的家务分工也抱着固有的期望[1]:很明显他希望麻里子包揽从打扫房间到洗衣做饭的所有家务。当麻里子想要得到丈夫的协助时,最好的状况是他口头答应但是什么都没做,糟糕的情况是他直接拒绝并且让她感到愧疚,因为她没有做好在他看来是妻子分内的事。由于麻里子的全职工作仍是一样的辛苦,而她整个周末还要全部投入到家务劳动中,令她崩溃又紧张。在打扫和洗衣服的间隙,她得做一整个星期的餐食,冻在冰箱里,这样才可能在工作日下班以后很累时吃上一口饭。她过了一年这种高强度连轴转的日子之后,突然明白了这样一件事:她的丈夫在保证她可以婚后全职工作时,并没有说谎。他确实同意麻里子全职,只是他同时也认定,她的全职工作并不能减免任何她在家务上的责任。换句话说,当麻里子说要继续全职工作时,她丈夫理解的是,在理所当然属于麻里子的全套家务事以外,她想要再做一份有偿劳动。两人在结婚几年之后就分开了,麻里子说分开之后两人关系还算过得去。她向我传达了这样一个经验教训——别和一个家庭主妇的儿子结婚。不论这个男人说什么,他总会期待他的妻子像一个家庭主妇那样做。

麻里子选择离婚不仅是因为她丈夫不想分担家务的行为,更重要的是他的行为以及一些未言明的对她的要求,清楚地指向了她一开始就想要极力避免的一种婚姻模式。在战后相当长的一段时间里,常态的(婚姻)模式似乎表明由负责赚钱的丈夫和全职的妻子组成的婚姻和家庭才是最牢固和最成功的。在人们印象中,男人从早到晚地辛苦工作,依赖妻子照顾他们的饮食起居。在这个亲密关系的模型里,虽然夫妻双方紧密而相互依存,但是他们之间不太可能有共同兴趣或者情感联结,因此属于一种我称为"脱节依存"（disconnected dependence）的模式。该理念下，夫妻双方仅仅通过生活中"实际"的方面产生联系，比如共同财产、家庭财政。除此之外，两人自觉地追求各自的兴趣爱好，朋友圈和情感生活都没有交集。但90年代经济泡沫破灭之后，日本经历了数十年经济衰退，男性挣钱养家的主导地位在经济体以及亲密关系中受到双重挑战。公司的规模日益变小，更喜欢大量雇用可以随时炒掉的合同工，而不是全职员工。同时，婚姻指导手册和互助团体敦促配偶们摆脱这种无联结依存的亲密模式。所有年龄段的人们开始设想（亲密关系中的）情感联结和共同活动。几十年前最理想的亲密模式现在成了离婚的前兆。

在我做研究的过程中，很多与我交谈过的人都对离婚、性别和劳动三者关系有一个清晰的、可能过度简化的认识：当一个女性拥有一份工资足够高的工作时，她就会离婚。很多男性以为我的研究只是问问那些女人挣多少钱。对于这些男性以及抱有类似看法的人而言，女性只要能够经济独立，她们就不想再受婚姻束缚，离婚就会发生。这一群人断言，经济状况和离婚直接挂钩。我同意两者之间有关系，但是并不是因为经济决定论说的那样——金钱在无意识地影响人们在亲密关系中的决定，或者经济需求是女性和异性婚姻之间唯一的黏合剂。

相反，我认为，两性对于婚姻问题的诊断以及离婚的决定，在一定程度上是在回应一个由劳动模式塑造的亲密关系模型。我把这两者的交融称为日本亲密关系的政治经济学。在这个概念中，我将亲密关系何以可能与雇佣结构、税收系统、男女有别的招聘过程联系起来。在战后时期，该政治经济学创造了一个强有力的准则，并且暗示这个涉及家庭、亲密关系、劳动等场域的准则，是对所有相关人员来说，更自然、更健康，也更有益的。现在，当人们在认真考虑离婚或者思索如何避免离婚时，更倾向于反驳和拒绝从前（战后时期的）这个常态化的准则。像之前的例子提到的那样，人们感知到实实在在的、由配偶的工作形态引发的风险，这风险是对婚姻和家庭的，也是对个体的。日本亲密关系的政治经济学在战后恢复阶段强有力地塑造了人们对于异性婚姻的期望值和婚姻中存在的可能性；在现阶段，它左右着人们如何决定离婚的过程。

经济奇迹、公司家庭，以及"日本公司"

在二战末尾，几乎没有人能够预知日本会成为世界上最大的经济体之一。这个战败国不仅躺在两颗原子弹和无数同盟国炮弹的废墟中，同时也承受着数十年殖民扩张带来的财政负荷。然而，1950 年到 1973 年之间，日本经济每七年翻一番。从 1946 年到 1976 年，日本经济体量增长了 55 倍。到 1968 年，按照名义国民生产总值计算，日本已经成为世界第二大经济体。这种增长被称为日本经济的"奇迹"。由于出乎意料，日本经济的超速增长吸引了众多学者和公众来一探究竟——超速增长是如何成为现实的。日本亲密关系的政治经济学是日本战后快速复苏的基石，决定了劳动雇佣中实际运作的准则和期望。

政策层面上，日本的经济奇迹得益于由大公司、政府部门和政客组成的"铁三角"，三方共同打造了一套保发展高生产模型。在这个铁三角中，政客们声援支持那些和商业领导者们协商讨论出来的政策，然后政府的官员把这些政策准确表述出来，制定成准则。尽管这些政府部门理论上不必出台任何指导建议，这种操作在铁三角间创造了极强的义务、互惠以及人情债联结。这种紧密的合作后来被称为"日本公司"，暗示着整个国家被运转得像一个大复合体。铁三角的合作生产出了严格的经济政策，这些政策在日本从农业经济转型成为工业经济、最终成为服务型经济的过程中一直规范着劳动力市场。从60年代早期到90年代早期，这个铁三角模型在推动经济增长这事上是如此成功，以至于不仅有人觉得日本可以给美国"上一课"，同时也象征着一种对西方霸权的致命威胁。

虽然"日本公司"这个名词被创造出来用以描述高层的互动，但这个词也被转录到私人和家庭的场域中，表达普通人对于国家经济增长的认同和肯定。国家的高增长率在普通人的日常生活中也有体现：池田首相的"国民所得倍增计划"开始于1960年代，人均收入确实在七年内就翻了番。在60、70和80年代，相当一批日本人感受到了自己也是让日本回归国际舞台的宏大工程中的一分子，有责任有义务为经济增长添砖加瓦。家庭主妇们也认为她们的劳动对于国家的繁荣昌盛不可或缺。白领们把自己的成功和他们雇主的成就联系到一起，蓝领工人强烈地感受到他们的劳动成果切实推动着国家的进步，农民也骄傲地明白自己对国家作出的贡献[2]。在这个举国工程里，我们看到了"大多数人被成功动员为经济增长贡献力量"(Johnson，1982：307)，科尔(Cole，1979：252)把这种现象深情地称为"命运共同体"。

民众对国家发展的认同和肯定在日常的修辞中进一步被加强，比如雇主和员工一家亲。这种修辞让人想到明治时代政治话语中所有公民都是一家人的表述（我在第三章中详述）。在这个情境里，雇主、经理、不同级别的员工都是同一个团队中的一分子，向着同一个目标进发。尽管这样的集体主义修辞在其他文化情境里也会出现，但是它准确地描述了很多男性全职员工的精神状态——拥有共同的目标，属于同一个集体。例如，罗伦(Rohlen，1974)在六七十年代做的研究中发现银行的员工有时候等级森严，有时候则是一组"和谐"的平级员工。近藤(Kondo，1990)在80年代经济泡沫时期的研究表明，"像家一样的公司"是非常普遍的习惯用语，这种口号塑造着员工的生活，培养了很多训练有素、忠诚的员工，为集体目标奋斗。日本的经济奇迹像这样靠修辞把劳动描绘成一种家庭式的紧密关系，并且依赖着从这种修辞中衍生出的忠诚和负责的品质。更广义地说，日本亲密关系的政治经济学在修辞上把真正的家庭和由劳动关系所形成的家庭捆绑到了一起。

处在"奇迹"核心的劳动男女有别

政府和公司有效推动经济复苏政策的基石是男女有别的劳

动力市场，市场中的性别差异在此过程中又进一步深化。法律、常规招聘流程以及日常的行为准则把男性和女性推向了完全不同种类的劳动，两种劳动对于经济都是不可或缺的。笼统地讲，男性最有可能得到"常规"（seishain）职位，这是一类全职、有晋升空间，至少感觉上像是长期雇佣的职位。尽管这种"常规"职位常常被认为是中产男性的白领职位，但是在战后复苏阶段，这种供男性选择的常规职位包括很多种，从制造业蓝领工人到商业都有。这和大众印象中的日本有很强的对比。大众印象中日本是一个中产社会、阶级差别小，然而事实是日本的劳动力市场在高、低水平的收入不平等中波动。比如，在60年代末70年代初，由于劳动力短缺，大公司和小公司给员工的加班补助几乎没有差别（Tachibanaki，2005：60）。而在战后不久和经济泡沫破灭之后的历史阶段，男性员工的工资和公司规模直接挂钩。整个战后时期，女性更可能应聘到那些非常规、工作时间灵活、边缘化的岗位。虽然这些岗位在劳动力市场上也很重要，但是在公共话语和学界中没有存在感。雇佣过程中的性别差异将雇佣结构和亲密关系联结到一起，缔造了日本亲密关系的政治经济学。

虽然工作岗位有很多种，但公众都把战后经济"奇迹"和特定的"工薪族"想当然地联系到一起。虽然这个词在英文中可以泛指任何有薪水的人，但在日本，它具有特定含义[3]。最典型的工薪族是指过劳的男性白领阶层员工——穿着千篇一律的制服，顶着传统的发型，打着无趣的领带。他很早就去上班，工作时间本来就很长，下班之后也不能立刻回家，要参加和同事的"团建"活动,或者去和客户拉关系。他回家时已经很晚了,孩子已经入睡,第二天早上醒来,开始新一天的循环。很多研究以及田野调查都聚焦在工薪族身上,因为他们在日本经济复苏中扮演了重要角色[4]。很多漫画电影也描绘了工薪族的形象,这些白领职位表面光鲜,实则残酷,生活中除了工作,还是工作(Matanle, McCann, and Ashmore, 2008; Skinner, 1979)。很多人认同工薪族的生活方式,自己想要成为工薪族,甚至希望自己的下一代也成为工薪族,但是哪怕在经济奇迹的辉煌阶段,也有很多媒体评论特别指出工薪族生活方式的困境——工作负担重,时间过长,远离家庭。

男性员工之所以可以这样工作,是因为一种特定的、因劳动性别分工而产生的家庭亲密模式。男性员工因为长时间工作以及晚上社交饮酒活动,几乎没有时间做其他事。他们日常生活的一切,包括洗衣、做饭、付账单,都是靠妻子完成的。妻子负责和家务、小孩相关的所有事务。几十年的田野研究表明,家庭内部责任分工有很大的性别差异。妻子负责处理大部分家务,从买菜做饭、财务收支到子女教育等(Allison, 2000; Frühstück and Walthall, 2011; Gordon, 1997; Imamura, 1987)。这种分工模式不仅在田野调查中得以证实,在问卷调查中也有相似证据:在1974年,大竹等人(Ootake et al., 1980)发放的问卷显示,丈夫做的家务不到3%。再比如,到1981年,对日本已婚夫妇的调查显示,丈夫每天做家务的时长不到20分钟,这其中还包括照看小孩。这个数字在1994年略微上升至每星期两个半小时(Ishii-Kuntz, 1994: 33; Tsuya, Bumpass, and Choe，2000：208；也参见 Fuwa，2004）。正是因为人们普遍理解女性对于经济以及下一代的重要性，日本的家庭主妇罕见地受到尊重，她们在政治上也有一定影响力（LeBlanc，1999；Nakamatsu，1994：100）。

几十年间，工薪族都是日本战后政治经济学的重要符号。差不多从工薪族这个词被发明的那一刻起，人们既羡慕这些工薪族男性的薪水，也同情他们缠身的工作量[5]。工薪族男性几乎成为国家的代言人。在这个禁止组建军队的国家，工薪族象征着男性力量的顶峰。由工薪族代表日本男性是如此之普遍，以至于罗伯森和铃木（Roberson and Suzuki，2003）合编关于男子气质的论文集时，小标题是"破解工薪族之谜"。工薪族男性在日本国内外都成为战后复苏、经济实力、男子气质的有力象征，甚至直接代表日本性（Japaneseness）[6]。

在战后阶段，成为工薪族意味着进入了劳动力市场中的"一夫一妻制"。第一，工薪族是"终身雇佣"（*shūshin koyō*）。这是由雇主提供的隐形保障，工薪族一旦被雇用，就可以在同一间公司工作至退休。这种常态化优越的终身雇佣制度可能看上去没有效率，但对很多员工来说，是忠诚的前提，是重要的保障（Abegglen，1958：11；Cole，1971：52；Kelly，1986：603；Rohlen，1974）[7]。日本法庭也多次否定雇主裁员的做法，即使没有具体惩戒措施，法庭也进一步强化了工薪族终身雇佣制（Foote，1996；Song，2014：69）。对员工来说，主动离职也不太可能，那几乎和离婚一样耻辱。第二，大部分工薪族的薪水和工作年限（年功序列，*nenkō joretsu*）直接挂钩，与绩效无关。工薪族因此可以准确地预测未来每一年的收入（Allison，1994；Rohlen，1974）。第三，工薪族经常在公司内部轮岗或者在不同地区的办公室之间调动，他们的工作生活与之息息相关。虽然工薪族知道自己会换岗位，但是并不太能预测换到哪个部门、哪个区域。转岗策略的初衷是让员工熟悉更多部门，了解更多区域，这样技能知识更加全面，比单一专长更适应公司的需要（Rebick，2001：124）。这样的安排也为公司提供了一个灵活的人力队伍。考虑到小孩上学问题，工薪族去外地工作时并不会带上家人（Fujita，2016）。基于上述原因，日本战后经济复苏期间，工薪族的生活在一些普通人看来是可预测的，也许有点无聊，但是从工资和稳定性上来看，非常有保障。

工薪族的象征意义从来没有在就业统计数字上反映出来。工薪族过去和现在都是随处可见的符号，但其实只有一少部分日本人体验过工薪族的生活。战后时期，不同的研究认为大约有20%到35%的员工在"终身"岗位上就业，有稳定保障、高工资、常规的轮岗（Ono，2009；Song，2014：61；Tachibanaki，1987：669）。而工薪族的确切数字是很难估计的，因为"工薪族"长久以来只是一个非常有辨识度的概念、社群类别，并没有体现在雇佣合同上。终身雇佣的保障只是隐含在大公司的特定岗位中，合同中并不明确。工薪族属于"常规"员工范畴（而不是兼职工、合同工或者派遣员工），但是常规员工中也不是所有人都享有终身制，比如"办公室女职员"（office lady）（Ogasawara，1998）。布林顿也查证到相似情况，"合同中没有明令禁止雇主解雇员工，或者禁止员工离职另寻出路"

（Brinton，1993：131）[8]。

就像术语中体现出的性别差异一样，尽管女性对于日本经济"奇迹"起到至关重要的作用，但工薪族职位的大门对女性员工却紧紧关闭。虽然日本大众印象中，女性"只是"家庭主妇，但是女员工，特别是兼职女员工的存在促成了（对于男性员工来说的）终身雇佣系统。比如在 1980 年，45 岁—49 岁女性中有 64% 做着有偿劳动，这个比例在 1990 年上升到 71%，到 2010 年是 75%[9]。在 1970 年—2000 年间，虽然大多数女性一生中多少都工作过，但她们在结婚或者生第一个孩子时，都会主动或者被迫离职（Brinton，1993；White，2002；Ogasawara，1998）。在这些节点上"退休"一度是女性合同中的明文条款，直到 60 年代才废除[10]。法律上废除这个条款之后，结婚生子与离职之间的因果关系尚不明确。有些女性的确是自愿离开，但也有很多女性不得不作出这样的决定。一方面可能是职场上缺乏上升空间，另一方面也可能是惯例如此，女性应当在结婚或生子时"退休"（Atsumi，1988：57）。女性因家庭需要（或者主观中家庭需要）离开工作岗位之后，家庭需要也会把女性推回劳动力市场。有时是下一代高成本的教育投入，有时是其他家庭支出。很多女性在小孩上学之后，回归劳动力市场，开始做兼职工作。她们会特意去做兼职工作，来方便照顾家庭（同上，55）。女性离开后回归劳动力市场的现象被称为"M 曲线"（M curve），尤其在 1970 年—2000 年间，女性就业率—年龄段分布上呈现出 M 型。

那段时间里，女性员工被当作可灵活支配的劳动力，要么是"核心地带周围的缓冲区",使少数男性的终身雇佣制成为可能,要么是降低劳动力市场波动的"安全阀""减震器"(Johnson,1982:13;Kelly,1991:406;Miller,2003:181)。布林顿(Brinton,1993)有个让人信服的看法,他认为日本经济"奇迹"离不开女性劳动力,具体通过两种方式:第一,女性无偿的家务劳动使男性可以专心工作;第二,给女性安排的岗位随用随招,解雇起来也容易,增加了市场的流动性,也对终身雇佣制没有威胁。在80年代,有人开玩笑说"婚姻是女性的终身雇佣",该说法反映出女性就业机会与婚姻常态间的关系(Brinton,1988:325)。简言之,没有女性维持的大量不稳定职位,就没有少数男性的稳定职位,更不用说女性提供的无偿家务劳动。

税收与工薪结构对性别差异的强化

税法和常见工薪结构都奖励传统婚姻模式下的性别分工,这进一步巩固了日本亲密关系中的政治经济学。除了前述招聘环节的性别差异,男性员工还享有"家庭补助",作为额外工资补贴家用。很多公司,几乎可以说是大多数,都给已婚男员工提供这样的待遇:盐田在1991年做问卷调查,发现89.3%的受访公司都提供家庭补助,平均每个月16,113日元(那时大约价值120美元)(Shiota,1992:37;Nakamatsu,1994:92)。公司通过这种操作创造并强化了他们认为理所当然的性别差异。女性员工,即使要养家糊口,也拿不到这笔钱[11]。工薪结构直接与性别挂钩:已婚男员工是默认户主,承担养家的任务,得到这个身份带来的奖励;而女员工不论家中的实际情况如何,都只能被看成是挣外快的附庸劳动力。

税收系统也通过经济手段促使已婚女性限制自己的劳动所得数额,从而强化了劳动性别分工。从1961年起,"配偶补贴"(haigūsha kōjo)允许配偶(多指妻子)将她们的收入从丈夫的应纳税收入中扣除,但是只有当她们收入不超过规定金额时,才能取得此项减免。收入的上限是103万日元(10,300美元),只要妻子收入不超过上限,丈夫的应纳税收入可自动扣除38万日元(3800美元)[12]。从1987年开始,户主还可以通过"特殊配偶补贴"(haigūsha tokubetsu kōjo)得到更多减免,前提是配偶的收入少于141万日元(14,100美元)。从实际角度分析,这个税收系统是在奖励已婚夫妇,鼓励他们照着传统"日本公司"的劳动分工模式生活。它鼓励配偶们去找收入低的职位,确保总收入不超过规定数目,以符合税收系统中的"配偶"标准而拿到补贴。因此,很多原本不吃香的低收入岗位有了需求,得以存在(Adachi,2018:111)。不仅如此,很多公司的"家庭补助"也和税收系统有相似体系,这就意味着,妻子如果工资过高,影响的不仅是税收补贴,也影响丈夫从公司那里得到的补助。迫使女性把薪水控制在限制范围内的机制是如此之强,100万日元被称为"疼痛之墙"(butsukaru itai kabe)(Fuji,1993)[13]。

虽然税法没有具体规定配偶的性别,有调查显示,40%的在职已婚女性符合该税收减免要求;使用该项减免的男性不在统计范围内（Yamada，2011：544）。我们依旧可以知道男女如何依据税收补贴来调整他们的行为。从收入分布上可以看到，在配偶收入上限那里，女性的数量暴增（Takahashi et al.，2009）。虽然招聘中的性别差异没有在任何法律明文中出现，但这项税收政策促使女性进入劳动力市场，并且寻求那些辅助性、低收入的岗位。因此，所谓的税收"福利"其实强化了女性在社会中的劳动分工（Nakamatsu，1994：92）。不仅如此，我在第五章中会详细解释，该项税法对离异女性尤其不友好，她们需要高工资供养自己和孩子[14]。其他经济政策，包括养老系统，都进一步奖励符合传统劳动分工的家庭。即使日本宪法第十四条明确规定性别平等，同时"平等就业机会法"（Equal Employment Opportunity Law，EEOL）早在1986年通过，收入和税法仍呈现且强化劳动的性别分工和巩固传统婚姻模式。EEOL几经修改，但依旧只是一系列建议，雇主在自愿基础上执行，没有引发显著的系统性改变（Abe，2011；Assmann，2014；Boling，2008；Gelb，2000）。日本整个战后复苏时期，经济转型依托于劳动力市场，而这个市场建筑在固化的婚姻模式之上，呈现出明显的性别差异。劳动力市场也进一步巩固了传统婚姻模式。

山口先生：尝试成为一个好丈夫

山口先生已经在（曾经社会规范所定义的）"正常"婚姻里过了很多年，现在亲密风格转变，他试着应对随之而来的风险。他对妻子可能提出离婚感到担忧，表达态度特别开放直接，让我难以判断他是开玩笑还是认真的。结果他是认真的。他确实非常担心这件事,尽一切努力避免离婚成为现实。他自己也知道其中的讽刺之处——现在他的一切努力和他年轻时候当好丈夫所做的行为正相反。到现在为止,他的努力似乎有效果,他和妻子关系不错,但是确实需要投入精力。两人关系和从前相比,发生了很大变化。他时时关注媒体中的相关信息,评估婚姻风险,还和朋友们商议应对策略。

从很多方面说,山口先生是一个典型的工薪族,有一个相当典型的家。山口先生出生于 1943 年,二战后长大。他和同时代的人从未参与过战争,却经历了战争带来的苦难。山口先生在爱知县长大,但上了精英云集的京都大学,在职业道路上有了一个良好起点。回忆当年的招聘流程时,山口先生还记得,他是在大学里就找到了他"终身"的工薪族职位,大学工科毕业之后,就开始工作了。他和妻子是相亲认识的,在他 27 岁时两人结婚,随后很快就有了两个孩子。他所在的公司很快成为电信巨头,他在不同部门、地区轮岗,在海外也生活了很多年。轮岗是工作中常规的一部分,但是不难想到,海外生活相当有挑战,尤其是对他妻子和小孩来说。80 年代,他们一家住在纽约州北部,他的孩子们因而有机会学英文,在日常中使用,但是对他妻子来说,在海外居住是很孤独、很难熬的。正像黑谷(Kurotani, 2005)分析的那样,像山口太太这样的日本工薪族配偶感到,在海外不论养娃还是照顾丈夫,都变得更难了。虽然周围也有其他的日本家庭,但是对于小孩的教育,她还是要亲自上阵辅导功课,以确保他们能跟得上同龄人所上的日本学校课程。同时,在日本常见易得的食材杂物,在当地都不是那么容易找到。

纽约生活期间,山口先生一直在工作。和在日本时一样,他会一直泡在办公室,甚至比在日本时候更久,因为要在晚上和日本时区的同事沟通。山口先生对我回顾那一段日子时,特别强调了他妻子的压力有多大,而他当时并不明白。在他看来,他俩都尽力做着各自需要做的分内的事情,他把重心放在工作上,是情理之中、负责任的行为。即使现在他明白努力工作是那时好丈夫、好父亲的标准,山口先生仍旧止不住地担心那时的行为给他的婚姻带来了怎样的恶果。当他轮岗回到日本之后,他又工作了十年左右,才在公司规定的年龄退休。

我刚遇见山口先生时,他68岁,看上去比实际年龄年轻许多,非常有活力。他过着似乎只在海报里出现的理想退休生活:参加所有之前没空参加的活动,展现出旺盛的好奇心。他担心工作使他过度远离妻子,而且他俩之间除了孩子和基本的生活需求以外,没有其他纽带。他现在看到了年轻时候不曾想过的方面,因此特别感谢他妻子一直的付出,但并不确定如何表达,让妻子开心。像本书开头提到的那样,山口先生特别健谈,而他妻子并不是这样的人。她看上去只是在容忍山口先生的这种健谈以及想要参加活动的强烈欲望。她似乎更喜欢在家,和自己的朋友聚会。因此,我一直不能判断山口先生的离婚恐惧是不是空穴来风。一方面,意识到风险本身就会降低风险;另一方面,就像山口先生说的那样,他和妻子本来就不习惯待在一起,似乎他们分开活动和社交会让她更开心[15]。山口先生理解并尊重他妻子的意愿,两人继续过自己的日子,做自己喜欢的事,但他依旧思考,什么样的做法对她、对自己、对婚姻是最好的。

情感脱节、生活依存的婚姻

特定招聘、薪资和税收政策将日本亲密关系的政治经济学铭写在家庭生活的规范中,使得特定的家庭结构和亲密风格看上去更有优势。特别是从60年代到80年代,几代日本人都生活在强社会规范中,两性在相互隔绝的场域中各自生活。夫妻双方责任互补。爱德华(Edwards,1989)在80年代做研究的过程中发明了这样一个极具画面感的短语来描述夫妻关系:"互补的无能"(complementary incompetence)。因为劳动力市场上的惯例使已婚已育女性找不到全职工作,女性一般很难通过工作自给自足。而男性则没有受过任何家务训练,既不会洗衣也不会做饭。即使有些男性会做,繁重的工作也会让他们没时间处理家务。因此,爱德华的论点很有道理,他认为,在七八十年代,日本夫妻之间的关系靠互补的需求维系,妻子需要一个稳定的经济来源,丈夫则需要家务帮手来维持上班挣钱的日程。许多夫妇认为这样的模式是正常且理想的状态,令人满足(Ishii-Kuntz,1992;Lebra,1984)。

与当代的亲密关系相比,传统亲密模式体现出"情感脱节、生活依存"(disconnected dependence)的特征,夫妻双方都感受到向心和离心两个方向的作用力。就业政策上的性别差异以及家庭规范都促使两性在结构上依赖对方。仅家庭财政一条,就可以看出夫妻双方紧密相连:典型的做法是,丈夫赚钱上交妻子,妻子负责家庭开支,并且给丈夫留一点零花钱。

然而这些强有力的夫妻向心力在现实中也有同样强的离心力来平衡。尽管他们需要对方,但许多夫妇并不想要待在一起。我和一些老年女性聊天时,常听到她们开丈夫的玩笑,说他们特别烦人而且什么都不会做。特别是当他们在身边晃得久了,老太太们会金句频出,挖苦她们的丈夫。确实,田野调查提供了很多实例:比如日本妻子觉得好丈夫是"健康但不在场"的,这个说法在1986年被票选为年度词汇(Ueno,1987:80;White,1987:151)[16]。理论上来说,不论是劳动场所、爱好、朋友圈,还是责任范畴,夫妻双方都是分开的(Borovoy,2005,2010:67;Imamura,1987:13;Ishii-Kuntz and Maryanski,2003)。因此,在话语和实践中,战后典型婚姻呈现"脱节依存"态势:夫妻双方实实在在地需要对方,但同时情感社交等方面又各过各的,完全脱节。90年代之前,这样的生活是正常又平凡的,是婚姻健康的表现。

我的采访和其他媒体报道中都有提及,婚内性生活的缺失也是夫妻双方脱节的一个表现。虽然已婚夫妇会要小孩,但许多受访人描述了这样一个感觉,在小孩出生之后,没有性生活并不罕见。人们解释这个规律时,常常会画一个倒三角,上面两个点代表夫妻双方,下面的顶点代表小孩。据他们描述,小孩一出生,夫妻就变成孩子爸、孩子妈,两人原来的关系就消失了。尽管夫妻关系与亲子关系间的张力并非日本独有，但性生活的中止似乎是日本婚姻"脱节依存"态势中的一环。即便受访人不觉得这种状况是理想的，他们也解释说，"好"夫妻间没有性生活也不少见，甚至婚外恋、丈夫出轨也属稀松平常。这一点在田野调查中也有体现（Allison，1994；Laurent，2017：114；Moore，2010；Moriki，2017：45）。

在本世纪初，我主要是通过人们的牢骚了解婚姻中的"脱节依存"现象，大家抱怨他们糟糕的婚姻、婚姻中讨厌的部分以及决定离开谁。老年女性特别说了很多在她们丈夫退休之后，家务以及照料工作持续带来的负担。不少六十多岁或是更年长的主妇一针见血地指出婚姻这个社会契约中的谎言：如果男性签约的是终身雇佣，女性是家务劳动，两人中只有一人可以真正退休。除非有家人帮忙，否则丈夫退休之后，妻子的任务还是一样的繁重，假设没有变多的话。而且做家务时，还多了一个丈夫在碍手碍脚。对于多年来在不同空间活动的夫妻来说，突然近距离生活，共同应对琐事，通常让妻子不适应而认真考虑离婚。

野村女士：最后一段时光

野村女士是一个努力平衡丈夫退休的现实与自身的责任感的例子。她 80 岁出头，三个子女已经成人，家中还有两个她非常宠爱的孙辈。她的丈夫以前是个医生，收入十分可观，两人进入了比出身富裕得多的圈子。但是野村女士的生活时刻被丈夫的种种高要求左右，而他自己什么都不愿做。除了每个家庭主妇日常都得完成的洗衣做饭，野村女士还需负责丈夫的一切生活细节：如果他要去打高尔夫，她得记得把他最喜欢的那副手套装进球杆袋里，可能还得准备一副备用的；如果他要出差，她则要帮他收拾行李，考虑到他旅行中可能需要的物件。她丈夫的需求不论明说与否，不曾间断。野村女士一直把这些当成她的工作，但是随着年岁渐长，她对丈夫吹毛求疵的要求越来越没有耐心。而丈夫似乎也没有因为她岁数到了，要降低标准的意思，她很崩溃。在某种意义上，她认为这和她丈夫的个性没有什么关系：他是两代人中唯一的男丁，家中幼子，在所有人的溺爱中长大[17]。到我遇见野村夫妇时，两人七十多岁，野村女士似乎已经破罐破摔，凑合着过日子，一逮住机会就吟诗作赋发她丈夫的牢骚。

　　但是这种状况在某一日有所改变。野村女士低声但是认真地和我说，关于她丈夫她有话要讲。野村先生一直喜欢喝酒。从前只是喜欢，后来因为工作一定要喝，最后已经发展到经常出乱子，成为野村女士的负担。一个星期前，在某个场合他又喝醉了。像往常一样，野村女士想方设法把他弄到车里，然后她开车回家。她非常厌恶此事，因为年岁大了眼神不好，她特别害怕晚上开车出事。到家时，野村先生已经不省人事，她抬不动他——他的体重几乎是她的两倍。野村女士在深夜独自一人、拼死拼活地才把他拖到门厅。在日本，门厅被称作玄关，是放鞋子防止灰尘进屋的地方。在美国的概念里，那更像是一个放垃圾的地方，承包了所有脏东西，家中其他地方才能保持干净整洁。野村先生就在这个污秽的角落睡着了。第二天野村女士发现，她丈夫身上沾满了污垢，在肮脏的状态下睡了一整晚。

野村女士一直在讲关于她丈夫的各种佚事，但是这次似乎不同。她没有了那种戏谑态度，不再是单纯嘲笑丈夫的荒谬。讲完那晚发生的事情后，她靠向我，语气有所强调："这算不算一个原因？这算一个原因。"做离婚研究之前很久我们就是朋友了，所以我们谈话中并没有涉及研究的相关议题。尴尬地过了好一会，我才明白过来，野村女士是在问我，她是否终于找到了一个像样的理由离婚。她的理由其实并不是她丈夫酗酒或者不为她考虑，抑或她忍了这两点这么多年实在忍不下去了。而是她的身体状况没办法让她拉起丈夫。她一直都用自身力量应付所有困难，但是，她的身体，头一次，撑不住了。

野村女士对于她丈夫感到异常愤怒，他无止境的自私渗透在对她的一举一动中。但是当她隐晦地提到离婚的可能性时，并不仅仅是因为愤怒。愤怒其实一直都在，并未突然成为离婚的动因。相反，离婚这个想法冒出来，只是因为她的体力不允许她像从前一样维系两人关系：她很难像他要求的那样照顾他，而他们的婚姻至少部分依赖于这样的交换。即使野村女士憎恶这个过程，她也觉得照顾丈夫是她的责任，不能推卸。最近丈夫醉酒的可怕经历让她明白，衰老使她不再能轻松胜任这项工作了。野村女士也对大众媒体中熟年离婚的叙事有所了解，加上她自己的体会，她开始思考，在忍耐一辈子之后，是否碰到了最后一根稻草。

泡沫破灭与经济重组

日本"泡沫破灭"虽然现在成了专有名词,但是破灭并不是在一瞬间发生的,那时人们也没有预料到破灭所引发的经济衰退。1989 年到 1992 年间,日元升值,进一步加剧了通货膨胀,在房价以及土地价格上体现得尤为显著。随后房价下跌,大公司的按揭都超出了房产的实际价值,而房价再也没能到达从前的高位。就像格里姆斯(Grimes,2001:xvii)描述的那样,"作为贷款担保的土地与证券产品的价格大幅下跌,借贷人还不起贷款了"。泡沫破灭以后,日本经济在衰退水平附近低空盘旋长达十几年,后来要么被称为"失落的十年",要么借用天皇年号,称其为"平成大萧条"。从 1992 年到 1999 年,平均实际国内生产总值每年只有百分之一的增量(Mori, Shiratsuka, and Taguchi,2001:54)。政府和私企试图把国家从衰退的泥潭里拉出来,为此出台了许多促进就业的措施,改进相关法律。当人们成百上千地因领不到工资而失业时,劳动力市场发生了根本性的变革。

就业机会大幅减少,尤其是年轻人的岗位减少,改变了当时劳动力市场的模式,逐步形成今日的局面。日本大公司在 90 年代中期利润大幅下降,终身制的老员工受到保护,福利照常发放,而年轻员工的选择空间被进一步压缩(Brinton,2010;Song,2014)。大公司并没有将终身制老员工裁掉,而是减缓招新,以更好地支持终身制老员工保住工作和福利。这些决定反映出一直以来的观念，即终身制下男雇员是家中顶梁柱（Hidaka，2011：112）。

企业不再像从前那样雇用新的终身制员工，而是开放更多临时合同工以及兼职岗位。在1991年只有20%的员工在"非常规"岗位工作，这个数字在2003年上涨到30%，而且还在持续上涨中（日本劳动政策研究研修所，2016：14）。到2007年，女性员工中55%、男性员工中近20%在"非常规"岗位上工作（Song，2014：30）。年轻员工不论男女都面临着上一代女性员工的处境，一辈子做没有福利保障、不稳定的兼职，而且还多了一个选择：合同工。合同工需要完成的具体任务，和从前全职终身制员工没什么不同。合同工可能也是"全职"上班，但是他们的薪水只有从前全职员工的一小部分（Driscoll，2009：300；Keizer，2008：413）[18]。诸如此类的操作在2003年《劳工派遣法》修订版通过时，成为法律明文，并进一步普及。公司拥有更多灵活空间，将全职岗位转换成合同工，同时，合同工转为全职之前，有更长的试用期（Araki，2007：277）[19]。

关于责任的说法

在劳动力市场重组过程中，新世纪初人们开始熟悉"个体责任"（*jiko sekinin*）的说法。这个说法是小泉纯一郎推广使用的，他认为如果个体公民不对自己负责，日本经济永远没有办法从衰退中走出来。该逻辑和全球的新自由主义政策如出一辙，目的是增加资本在国际上的流动性，最终受益者大概率不是本地人。小泉纯一郎在2001年当选日本首相，随即开始大规模的私有化进程，其中最重要的是日本邮政储蓄银行。该公有银行在当时是世界上最大的金融机构，在2002年7月持有约240万亿日元资产（Scher and Yoshino，2004：121）。这大约是所有日本家庭总存款的1/3，加上该机构提供的人寿保险，邮政储蓄银行一共持有"全日本1/4的金融资产"，"几乎每一个日本公民都有邮政储蓄银行账户"（Porges and Leong，2006：386；Imai，2009：139）。在日本这样高存款率的国家，上述规律使大量的资本锁在邮政储蓄银行的保险箱里，不能参与市场流动（Garon，2002）。虽然小泉纯一郎说推动该银行的私有化是为了经济复苏，但是我接触到的人说，这也是国际施压的结果，特别是美国。因为邮政储蓄银行是公有银行，外来资本不能染指，但是私有化之后，潜在的利润可以给日本人，或者其他外国人。

小泉在解散议会之后，呼吁新一轮的选举，2005年夏天的选举活动目的在于取得大众对邮政储蓄银行私有化的支持（Nemoto, Krauss, and Pekkanen，2008；Maclachlan，2006）。在竞选活动中为了使民众更好地理解私有化运动，小泉着重强调了关于独立和个体的理念。他提出真正成熟的个体应该有"个体责任"意识，依靠自己取得个人所需，而不是依靠家庭、社区或者政府（Takeda，2008；Thorsten，2009）。新提出的"个体责任"伦理观自然而然地和经济复苏联系起来，邮储银行的私有化也变得顺理成章。以私有化为纲的小泉竞选团队在普选中取得辉煌的胜利,哪怕党内反对人士都改投了赞成票。对于日常生活而言,这次选举的一个结果是使用个体责任评价成熟与成功的话语体系得以延续。

新经济中理想的亲密关系

在 2004 年,有一个非常流行的网络故事极好地诠释了个体责任与亲密关系中的政治经济学之间的关系。在这个故事中,浪漫的英雄不仅是新型员工,也是可以建立新型关系的新型男人。该故事起源于网络论坛,后来被改编成电影、电视剧、漫画等形式,这一系列被命名为"电车男"。这个故事最初于 2004 年 3 月 14 日在一个叫作"2Channel"的大型论坛上出现。那一天,有人用"电车男"的网名讲了一个故事,并且向观众征集建议[20]。电车男是一个御宅,买完手办坐电车回家的路上,看到车上一个喝醉了的工薪族男性骚扰同车的一个年轻漂亮的女孩。电车男鼓起勇气,试图制止。虽然电车男没有成功,警察最终制服歹徒,但是车上的女性非常感激电车男,要了他的地址,给他寄感谢卡。在这个帖子里,电车男问陌生的读者,该如何应对,以及怎样能够赢得美丽女孩的芳心。故事剩下的部分围绕读者给出的建议展开,电车男要么赢得了芳心,过上了幸福生活,要么活在自己想象的世界中,这取决于具体媒介的讲述。这个故事在各种媒介中多次演绎,在 2005 年我开始做田野调查时,它已经成为流行文化中重要的一部分。这是一个暖心的故事，不说别的，光是陌生人在网络上建立起持久的联系这一点就不同寻常。即使没人知道故事的开头是不是真的发生过，整个故事的展开意味着网络上也可以产生真实的人际关系[21]。

从本书角度来看，这个故事代表的是理想男子气质在日本发生了翻天覆地的改变。整个故事的起因是喝多了惹是生非的工薪族骚扰女性路人。在这一刻，工薪族男性的形象，已经从日本经济辉煌的缔造者，变成了野蛮好斗、无醉不欢的废物典型。电影版本也同样负面，工薪族男性要么喝醉了、言行粗鲁，要么因为工作电脑上冒出了黄色影片而陷入危机。与什么都会一点的工薪族相比，电车男似乎专精电脑知识，而且绝对不会参与工薪族的饮酒场合。即使如此，他也成了浪漫的英雄。在网友的建议下改头换面，他逐渐认识到做自己才能赢得女孩的喜爱。他这样做了，没有传统的男子气质，也照样赢得了女孩芳心。这样的形象取得成功意味着，在 21 世纪初的日本，男人即使不遵从传统也一样有吸引力，亲密关系也不必复刻从前的旧模版[22]。

从那时开始，人们称这样"柔弱"的男子为"草食系"（*sōshoku*），因为他们的男子气质和"肉食系"不同，不会沉默寡言、情感疏离，充满父权控制欲（Charlebois, 2013；Miles, 2019；Slater and Galbraith, 2011）。用不好听的话说，他们很懦弱。"草食"标签既可以是羞辱性的，也可以是令人骄傲的徽章。同样，有人珍视这种反传统男子气的人，也有人哀叹男子气"消亡"、国将不国（Frühstück and Walthall, 2011: 8）。两性都小心翼翼地探索着新型性别理念。人们讨论各种选择的利与弊,是嫁给收入稳定的工薪族呢,还是潜在感性的兼职员工。库克(Cook,2016)研究男子气质如何影响"非常规"岗位上的日本男性时,发现不论性别,人们理想中的浪漫关系、个人目标、对伴侣的职业要求,三者之间常常是矛盾的。他发现挑战性别规范的人(在日本,男性没做全职工作,女性维持职业发展道路,都是在挑战传统性别规范),常常对潜在伴侣依旧沿用传统的标准。比如,武志这个35岁的冲浪人,做兼职工作维持生活,却看不起他的女性同事,认为她们不是合格的结婚对象。他想要的是一个传统女性,既能接受他非传统的职业选择,也能参照"旧时性别规范"照顾他(同上,118)。像这样的双重标准并不只在男性身上出现。一个30岁的职业女性,一方面强调她相信男女"平权",另一方面她又觉得如果丈夫只是做兼职,她会很没面子(同上,120)。通过上述例子,我们不仅看到个人说法中的自相矛盾,对自己和对伴侣的双重标准,而且也发现理想浪漫关系的标准变得支离破碎。

青山女士:分离中的"日本公司"

青山女士三十多岁快四十,住在四国岛上的一个小城市里。在很多方面她都与众不同,比如,她会直截了当地谈婚姻幸福的条件,以及她离婚的原因。镇上的居民说这个城市有小镇氛围,即便人口有50万,人们也很容易在街上碰到熟人。这种小镇氛围也影响着青山女士的离婚选择:在小城镇里离婚,意味着所有人都知道你的事。确实,我能认识青山女士就是因为有人知道她的离婚故事,觉得可能对我的研究有帮助,于是把我介绍给她。

青山女士没有两个女儿的监护权,因为她没要。在离婚协商中,她把监护权给了丈夫,从而使他同意离婚。虽然母亲没得到监护权在日本比较罕见,但离婚过程中协商条件却是再典型不过的。青山女士的离婚故事在符合某些规律的同时也挑战了另一些方面。她的离婚动机更像是越来越常见的新式离婚动机。

青山女士在松山市长大,和一个公务员结婚。公务员是个不错的工作,随后他们有了两个女儿。青山女士那时是全职主妇,抚养两个女儿,照顾丈夫的饮食起居。她说,在某一时刻,她对日常生活的局限感到厌倦。她不想当全职主妇,也不想在这种婚姻中继续过下去。她的婚姻和我之前描述的"脱节依存"模式几乎一模一样。而她想要的则是夫妻双方情感相通,让双方变成更好的自己的婚姻。现实中她的婚姻并不是她想要的。

当青山女士第一次提离婚时,她丈夫完全不敢相信。她凭什么要离婚?两人之间关于成功婚姻的标准截然不同。对她丈夫来说,就像提到过的"脱节依存"婚姻理念一样,婚姻只要没有家暴或者出轨,凑合着能过的,就算是成功[23]。她丈夫不明白,在这个标准下,他们的日子过得好好的,她为什么想要离婚?她没有理由离婚。在他的眼里,直白地讲,青山女士的想法纯属瞎掰。即使青山女士解释了她的想法以及判断标准,他也不理解,拒绝离婚。

丈夫不同意离婚,青山女士就得想办法说服他。这个态势很常见,很多人都讲过他们说服伴侣离婚的法子。在青山女士这里，她提出放弃女儿们的监护权。此外，她也没有索要生活费。丈夫最终同意了离婚。事实上，离婚之后，青山女士也经常看望女儿，一个星期好几次。前婆婆搬进了前夫的住所，一起照顾孩子们。

青山女士在讲述婚姻不如意的原因时，提到了"丈夫"（日语发音为 danna，字面意为主人）这个词的词源，来阐述为什么她认为异性婚姻从根本上就是有问题的。她说，这个日常用词体现了一种期望，丈夫从根本上比妻子优越，应对妻子负责。

> 你知道"丈夫"（danna-san）是什么意思么？它可能是从妓院里发展出来的。在江户时代，在东京的吉原区有不少妓院。妓女管她们的男客人叫"我的赞助商"。所以，我们在用"danna"称呼"丈夫"时，其实是在说他是妻子的赞助商……对我来说，它带有很强的所属意味。

青山女士进一步说明了她对异性婚姻中用词以及亲密模式的厌恶与不适。在她的概念里，风险不仅来自丈夫和妻子扮演的角色，同时也源于描述这些关系的词汇。这些词汇以及语言本身就建立起性别角色和责任范围，其折射出的危险意识形态，让两个想要巩固婚姻的人都可能会搞砸。她丈夫不能理解青山女士为什么在没有家暴和出轨的情况下，认为他们的婚姻出现了大问题。青山女士通过拒绝从前的亲密模式、常用词汇，展现出反传统亲密规范的特征。

重新出发寻找亲密关系

在新世纪初各种性别规范争论以及劳动力市场变迁过程中，一个新词突然出现在大众视野中。"婚活"（konkatsu）一时间随处可见。它成为2009年的最重要年度词汇之一，频频出现在各种谈话节目以及私人会话里，也是电视剧和大众媒体不断强调的流行词（Fuji TV，2009；Yamada and Shirakawa，2008）。"婚活"最初由一位知名记者和一名公共知识分子提出，描述的是在婚姻中一种崭新的态度和能量。这个词既反映了造词人已经观察到的行为现象，也包含了他们认为可以拯救婚姻的有效措施——这些措施有望提高婚姻质量、家庭幸福感，有益于日本长治久安。

"婚活"是主动寻找伴侣的行为，在理念上和找工作相似，从构词中就可以看出。在日文中，两者的联系是显而易见的。"婚活"是"婚姻活动"的缩写，而意指找工作的"工作活动"，简称"工活"。从这两者的构词可以看出，都是相似的"活动"，但是目标不同[24]。"工作活动"（shūkatsu）找的不仅仅是一般工作，而且是收入稳定的精英职位，比如工薪族。这类工作常常有着程式化的招聘流程。在"婚活""工活"里的"活动"（katsudō）象征着一系列目标明确的程式化活动，以及市值庞大的辅导市场，帮助人们在活动中成功。这是一个艰难的过程、郑重的仪式，是成为社会人（shakaijin）的必经之路。像找工作一样寻找婚姻伴侣，意味着每个人都得做好必须的准备工作：外貌有吸引力，穿搭得体，参加特定的聚会，时时刻刻目标明确、蓄势待发。虽然日本有很长的包办婚姻历史，但联谊活动也比比皆是，"婚活"在大众眼中是一种全新的寻找伴侣维系婚姻的技巧；没有挑明的一点是，从前的方式已经不再适用了（Applbaum, 1995; Lebra, 1984）。

像找工作那样找伴侣，在当下婚姻和劳动力市场都面临危机的情况中，变得流行起来。和几十年前比，2008年的好工作没有那么多，婚姻更可能解体。上述趋势都反映出在日本亲密关系的政治经济学中，两个有交集的社会契约在逐渐解体，到21世纪头十年中期，从前描述工作稳定程度的词汇和意象无缝衔接到亲密关系领域，其中所有"工作"替换成"婚姻"。新词的出现暗示着婚姻代替工作成为终身保障。现实世界中，看看离婚率，我们就知道从统计上来说这不太可能[25]。虽然乍一看有点自相矛盾，但这个词也助力了"保障"一词的词义扩张。保障不再是婚姻持续了多久，而是指情感支持程度，以及承诺实现与否。一个有保障的婚姻是让双方都感到有保障的婚姻，双方的情感是否相通比时间长短更重要。用这个标准来看，工薪族结婚时间长，并不等同于婚姻有保障，有安全感。这也是让很多像山口先生一样的男性感到焦虑的原因，他们要想方设法留住妻子。虽然，或者说正是因为日本重组了劳动力市场，大众对亲密关系的政治经济学的关注凸显了雇佣关系与亲密关系两者之间的联系。

女性花钱买离婚?

在很多文化中,人们在社交中尽力避免谈钱,即使金钱在亲密关系中占有重要地位。学者已经注意到,不同场合中,人们希望极力减小经济、市场给有爱的关系带来的影响,就好像一谈钱,约会就变成卖淫似的。雷布(Rebhun,2007:111)在描述巴西东北地区的状况时说,"人们声称情感和经济是完全分开的,然而在实际操作中,人们被问到如何判断某人是否爱你时,他们描述的都是经济行为。比如分享食物、金钱、衣物、信用、就业机会,分担劳动,一起照看小孩,等等。但是他们却不愿意把这些行为打上经济的标签"。在大众认知中,亲密关系和经济交换似乎是两个"敌对世界",一旦有接触,两个世界都会崩塌,事实上"钱和亲密同居在一起,甚至维持着亲密关系"(Zelizer,2005:28)。就像我在这章的引言中提到的那样,不止一位男性言之凿凿,认为女性的经济状况是离婚与否最强的指标。

人们不论考虑离婚,还是想方设法避免,他们的理想关系模型都能映射出日本亲密关系的政治经济学。战后早期,夫妻关系之所以成立,是和特定的雇佣模式密不可分的,更不要提做一个"好"丈夫或者"好"妻子。在当时,一个好丈夫需要非常努力工作,从而妻子要么可以专心做家务,要么只需做一点兼职工作。"脱节依存"不仅是常态,而且通常是稳固婚姻的证据。21世纪早期,两性都把这个模式当成反面教材。从前稳固婚姻的保证,现在变成了婚姻隐患。

如果离婚只是和女性薪资水平相关,过了某一数值就会引发离婚,什么也挽回不了,那么这样的模式难道不也挺好?这样的机制没有考虑到双方在结束关系时可能会感到的愧疚或者责任。我们已经在这一章看到,钱是必要不充分的离婚理由。人们想象钱在离婚中的角色时,他们不会具体描述婚姻是如何具体崩盘的;相反,他们注意到的是种种交织在一起的因素,包括婚姻未来图景、亲密关系风格、就业标准以及国家相关政策——这些政策让某种特定婚姻看上去更牢固、更好、更自然。更重要的是,他们注意到了,错综复杂的社会契约中的重要组成部分已经解体,男性不再渴望或者有能力争取上一代人中更易得的稳定的终身职位。

因此,"钱",对于当代日本离婚来说,是一个太单薄的解释。但是如果我们把"钱"理解为日本亲密关系的政治经济学的缩影,通过"钱"了解旧规范如何破裂,这个解释就能说得通。离婚之所以会发生,并不是因为某种魔力把女性从稳定的婚姻中撬出来,而是亲密关系的政治经济学让所有人脚下的土地斗转星移。

第二章
避免离婚的两个建议

《熟年离婚的一百个理由》是一本 2006 年出版的婚姻指导手册。它不仅列出 60 岁以上人们离婚最常见的理由，还给了排名"前十"的离婚理由，让读者在实例中寻找伴侣犯的错误。确切地说，是寻找丈夫犯的错误。书中的一个章节重现了中年丈夫晚上下班回家的过程、说的话，并附上照片。书中注明，读者应边看故事，边留意"离婚理由"。最后，还有小测试来检验是不是找对了。在场景重现里，丈夫做了三件他那个年龄段常见但埋下婚姻隐患的事情。第一，他进家门时没有回应妻子的问候。第二，他把脱下的衣服扔得到处都是。第三，他向妻子要饮料时，管妻子叫"妈妈"，"妈妈，我们有啤酒么"（TBS Program Staff，2006：72）。即使这个称呼在日本家庭中非常常见，很多分析仍认为"爸爸""妈妈"的称呼给婚姻埋下了大炸弹。

　　离婚调查问卷给出最常见的离婚原因，包括性格不合、虐待、药物或者酒精成瘾以及巨额债务[1]。这些原因虽然在我参加过的婚姻咨询、电视节目、谈话诊疗中都有涉及，但没有人着重强调。我反复听到了两个建议，都极为简单，但是都和传统夫妻相处模式相反。第一个是已经提到的称呼，夫妻间最好不要互相称"爸爸""妈妈"。第二个是直接说出"我爱你"，而不是仅仅用行动来表达。就是这么简单，放弃一个称呼，多说一句"我爱你"。看上去虽然简单，这两个建议实际上要从根本上改变人们在亲密关系中对自我的认知。

图 2　指导手册中的负面例子

从右至左，一个中年男子下班回家，没有向妻子问候；将脱下的衣服随意摆放，叫妻子"妈妈"。

为什么这些建议如此流行？它们针对怎样的问题？可以有效解决么？这些建议将亲密关系中的依赖视为婚姻中的风险和问题。丈夫如果叫妻子"妈妈"或者不说"我爱你"，他遵从的便是旧时亲密模式——夫妻间相互依赖但很多方面是脱节的。在这种关系中的当代男性，如同之前提到的丈夫一样，形象大多老派且自私，靠着妻子料理日常琐事，认为妻子的付出理所当然。婚姻手册和咨询师的意见与传统观念截然相反，他们认为夫妻应该是两个独立的人，主动选择在一起。即使是行为上的小改变，这些建议其实颠覆了夫妻双方对自己的认知、对关系的理解。

虽然这些建议很流行，但是说起来容易做起来难。很多人连想象都觉得困难，他们不知道这两个建议里包含的是怎样的亲密关系理念，更别提创造这样的关系了。在这一章里我会详细描述，日本男女所感受到的亲密与独立间的巨大张力，在这些时兴的建议中体现得淋漓尽致。旧亲密关系模型认为伴侣应该融为"一体"，两人如此心意相通，说不说话都无关紧要。这个模型还有一定人气。新亲密风格强调伴侣间的相通应属于两个相爱但独立的人。人们在试图降低离婚风险，搞"好"关系时，常常在三个相互矛盾的人际关系模型中寻找建议：认为伴侣也是好朋友的心灵伴侣式婚姻，个体应对自己负全责的新自由主义伦理观，以及将"依赖"视为成熟标志的传统日本文化规范。对于这种常引发焦虑的亲密关系，在理论上我认为可以通过"分离即相联独立"（separation as connected independence）来解释。这是一种全新且难以捉摸的理念，反映出社会上人们普遍关心的问题——如何平衡互相依赖带来的风险和收益。这一章追寻当代日本人在互不兼容的亲密模型中协调冲突，在矛盾中取舍的过程。当人们努力降低离婚风险，弄明白自己和他人的关系时，实际上是想要搞清楚如何保持亲密而不过度依赖对方。

脱节依存和空气般的爱

"空气般的爱"（kūki no yōni）是日语中一个俗语，意思是说爱在最好的情况下是不需要明确表达的。这个概念尽人皆知，即使不这样做的人也明白它的含义。在这个理念中，两人关系最好的状态是他们通过行动而不是言语表达爱。背后的逻辑是，如果一个人表达感情，那说明是他和另外那个人没有感情，需要通过表达来弥补感情的缺失。表达感情自动给感情画上了问号。如果你真的爱一个人，就要用行动来证明，而不是只动嘴皮子。"空气般的爱"在最正面的解释中是令人安心的，因为爱一直都在，而且不是夸夸其谈，甜得发腻，它是成熟让人有安全感的爱，不需要反复重申。这种理解把深度亲密和"心心相印"联系起来，人们真正亲密的话，是不需要言说的。虽然这种期待依旧存在，但人们更倾向于认为这是一种"传统""老派"的婚姻关系，如同前章描述的"脱节依存"一样。

二战后早期，日本文化推崇"空气般的交流"，认为建立在这样交流模式上的亲密关系很浪漫。在当时的宣传中，成熟的爱情是夫妻双方都努力做好自己分内之事，不需要用语言沟通。艾拉·维斯韦尔和她丈夫约翰上世纪 30 年代在须惠村做研究。那里的已婚年轻男子在比较婚前和婚后的爱情时，认为后者更加微妙、稳定，且持久（Smith and Wiswell, 1982：179；也请见 De Vos and Wagatsuma, 1961：1210）。与不成熟或孩子气重的恋爱比，成熟的爱情，在莱布拉（Lebra）所接触的上世纪 70 年代的受访者看来，应该是夫妻二人为了对方考虑，大多时候分开生活的状态（也见于 Smith, 1999）。确实，正是因为夫妻双方明白两人实实在在地依赖着对方，如同同一根绳子上的两只蚂蚱，他们之间的沟通十分微妙：

> 因为丈夫和妻子被视为一体，因此没有展示爱意或者亲密的

必要。夸对方就好像夸自己，会让人特别尴尬。顺着这个逻辑，言语间的冷淡并不是欺骗，而是一种一体感，或者说是一种极致的亲密无间。很多日本人表达了上述想法，同时也很好奇美国人是如何能够天天说爱对方而不感到尴尬的（Lebra, 1984: 125；也见 Vogel with Vogel, 2013: 13）。

在上述逻辑中，夫妻间的深度（且必要）默契让一切言语沟通显得甜腻且令人尴尬。与当代婚姻建议相比，该理念和相关行为既有因果也有相关关系。夫妻间不需要言语交流本身就是成熟关系的信号，而且可以让关系更牢靠。在旧有观念中，交流少是婚姻质量的测量指标，也是提高婚姻质量的途径。

在这些婚姻关系中的非言语沟通方式中，人们常把"空气般的爱"和心心相印联系起来。这种方式被描绘成"默契"，是理想的、持续的沟通模式，不需要通过言语明确表达（Befu, 2001: 39）。心心相印式理解是高度亲密的体现，两人融为一体，言语是多余的。这种非言语的沟通并不是只存在于夫妻或者性伴侣的亲密关系中；人类学研究表明，家庭成员之间也会使用（Tahhan, 2014）。比如，日本临终关怀的护士描述家人之间不用言语交流的情况。因为日本医护人员长时间以来的传统是不直接向病人告知临终的诊断，护士们觉得病人和家人心心相印，自然就知道结果（Konishi and Davis, 1999: 184）[2]。因此心心相印式沟通需要结合文化大背景来理解，心心相印成为理想婚姻的象征，和文化中推崇非言语沟通有着千丝万缕的联系。

相联独立与爱就大声说出来

虽然"无声的爱"依旧是一种文化标志，但是在当代，婚姻咨询师们更可能强调用"沟通"来衡量婚姻质量。和很多地区一样，在日本"沟通"已经成为婚姻咨询中的习惯用语，咨询师和来访者都从它入手寻找内在风险和可能的解决办法（Evans，2012：123；Yan，2003）。"交流"这套说法已经成为婚恋相关讨论中的基石[3]，不管是在当代婚姻指导手册，还是电视网站、日常聊天中，都是如此。即使"空气般的爱"还是有吸引力且让人感到踏实，但是沉默也可能意味着婚姻出现问题，离婚近在眼前。更要命的是，居心不良的伴侣可能把"心心相印"当作借口，对另一半施加冷暴力。当代田野研究可以确证，很多人认为霸权男子气质与沉默有联系。

"沟通"的说法非常普遍，有这样一个婚恋网站的例子可以佐证。在这个面向中年夫妇的网站上，"沟通辅导员"内田将拯救婚姻的关键定位在广义的"沟通"上。他认为，语言、行为、心意，都可以是"沟通"的媒介；在此之上，人们也应该通过"沟通"的框架来理解婚姻关系。

言语沟通完全通过对话进行。夫妻可以接住对方的话头吗？我觉得有些夫妻可能都无话可说，一个话头都抛不出来……但是我认为，最有效的沟通是心意上的。虽然大家总说"心心相印",但那只有最高水平的选手才能做到,需要很多的技能点。对于普通人来说,这种方式更可能制造矛盾,因为他们都看不出自己的沟通能力有多糟糕,常说"我以为你明白我的感受!"[4]

在内田的模型里,沟通显然是重要的,但沟通的定义过于广泛,几乎囊括了所有拯救婚姻的行为。内田尤其反对上代人所谓的心心相印。我们看到,重点并不是良好的沟通可以提高婚姻质量,而是沟通已经成为了一切婚姻建议的框架。

全国关白[5]丈夫协会在2006年成为媒体关注的焦点。该协会起草了改变沟通方式以拯救婚姻的建议书。这个组织成立于2005年,在2007年退休金法案改革前夕,变得尽人皆知。协会网站上介绍,组织成员都是已婚男子,他们认识到婚姻中的问题,想要积极寻求改变。他们演绎出一个"十二步"婚姻修复项目,罗列出从大男子主义丈夫中"康复"的进阶顺序。这个单子很好地展示了当代婚姻中常见的问题,尤其是男方行为(不当)引发的矛盾。此外,它也给出了诊断婚姻隐患的指标。我们最关注的是在最高"白金级"下的三个等级;这三个等级中,男性只要动动嘴皮子,就可以过关。

入门级:婚后三年丈夫还爱着妻子
二级:分担家务
三级:还没出轨或出轨尚未被发现
四级:把"女士优先"落到实处
五级:饭后散步时和亲爱的妻子牵手

六级：把亲爱的妻子说的话当真

七级：不让妻子和婆婆的矛盾过夜

八级：可以毫不犹豫地说"谢谢"

九级：可以毫无恐惧地说"对不起"

十级：可以毫不害羞地说"我爱你"

白金级：再求一次婚[6]

在上述自觉的行为指导中，反大男子主义的觉醒并不体现在男人们是不是真情实感地说"谢谢""对不起""我爱你"，而是他们能不能开口说。这个寻求改善婚姻的方式，和"空气般的爱"一样，从来没有质疑过丈夫对妻子的爱。至少看上去如此，不爱妻子的丈夫不会来这个组织，来了也过不了入门级关卡。这个指导并不旨在让男性重新发现爱来拯救婚姻，而是假设他们确实爱着妻子，只是需要进一步表达爱——表达爱是最难、也是最有效的拯救婚姻的途径。

当人们觉得需要去明确沟通情感、表达爱意时，这意味着一个夫妻关系的新模式。早先的行为规范认为，最好的亲密风格是夫妻融为一体，因此可以跳过所有的言语沟通。而现在的模式认为，即使夫妻双方都认为他们不需要通过言语沟通，但这种沟通对于健康的关系来说也是至关重要的。夫妻对对方说"我爱你"时，不仅是表达爱，同时也是展现了说话的需求，因此证明两人没有融为一体。需要说话就意味着两人是独立个体，即便是独立个体，也想要努力照顾对方。与旧有模式相反，**相联独立**（connected independence）强调人际关系中相通和不通都有复杂的网状结构,夫妻可以在这个网状结构上建立二人关系。在新亲密模式中,夫妻双方在理想情况下通过情感纽带维系,而不是男女有别的劳动分工。爱一个人且能够说"我爱你",是这个新理念激发出的关系形态[7]。

新规范体现的是心灵伴侣式的浪漫关系。在这种关系中,双方既是伴侣,也是最好的朋友,共同分担生活责任。夫妻双方都明白,亲密关系是由持续接触了解而逐渐巩固的,具体可以通过共同爱好、情感上坦诚相待以及内心深处的确信来维系。此处亲密模式的转换与其他很多文化情境相似,婚姻的支柱从"尊敬"走向"信任",从"责任"转为"欲望"(Ahearn, 2001; Collier, 1997; Hirsch, 2003)。例如布洛赫(Bloch, 2017:26)发现很多日本人,特别是年轻一代,追求的是一种"让情感上满足的关系"。满足的定义在这里和前几代人相比有很大差异,特指明确的言语沟通,以及其他心灵伴侣式关系的理念。

贞子:小词汇对婚姻有益

贞子是一个半职业的婚姻咨询师,她向我解释了她和她丈夫在沟通上所作出的努力。她三十多岁,住在离东京几个小时车程的地方。几年前,她设立了一个网站,给人们提供免费的婚姻建议。据她估计,几年中她通过邮件给成千上万个客户提供了建议。她解释说,这方面的训练主要是来源于倾听朋友,以及看电视节目和流行杂志。她认为婚姻好坏应该通过言语沟通来判断,因此给他人建议时,她也遵循这样的理念。她丈夫

在厨房里忙活,为我们以及他们的婴儿准备午饭。贞子对比现在的幸福时光和从前的状况:

> 以前我觉得我们挺"正常"的。但我回想当时的状况,那时我们其实已经爱不动了。我们几乎不讲话。那还是在有小孩之前。我老公下班晚,到家也晚。我给他端上晚饭,他连句"谢谢"都没有。他吃完饭,洗个澡,就睡觉去了。我特别生气,朝他发脾气。后来即使我发现好多已婚夫妇都这样,我也不觉得我们的婚姻可以继续下去。所以我镇定下来,整理我的行为。我开始刻意每日微笑,问候他,说些"欢迎回家""我到家啦"[8]之类的话。老公渐渐回应得频繁起来。我尽可能多和他聊天,因为聊天对已婚夫妇来说是最重要的事。

贞子用她自己的例子来说明缺乏沟通的婚姻有什么特征,可以引发什么样的问题。特别是如果双方都认为对方懂自己的感受,反而会引发更大的矛盾,增大离婚的概率。

藤田先生:话多的"空气"

藤田先生三十多岁,婚姻幸福。在2006年,他和我分享了他对于亲密关系中沟通的理解。他看到了理论和实际之间的差距。他说,更好更稳固的婚姻是建筑在"空气般"人际关系上的。一个人如果直白到说"我爱你",立刻就让人觉得不靠谱,戏精一个,像个美国人。

我：你当时求婚了么？

藤田先生：间接说的这件事。并不是像"你会嫁给我吗"那样。你看，我本来也知道她想结婚。所以它是自然的过程。很自然地我们就在讨论结婚。差不多是"我们要做些什么？""你什么时候搬过来？""我们什么时候（办婚礼)？"这样子的对话。然后，"好的，所以明年三月合适，对吧？"差不多是这样。完全不是电视电影里那样"I love you"之类的。有时我们叫对方"空气般的人"。

我：那是什么意思？

藤田先生：大概是说如果它不在那里，我们会有大问题。它是空气，如果没有空气我们活不下去。但是它的存在是不打扰任何人的。

电子文本完全不能表现出藤田先生说"I love you"时那种优雅的讽刺。虽然很多日本人平时使用"舶来词"，藤田先生却很少用（Stanlaw，2004）。他不说英语，介绍自己时总说受教育程度不高，高中毕业就在郊区理发店工作。在这个背景下，结合我之前和他打交道的经验，藤田先生突然选择用日语发音说"I love you"（$ai\ rābu\ yū$），而不是林林总总非英语的相似表达中的任何一个，显得异乎寻常。虽然日剧（他明确提到过）里有这样的情节，但他突然转换到英文，让我感觉他在想象一个美国名人说这话时的情景，比如电影屏幕大小的布拉德·皮特说着甜腻的爱情宣言。

藤田先生认为他是用行动说话的人，和妻子没有太多交流，而事实上似乎并不是这样。在描述他的婚姻时，他说他和妻子有很深的感情，"我的朋友成了我老婆"。结婚十年后，他们有一个儿子，藤田先生还是很满意这段婚姻的。与一般人不同，他们夫妇工作和生活都在一起，每天共处十几个小时。虽然藤田先生把他俩的婚姻说成是无需沟通的，他们不太需要讨论结婚的决定，但事实上，那段时间里他们说了很多话。藤田先生说，两人决定结婚是因为天价话费。

我决定和她结婚是因为经济原因。每天我去千叶接送她上下班。油钱和公路收费就很多。但最要命的是话费。那会还没有手机。有一次我收到了 8 万日元（800 美元）的账单。我们每天都打电话聊天。但我不想让她负担话费，因为她比我小。所以当她给我打电话时，我会立马挂掉，然后打回去。但是 8 万多实在是太多了，比我的房租都多[9]。

虽然藤田先生之前说，他们夫妻间不太说话就能明白对方的意思，但实际上他可以明确衡量两人话多话少。上述例子中，我们看到两个关于求婚过程截然相反的说法。从一个"空气般"的说法迅速变成聊天聊到经济上有负担。我认为这个矛盾反映出藤田先生在婚姻中很幸福的状态。在试图向我展示他婚姻如何幸福时，一方面用了典型传统浪漫的说法，另一方面也描述了两人的关系是如何通过不间断的联系和言语沟通建立起来的。

爱称

除了沟通——这个咨询师和众多夫妇都认可的潜在风险因素，另一个常见的提高婚姻质量的建议是改变爱称。现在研究日本婚姻问题的文献在分析婚姻风险时强调，用亲子关系称呼配偶会产生危险的身份认知，但是以前在家庭中的田野研究显示，这些行为是常态，是家庭重视亲子关系的表现。约翰·恩布里（John Embree）研究须惠村上世纪30年代生活时，发现家庭成员都用最年轻一代视角的亲属关系称呼彼此（Embree, 1967［1939］）。因此，如果一位男性和儿子儿媳住在一起，家中有孙辈成员，不只是他自己孙辈，大家都会叫他"爷爷"（Embree, 1967［1939］：86）。维斯韦尔也描述过相似的情况，儿媳妇会叫婆婆"妈妈"（Smith and Wiswell, 1982：199）。未婚情侣用"你"（anata）来称呼对方，恩布里把它翻译为"伊"（thou）或是"亲爱的"（dear），维斯韦尔认为这个称呼富有爱意（Embree, 1939：86；Smith and Wiswell, 1982：176）。这两个例子间接说明，已婚夫妇在婚后很快就会改口叫对方"爸爸""妈妈"，甚至有可能在两人还没有小孩的时候就如此。用"你"来称呼对方，可能会让人感到过于亲密而尴尬。

将近四十年后，莱布拉的研究显示，仅仅是询问人们，他们如何称呼配偶和家人就会让他们感到尴尬（Lebra, 1984）。

2005 年到 2006 年间我的受访人认为,莱布拉在 1976 年到 1980 年间的研究中描述的行为是传统家庭的"正常"操作。莱布拉的研究中受访者感到尴尬可能是源于需要解释亲密用语,而非行为本身(Lebra,1984:127)。莱布拉的受访人听到"喂"(*oi*!)或者"妈妈"的称呼时,反应是中性的(如果不是害羞)。而二十五年后,我的受访人则谴责这样的称呼,认为这是根植在日本婚姻中的依赖和不尊重,男性需要改变他们对女性的态度。

和很多人一样,千春女士特意要我注意,日本男性常常称呼妻子"喂"。千春女士 50 岁出头,偶尔参加在关东家庭中心的聚会。她大概率是工人阶层,有三个小孩,已经和丈夫离婚,没闲钱经常参加疗愈小组。有一次我们一起逛街,吃午饭,分甜品,聊了很多,谈到诸多话题。说到日本婚姻时,她抬头看我:"你知道'吃饭,洗澡,睡觉',对吧?日本男人就是这么和女人说话的。"然后她就讲了那个很多人都提到过的小故事:丈夫回家之后,他要吃饭时,只说"吃饭!",然后要求"洗澡!",最后一句"睡觉!",都是这种没头没尾的命令。(这章之前提到的贞子也讲了这个故事,认为这是婚姻问题的证明。)顺着这个逻辑,千春女士和其他很多人一样,继续说日本男人从不正式称呼妻子,一句"喂"就完事了。很多人包括千春女士在说这话时,会指一指我的笔记本,意思要我记下来,因为他们认为这是理解日本婚姻以及婚姻问题的关键。

这些例子反映出人们对离异原因和过程的看法,即认为责任在丈夫身上。但更重要的是,千春女士坚持讲述这样的小故事，说明她相信问题就出在丈夫说或者没说的话上。这个假想故事中，丈夫对妻子的称谓"喂"以及提出的要求"吃饭，洗澡，睡觉"都成为衡量婚姻质量的标志，也是当代关系中结构性问题的代名词。对千春这样的女性来说，新自由主义伦理观中对个体的强调是很有吸引力的，可以减轻婚姻中的过度依赖。

大田女士：我不是你妈！

我遇见大田女士时她四十多岁，在参加一个婚姻咨询师的培训课程。前夫试图叫她"妈妈"，而她认为这意味着婚姻即便不是注定要散伙，也是从一开始就有问题的。两人都从日本著名的大学毕业，在香港工作时相识。那时她32岁，"母胎单身"，想结婚了。她前夫比她小五岁，两人没谈多久恋爱他就求婚了。大田女士说，他求婚是因为她的一封信。她在信里写如果他不考虑婚姻的话，她就不准备继续谈下去了。当时我和大田女士在一个经济型连锁饭馆里吃饭，周围都是高中生，她讲述前夫如何在银座的一个高端大气上档次的餐厅求婚。结果婚后一切都变了。丈夫去美国读商科，她辞掉工作陪读。在美国的这一年让她感到压力很大，虽然他俩想要小孩，但是她"压力大"到怀不上。

谈到要小孩这事，大田女士第一次露出对婚姻的不满。虽然我俩都知道她要讲的故事一定会落脚到离婚上，但她之前的语气都相当中性，甚至有点浪漫。他俩从相识到结婚一起生活，听上去并没有不开心。然而她开始讲丈夫如何想要成为她的"婴儿"时,她说这种依赖让人恶心。虽然这是日本丈夫典型的做法,但她不觉得她的婚姻可以走下去。

我:你想要小孩么?

大田女士:想要。

我:你丈夫呢?

大田女士:他也想,但他是这么说的,我们有小孩之前,"我可以是你的婴儿"。我心想,我不需要一个巨婴,一个依赖着我的小孩……日本有很多男的都这么想的,你知道吗?娶个老婆来代替妈,把老婆当妈使。所以,我俩结婚之后,他开始喊我"妈"。他一直会叫,"妈妈!妈妈!",我不是你妈!

大田女士说最后一句话时的语气变得可怕。在周围高中生的谈话声中,她呼吸的声音逐渐变得低沉,压低声音吼出最后一句"我不是你妈!"这是她离婚十年后描述她看到的第一个危险信号——她丈夫把她当成了妈。纵然从前这样的称呼很常见,大田女士的想法在当代却变得越发典型,"妈妈"这个称呼所暗含的期许是令人难以忍受的。

大田女士现在周末上课,为成为婚姻咨询师做准备,但是她自己离婚的时候却没有去找专业咨询师。她没有像咨询师一样去评估离婚风险,她听见丈夫叫她"妈妈"就觉得反胃,感到发自内心的恶心,觉得这个做法太奇怪了。即使对她父母那一代人来说这再正常不过,但她听见丈夫喊自己"妈妈"时,马上就觉得自己的婚姻有麻烦了。

爱的依赖

大田女士用依赖（*amae*）来解释她在丈夫身上看到的问题，这样的问题在日本其他男人身上也存在。这个词指的是一种爱的依赖，像一个孩子相信父母会照顾他一样的信念，最开始由心理学家土居健郎推广使用（Doi，1971，1973）。20世纪70年代，土居将"依赖"理论化为爱之纽带中必不可少的组成部分，人们通过依赖更好地理解关爱和共情。他的理论和弗洛伊德相似，认为儿时依恋是理解成人互动的关键机制。土居认为，依赖在婴儿时期开始，婴儿和母亲之间形成依恋，想要被爱被照顾，不想分开（Doi，1973：20）。（土居的理论假设女性是提供照顾的一方。）在他的理论中，日本小孩长大之后，依赖依然存在，它脱离最初的照顾人后，在各种关系中继续发展壮大。人与人之间的亲密和联系"是基于双方都需要依赖和容忍的共识，也是对这种需要的回应"（Mass，1986：3）。从这个意义上讲，依赖是从他人处获取容忍，也给予他人容忍的过程。社会关系通过依赖建立。虽然依赖可能被滥用，在实际过程中出岔子，但很多人依旧认为它是社会关系中必不可少的一环（Borovoy，2012）。

以依赖为基础的关系在日本并不像在西方那样被认为是不成熟、有问题的；相反，它"渗透"到日本社会的各个角落,让人们有可能相互依赖(Doi,1973:65)。学习如何依赖他人,如何成为他人的依靠,是社交中关键的一步。博罗瓦(Borovoy,2005:23)在反思上世纪90年代"促生产依赖"(productive dependence)时,她认为"人们不需要'自己照顾自己',因为大家会照顾你,这个想法本身意味着人们可以和谐共处,同时不损害个人利益"。博罗瓦的受访人大多是丈夫酗酒的家庭主妇,社会中依赖的传统让主妇们很难实施"匿名戒酒法"(Alcoholics Anonymous Methodology)中的"残酷的爱"(tough love)。其他情境中,婚姻幸福的夫妇也表示,依赖会成为丈夫逃避家务的借口;即使妻子想要丈夫帮忙,她也会因为丈夫的依赖型人格的缘故而谅解他(North,2009)。

  土居的依赖理论是在日本举国反思"日本性"时出现的,很快就成为文化主义者合理化日本独特文化的工具。二战后,停战协议从宪法上禁止战败国日本征召军队,迫使天皇否认自己的神性。这些颠覆性的改变让人们开始重新思考是什么把日本人凝聚在一起,什么能够定义日本人。日本当时的学者、政客以及公共知识分子共同提出一个观点,后人称之为"日本人论"。概括地说,"日本人论"假定日本人是同质的,天生就都有着相似的世界观、价值取向(Borovoy,2012;Kelly,1991:396;Manabe and Befu,1993)。从战后早期开始,不论是日本人还是外国人,都致力于证明"日本人"和世界上其他人不同,这种不同不是文化能够解释的。在各种各样的研究课题下,人们试图证明所有日本人都有某种特质[10]。就像任何过于笼统的文化模型一样,它的结论自相矛盾,如果人们没有那么认真对待这个想法，本可以一笑了之的。

土居并没有把依赖当作日本人独有的特征，但是这个理论很快被拉进了"日本人论"的话语里。土居在他的书中（Doi，1973：28）将依赖描述为人类基本特性，但是是在日本培养出了独特的形态。他举例说，美国小孩接受的训练是压制依赖、鼓励独立，而日本小孩刚好相反。《日本人的心理结构》被翻译成英文后，很快变成合理化日本集体主义、团体思维的工具。而集体主义和团体思维是在日本战后经济复苏期间兴起的最有害的两个刻板印象。其中的逻辑似是而非，日本人对依赖的重视和培养让他们天生就没办法成为独立的人。依赖作为"日本人论"中的一部分，在伪科学语言的包装下，把人不容置疑地放在刻板印象的模具中，通过浅薄的分析重申对"日本人"的狭隘理解[11]。

因为上述历史缘故，人们一开始用依赖来解释婚姻中感受到的压力时，我就忍不住叹气。和大田女士一样，这个词常常出现在问题婚姻的描述中——丈夫过于依赖妻子，要求太高。即使我一直重视人们和我说的每一句话，依赖这个说法也开始让我感觉像是一个人类学家去中国，人们告诉她阴阳一般。从我的角度出发，依赖看起来就像文化主义者毫无道理的说法，对我的分析一点帮助也没有。但是后来我渐渐理解日本当代关于依赖的话语其实是诚恳的，其中对于依赖的潜在危险的讨论甚至可能是对新自由主义的尖锐回应。虽然我没能立刻听到这点，人们用依赖谈论婚姻问题时，他们的用法和从前"日本人论"时期完全不同。当代人用依赖时，并不是说日本人都是同质的，天生都很相似；正相反，人们用依赖来强调不同亲密风格中的矛盾，以及分道扬镳的观点。

大田女士因为"依赖"而看不起她前夫，或是日本男人，她的侮辱性的言论和新自由主义修辞不谋而合。新自由主义伦理假设所有人都应当独立自主。一个人一旦依赖别人，就成了麻烦，不仅给他人添麻烦，也不值得帮助。不过，新自由主义抨击的"依赖"更多是享受社会福利，而不是亲密关系中的依赖。在美国语境中，法恩曼（Fineman，2004）认为即使依赖是人类生存的必需条件，在强调个人自主的环境中人们也只会把依赖和羸弱联系在一起。某些社会福利政策特别凸显了这种逻辑，假想成熟个体不需要帮助，羞辱那些领取福利的人（Cockburn，2018）。美国的朱迪法官（Judy Sheidlin）也表达过类似看法，她认为使用国家福利就意味着依赖已经发生。她在她的访谈节目中认为，享受社会福利就是"道德败坏，欺骗纳税人"（Ouellette，2009：234）[12]。这令人难以苟同。美国的学者已经明确表示，贬低依赖的政治话语大多都针对女性和少数族裔。

在日常对话中，日本女性常用依赖来分析批评从前普遍的亲密风格，试图撬开一个裂缝，重新考量亲密关系的标准。对她们来说，依赖是一种框架，既可以用来评估丈夫的过错，也可以在广义上用来批判老式的亲密风格。大田女士谈到离婚原因时，从丈夫想要依赖她，跳到男性让婚姻不可持续。依赖已经不是日本人共有的优点，而是用于重新审视人际关系、性别差异以及父权规范的工具。

悦子和矢野先生：依赖中的浪漫

虽然很多专家说依赖关系并不会让人快乐，尤其不会让女性开心，但是对有些人来说，依赖关系也挺有吸引力的。悦子和矢野先生就是这样，一方想要被宠爱、想要依赖，两人都喜欢这样的关系。悦子女士37岁，矢野先生是她45岁的男友。

悦子和矢野先生通过社交软件相识，从发邮件开始，到打电话，后来发展到共进晚餐。矢野先生拥有一家成功的设计师事务所，但是和悦子相处时，却好像什么都不想做。他从没做过饭，饭后从不帮忙收拾。我有一次见到他打开冰箱，拿着一瓶红酒，看上去很困惑，大喊"悦子，弄一下红酒"，然后就把酒瓶子放在了灶台上。两人相处了一段时间后，矢野先生经常想要知道悦子在哪、在做什么。有一次，悦子崩溃地跟我说，矢野几个小时里打了二十几通电话，而她当时在开会。她觉得好烦，但还要继续这段关系。

有一次，我和悦子聊天时，她想出一个小游戏：猜我们周围人的"真年龄"，不管他们生理年龄如何。首先她严肃地说，她养的两只猫里，比较傻的那只只有2岁，另一只6岁，我们两人可能都只有17岁。（她没说错。）她接着说，矢野先生可能只有4岁。然后我们把所有共同好友，以及他们另一半的年龄都猜了一遍。从那时起，矢野先生有任何勉强算成熟的举动，悦子都会开玩笑说，他快过生日了吧。但当矢野又开始给她狂打电话，而她没接时，他就又变小一岁。这个笑话让我觉得值得玩味,她并没有因此而分手。她心里很明白他一直像个自私的小孩,明白到已经开始写段子了,然而这完全没有影响到她继续这段亲密关系的决心。

有一个小故事极好地诠释了悦子想要什么样的男人,依赖也可能是有吸引力的。一天晚上,她的朋友泰司给她带了四种不同的蛋糕,一起分着吃。泰司把这个礼物给她后,问:"你想吃哪种?"悦子说哪种都行,让泰司先挑她再挑。结果泰司犹豫了,坚持说悦子应该先挑。悦子后来和我复述这个片段时说,那时她就已经有点烦了,结果"他还不依不饶!"她感到不可思议。悦子挑了口味之后,把盒子退回给泰司,结果他又拒绝了,问:"那你明天想吃哪一个呢?"悦子第二天讲到这时,尖叫着说:"简直受够了!"手势好像要刹掉什么一样。她很崩溃,泰司的好意坚持令她厌烦。

幸好悦子的故事里还有矢野,两人的关系从依赖的角度说,可能刚好是在泰司的对立面。那天泰司走后,矢野先生回家。蛋糕还剩两块,悦子示意可以吃掉。她进厨房准备茶水,回来的时候矢野先生就已经把他挑的那块吃掉一半了。根本没有询问悦子想要哪块,或是明天想要哪块。矢野先生知道他想要哪块,拿起就吃了。悦子很喜欢这种方式。她说,这才像个男人。确实,矢野先生有时候没完没了地给她打电话,有点烦,但是和泰司的谦让关心一比,悦子还是更能接受矢野每天放纵或依赖的模式。泰司的方式只能让她感到厌烦。自私,以及依赖,对她而言更有吸引力。

依赖的吸引力

悦子远不是唯一一个认为依赖很浪漫的人。翠子女士十年前离婚,她前夫有暴力倾向,结果她要求我介绍男人给她。我有点吃惊。她说她单身太久了,想找个伴。她用双人自行车比喻,描绘出灵魂伴侣式婚姻的愿景,她想要有个人一起分担生活重担,共渡难关。翠子女士说道:

我是女人,我得找个男人。理想的关系是两人一起奋斗,好像骑双人自行车一般。我想要再次拥有那种生活。哦,不是,不是再次,是第一次!我之前那段婚姻里从来没有过那种感觉。性生活上来讲,有小孩大概是不可能了。特别是性这块,我觉得太晚了。但(有个伴)是我现在的愿望。开放男友申请!我随时准备着。你能给我介绍吗?

她并不介意假想中的男人是不是要依靠她,因为她是要依靠这个男人的,这就是爱。对于很多像翠子一样的女性来说,依赖在浪漫中是不可或缺的,特别是她们受到新自由主义影响思考自我时,更是如此。成为一个独立的人,需要一个相当可靠的亲密伴侣。

虽然悦子对依赖关系既容忍也喜爱,和上一代人很像,但她对矢野先生的行为模棱两可的态度,却代表着当代亲密关系中常见的矛盾。一方面，很多女性对于传统规范中的依赖感到绝望——丈夫可以理所当然地称呼妻子"母亲"，期待着母亲般的呵护。另一方面，许多女性也说，"被需要的感觉是很好的"，有一个可以依赖的密友，感觉上是灵魂伴侣式的浪漫关系。虽然病态依赖和健康依靠之间的张力在任何文化情境下都存在，但日本社会对依赖的认同，以及亲密和依赖间的紧密联系，都额外凸显了这种张力。

在上述情境中，"简单"的婚姻建议其实很复杂，新自由主义伦理观、传统文化规范和个人欲望在此交汇碰撞。人们试图寻找、接近自己喜欢的关系形态，而婚姻建议把他们推向另外的方向。对很多女性来说，丈夫的无底线依赖是快乐的源泉。没有她们，丈夫连最基础的生活问题都解决不了。即便她们不喜欢做饭或收拾行李本身，但她们似乎可以从付出中得到一些乐趣，尤其是和其他女性聊天时暗中较劲，比谁的丈夫更无能、更依赖自己。

更直白地说，很多女性像悦子一样，对亲密关系中的依赖态度相当复杂。新自由主义的理念是没有办法执行的，似乎只有完全不需要他人的个体才有资格建立亲密关系，而许多女性在依赖中找到了浪漫的空间。爱一个人是让他放松，进入依赖状态。在日本和很多其他地方，心灵伴侣式婚姻意味着双方在被需要时最有可能幸福。而新自由主义伦理则强调分离和独立，很多女性用这套说法表达自己对特定关系的不满，却也很难全盘接受新自由主义的理念，无法在没有依赖的关系中感到幸福快乐。现在对很多日本女性来说，新自由主义更适合用来理论而不是实践。

为"我自己"离婚

研究过程中,最常见的离婚原因是寻找丢失的自我。虽然离婚原因并没有统一标准,但是很多已经离婚或者正在考虑离婚的人都说,他们感觉迷失了自我。翠子就是这样。据她描述,离婚是为了让自己休养生息,保护自己。翠子离婚快十五年了,现在五十多岁。离婚时,她儿子上高中,女儿上初中。她和我说,离婚动机是想要重新捡起自我。她觉得在婚姻中,她不是自己了,她感觉不到自信。

一方面翠子离婚后在疗愈小组开始了追寻自我的旅程,另一方面离婚也确实帮她离开了多年的家庭暴力。翠子描述离婚原因时,更倾向于探讨真我和自信,即使在很长一段时间里,家庭暴力才是广为认可的离婚缘由。翠子是 90 年代早期离婚的,那时人们对离婚的人依旧持批判态度(尤其是离婚的女人),认为他们没能维护好婚姻或者放弃得太早。许多受访人都说,家庭暴力在那时是唯一被认可的离婚解释。一个离异女性的儿子说,她妈妈离婚时受到各种羞辱,因为她身上看不出淤青,人们不理解她为什么"抛弃"她的婚姻。翠子遭受过很长时间的家庭暴力,但她现在的叙述却对暴力轻描淡写,而将重点更多放在自我追寻上。现在和 90 年代相比,追寻自我是更常见、更容易理解的离婚原因。翠子女士解释的多面性显得特别真实，反映出在当代日本人们对亲密问题认识的变化。

人们用保护"自我"当作离婚理由时，呼应了新自由主义对自我的强调，也制造了新的困境，上述理解有悖于日本长期以来以相对为根本的自我认知。心理学、社会学和人类学认为，日本人对"自我"的理解是根植在具体情境中的。莱布拉（Lebra，2004：4）定义"日本自我"时引用了格尔茨（Clifford Geertz）对于"西方自我"的描述。与"西方自我"的有界鲜明个体（bounded distinctive whole）相比，"日本自我"是相对的，取决于谁是谈话对象。莱布拉和其他研究者并没有设想出在各个情境中表现一致的完美成熟个体。相反，他们将日本人的主观性描述为一种理想的情境依赖，意思是人们在社交中习惯在情境中想象并且表现出不同的自我。史密斯（Smith，1983：77）研究语言使用中随谈话对象不同而改变的代词，认为"（日本）这里没有类似于'自己'或者'他人'的固定点"，称呼既是关系的体现，也创造着关系[13]。这些理论认为，不同情境中扮演不同角色对于日本人来说，是正常且成熟的表现。这种灵活性可能在其他文化中也存在，但是在日本，它是明确的要求和规范（Cave，2007；Kondo，1990；Lebra，2004）[14]。

人们用"自我"的话语来解释离婚时，其实是援引了一个新的自我模型。与"相对自我"在各个情境中收放自如不同，新模型描述的是一个"静态自我"，在婚姻问题中受伤、窒息、消亡。当然，人们对于自我的描述各不相同，婚姻问题也各不相同，但是也有相似之处。他们在多种不同亲密风格中试图用个人主义来平衡依赖关系，努力在理解自我和主观性的过程中做到逻辑自洽。我们可以从翠子的叙述中看到这一点：她说在婚姻中丢失了自我，其实是假设了一个本来已经存在且应当存在的"自我"，这个"自我"被婚姻扼杀。在这个僵硬的自我定义下，她认为有必要离开婚姻而不是和丈夫协商解决问题，或是在婚姻外寻求修复自我认同的机会。一些日本男女在新自由主义对高度灵活性和自我负责的号召下，对自我的理解逐渐僵化、相对性降低，认为自我更可能受到伤害，因此需要离婚来保护。

什么样的联系最好？

从 90 年代早期开始，公共政策和私人话语都逐渐推崇新自由主义伦理中的个体责任、自力更生、减少对他人的依赖。在政治话语、招聘广告，还有各类建议书籍中，培养独立性的语句屡见不鲜。政策层面，新自由主义偏好私人控制和私人所有；但在个人层面，它也强调独立。在这个体系中，自力更生、对自己负责的个体才是最成功的（Gershon，2011；Muehlebach，2012）。这种政策不仅减少了国家对福利系统的支持，而且在家庭层面，也使家庭结构发生改变，降低了家庭成员之间的相互依赖。新自由主义伦理中，个人主义和个体责任最重要，是一个人成功的重要标识。顺着这个逻辑，最稳固的婚姻应该是两个独立个体的结合。这种理念和浪漫亲密关系是有矛盾的，特别是"心灵伴侣式婚姻"这种模式——夫妻双方理论上是最好的朋友，因为相爱而在一起。心灵伴侣式婚姻的基础是伙伴关系，情感上亲密，而不是基于家庭义务、传宗接代，抑或某种责任感。

对于想努力拯救婚姻或者想要离婚的人来说，流行的亲密关系模型看上去很有吸引力，实则可能自相矛盾。一代人以前常见且理想的行为，现在被认为会损害亲密关系，提高离婚风险。相对独立作为对从前亲密风格的回应，可能是茶余饭后炙手可热的聊天话题，但是人们很难全盘接受。虽然我接触的大部分人想要结婚，想要谈恋爱，但他们同时也希望能够单身，更具体地说，是单身也能生存的能力。虽然没有人想要单身，但是大多数人想要拥有独自生存的能力，有原则地和伴侣相处。

有单身能力，摆脱二十年前那种对婚姻的结构性依赖，逐渐成为成熟和幸福的标志。但是这样的平衡很难达到。对男性来说也很难，他们需要在男子气概（这可能需要特定工作作为支撑，而那种工作在新自由主义经济重组之后消失了）与被离婚之间小心翼翼地走钢丝。离婚变得更常见之后，每个人都在想自己的婚姻在某个时刻终结的概率。他们努力维持亲密关系而不过度依赖，在自私与孩童般的依赖间寻找平衡点，一切努力都是为了让婚姻和家庭长长久久。

第三章
达成协议

第三章 达成协议

当夏子决定离婚时,她没找律师。没付律师费,也没找专业顾问,因为她自己可以操作整个流程,离婚表格简单明了,只需要双方的基本信息。夏子可以从当地政府部门领取相关表格,五分钟内就可以填好,签字盖章,让丈夫也提交同样信息[1]。然后把表格交回到相应部门,最终确认离婚。夏子和丈夫都无需在场。除非夏子愿意,否则她不必与律师、法官或者调停人打交道。

这样的离婚也许看上去不寻常,但在当代日本,这是典型的离婚流程。从统计数据来看,大多数离婚都是这样完成的,夫妻双方填写两页表格,然后提交。这种离婚是"协议"离婚,"无争议""无过失",双方同意离婚且没有过失追责。在2005年我开始做研究时,89%的离婚都是协议离婚(NIPSSR, 2017b)。到2015年,这个数字下降到87.6%,但整个战后阶段,该比例一直高于90%(同上)。协议离婚因此是法律规范,同时也是文化准则。

当夫妻双方在离婚申请表上签字画押,便代表两人已经同意离婚,且就离婚条件达成协议。在美国离婚,法律系统从一开始就会介入,涉及包括赡养费、抚养权以及财产分配等的方方面面。而在日本离婚,法律系统只在最后阶段直接参与。两个签名、两个章就意味着双方已经同意离婚。家庭法律系统假设夫妻双方可以自己捋清楚离婚过程中盘根错节的各种问题。

与相对简单的手续形成鲜明对比的是，离婚过程中漫长的争论、协商过程，矛盾层出不穷。这一章关注离婚的法律流程，介绍达成协议过程中出现的矛盾和协商手段。这些大多发生在法律系统外。由于惯例要求双方达成协议，一方常常需要通过谈判说服另外一方同意离婚，谈判筹码不外乎物质财产、赡养费或者其他好处。虽然很多经历漫长协商的离婚最终在法律上显示"达成协议"，但这种"协议"掩盖了私人空间中存在的矛盾与协商过程。而私人空间的活动无时无刻不受到法律范畴与意识形态的影响。

法律范畴和理念并不直接作用于家庭，因为法律虽然构建了家庭形式，但实际操作中常和具体家庭没有关系。日本民法典在 19 世纪末出现，规定了家庭的具体形式，并且以家庭为户实施社会政策。也就是说，家庭既是法律规定的基本单位，也是法律执行的对象。虽然关系如此密切，但家庭法律系统在设计时就确保，具体家庭成员没多少机会接触到法律过程。比如离婚过程中，法庭不太可能参与调解家庭问题。家庭裁判所的目的是肯定已经达成的协议，而达成协议是需要家庭成员自行解决的问题。其后的逻辑是，家事应该由家里人处理，而不是由法律干涉，就像俗话说的那样，"法律不是家庭成员"（Burns, 2005：53；Fukushima, 1997：50）[2]。讽刺的是，上述限制援引的法律和相关机制在设计之初就是为了帮助解决家庭矛盾。法律一方面以多种多样的方式影响着家庭，另一方面却忽视了这种影响。我的田野调查表明，夫妻双方有重大分歧时，比如要不要离婚，家庭裁判所是没有资源帮助他们的，反而更倾向于让他们自己解决。

对很多正在离婚或者已经离异的人来说，现行法律是很合理的。我接触到的人都不觉得家庭法系统有问题。即使他们自己的离婚协商过程漫长而痛苦，但没人会责怪法律。相反，他们觉得这样挺正常的，庆幸自己不用和法律打交道。因此，法律系统和社会规范共同促使人们远离家庭裁判所。

我认为当代离婚法律流程体现了日本家庭法中自相矛盾之处：一方面把离婚中的家庭和法律分离，另一方面由于历史原因，把隐喻上的"家庭"、国家政策以及实际家庭错综复杂地捆绑在一起。层层叠叠的家庭法建构了离婚过程，而这些法律在离婚过程中又成功隐形。虽然法律并不是主动消失，但法律制定之初的理念就是尽量不提供离婚协助。法律的缺席又进一步加强了传统信念——离婚是家庭内部矛盾。因此，在当代日本的离婚过程中，法律既在场也不在场，它深刻地影响着离婚的每一步。

缔造家族国家

现代日本建立之初的一系列法律和相关体系深刻影响着当代日本的离婚法律流程。现代日本始于1868年明治维新，政治上经历了混乱与重建，家庭以及象征意义上的家庭都走到了国家舞台的中心。政客们为了摆脱威胁统治的不安定因素，把全国人民描述为一个大家庭，以加强民族团结，使民众对天皇效忠。同时，他们也遵循"传统"重组了个体家庭。当时那些法律创造了新的"家制度"和近代户籍制度，通过家庭追踪所有国民。虽然其后家庭法经过重大变革，但明治时期的法律依旧对当代日本有着深远影响，包括人们如何想象、经历家庭，以及立法过程。在描述离婚过程之前，我想要先解释一下，现代日本如何建立在"家庭"隐喻之上，国家的法律重塑并限制了家庭形态，使其保持高度一致。从这段历史可以看出，和当代印象相反，法律一直和家庭密不可分。

在明治时期最初的几十年（1868—1912）中，日本精英统治阶层努力建造现代国家。日本与欧洲、美国签署的不平等条约从1854年开始，给予欧洲各国和美国低关税和治外法权（Gordon，2003：50）。日本维新政府想要说服列强，日本也是一个现代国家，以此来恢复主权。为了这个目标，领导层开始了艰辛的探索改革，游历西方世界（不平等条约的受惠国），寻找现代文明国家的特征，并在日本构建相应体系（Jansen，2000：355；Mukai and Toshitani，1967：33；Nish，2008）。不难想象，从前的政治机构自动成为现代国家的一部分，日本政府着手创造政治体系以及法律条文。这其中包括一个新宪法，该宪法深受德法体系影响，于1889年正式颁布（Oda，2009：6）。

在此轮大改革中，家庭成了新国家主要凝聚力的来源。这个隐喻将明治时代人们熟悉的"孝"与对天皇的"忠"联系起来，因而形成了"家族国家"的说法（Gluck，1985；Matsushima，2000；Smith，1974：32）。公民被教导像孝顺国父一样效忠天皇，所有国民都是大家庭中的一员。新口号呼应了那时人们的普遍信念——所有人同属一个"大家庭,有共同祖先"。"即便他们在不同地区,属于不同阶层,生活方式迥异",人们也感觉是一体的(Isono,1988:184)。当家庭成为国家团结的核心象征时,明治新政府的领导精英制造了一个微妙的平衡:他们承认德川幕府时代几百年来地域、阶层间的合法差异,但又最大化地降低了这种差异[3]。

彼时日本全国改革如火如荼,主权受到侵犯,家族国家的口号满天飞。在这个大背景下,日本民法典中家庭法的细节花了相当长的时间才最终敲定。日本政客和官员几乎是在美国以及欧洲列强的枪口下进行改革工作,他们从政体形式入手。相比于日本宪法,日本的民法典更有争议,经历了更漫长的讨论过程(Hatoyama,1902;Mukai and Toshitani,1967)。过程漫长本身反映出明治时期日本的根本矛盾:一方面,明治时代的政治家们希望通过展示现代性和文明来对抗不平等条约带来的威胁;另一方面,他们也希望传统可以留存,特别是那些毫无争议的日本传统,虽然这些传统可能没有人们想象的那么普遍或者历史悠久(Epp,1967:34)。这个时期中,不同的人对民法典有各式各样的顾虑。传统主义者与政治家们相似,担心政府可能会过多地干预家庭;自由派想要给家庭中弱势的一方提供更多权益;民族主义者则想要限制他国公民以及法律系统对日本的影响。多方势力导致日本民法典中关于家庭生活的两个部分拖了很久,到1898年才得以颁布,比日本民法典其他部分晚了三年,比明治宪法的颁布晚了十年,在明治维新全国改革三十年后才成形[4]。日本民法典中关于家庭部分的条例要求所有国民都有所属家庭，每个家庭都在"家制度"中占有一席之地，并且在户籍制度中记录在册。日本的家族国家由此诞生。

通过家制度和户籍制度对家庭立法

虽然在当代人心中法律和家庭没有直接联系，但是日本法律在很长一段时间里都通过家制度以及户籍制度来塑造家庭形态，制造并维护家庭形式规范。户籍制度存留至今，而家制度已经失效。但家制度还一直影响着人们对"家"的理解以及家庭法的废立。在当代离婚过程中，人们描述"正常"或者最好的家庭形态时，还常常提起这个已经是过去时的制度。

家制度中的"家"字指的是一家人的住所，家中可能有几代人在同一屋檐下共同生活。而家制度本身是全国范围内的法律章程，制定了家中长幼尊卑的行为规范（Kitaoji，1971：1036；Ronald and Alexy，2011）。1898年《明治民法典》开始实施，那时法律规定多代家庭应由一个男性承担户主角色，该男性也是这个家庭的代表。在法律上女性是"无能的"，不具备反对户主决定的能力（Akiba and Ishikawa，1995：589；Smith，1987：6）。所有家庭成员在重大决定上须取得户主首肯，不论是结婚、搬家，还是做什么样的工作。户主在法律上拥有家中一切财产（Masujima，1903：538；Wagatsuma，1977）[5]。当一个户主死亡或者死亡前夕没有能力承担户主责任时，户主的位子会传给指定继承人，理想情况中是家中长子。法律要求没有成为继承人的儿子们应搬离家中"主屋",自己建立"旁屋"居住。有时他们会得到礼金来建立自己的旁屋,但是户主在法律上拥有一切财产。男性继承人承担户主责任后,法律要求女儿们嫁人离开,成为亲家中的一份子。因此,理想中的家制度不仅是父系主导,更是父权的制度,妻子婚后随丈夫居住,只有长子享有继承权。对于家制度中的成员来说,所有的规则更重视的是祖先与后代间的"垂直"关系,而不是夫妻或者子女平辈间的"水平"关系(Isono,1988:184)。在理论和设计上,"人来人往,但家一直都在","个人"决定应该以家族利益为先(同上)。同样,在家制度中,性别和出生顺序都很重要。长子拥有结构性特权,不仅在日常生活中可以最早吃饭、最先洗澡,而且受教育程度也更高[6]。

家制度在1898年成为国家法律时,它其实只是众多家庭形式中的一种。虽然明治时代政治家们把家制度说得像是普遍风俗,但这种以父系掌控、长子继承、女儿外嫁为标志的风俗其实只是精英武士家族中的传统,占人口总数的很少一部分。其他社会角色比如商人、农民、部落民(outcast,泛指 *burakumin*),他们的家庭有着更加多样的理念,女性常常拥有更大的权利,承担更多的责任(Mackie,2014:203;Matsushima,2000:21;Smith and Wiswell,1982:xvi)。因此,《明治民法典》要求所有日本家庭都像精英武士家族那样组织家庭生活,摧毁了家庭形式的多样性,创造出了具有普遍性的日本传统。

为了更好地实行统一户籍制度,明治政府也同时拓展了在部分地区已经存在的旧有户籍系统[7]。从根本上说，户籍制度在过去和现在都是政府用来监控民众的工具。对每一个日本公民，政府都会收集三类信息。第一类是重大事件信息，例如出生、死亡、领养、结婚、离婚，等等。第二类是同一户的辈分关系，确保一户中祖辈子孙都记录在册。第三类是位置信息，不仅是个体所在地，个体亲属所在地也都有记录。户籍制度不仅便于了解公民总数，而且把每一个公民都和一"户"联系起来，使得家庭成为社会的基本单位（Chapman and Krogness，2014：2）。

虽然家制度和户籍系统一直都在更新，但两个系统都在二战后经历了重大改革[8]。家制度一度被认为是日本国家机器的一部分，以至于盟军占领日本后，想方设法地从法律和社会结构上去除它。具体来说，家制度似乎威胁到了新日本的民主化，因为在家制度中，家庭形式与民族国家直接关联，这是一种强有力的意识形态。家庭在实际和象征意义上都是日本帝国的基石，因此在战后恢复过程中也同样重要（Oppler，1949：318；Wagatsuma，1950）。1946年6月，日本政客片山哲明确地表达了两者之间的关系，他说，"只要建立一个更好的家庭系统，新日本就会降临"（Steiner，1950：174）。在二战后的宪法中，家制度消失了，而户籍制度经过修改继续发光发热。比如，在户籍制度中，每户不会记录超过两代人，将户籍制度进一步和从前的家制度分离开来（Krogness，2011：67）。

虽然户籍制度看上去是中立的信息系统，但在现实中它制造了强有力的所谓"正常"家庭的标准，同时提供了歧视的温床。克朗尼斯（Krogness，2011）认为，在当代日本，人们依旧偏好户籍制度中的模范家庭形式。当他要求人们描述户籍制度和"正常"家庭时,他发现人们倾向于相信户籍卡上显示的正常家庭就是最好的家庭。即使法律已经不再要求户主为男性,人们还是觉得最好由男性承担户主的角色,一旦户籍卡上显示其他状况,就有人会起疑心或者感到尴尬。在某个采访中,克朗尼斯请一位女性解释她提到的"规规矩矩"没有污点的户籍是什么意思。她说:

> 一个好户籍是不引人注意的,不会让登记人感到尴尬。引人注意的户籍则是那些有异常数据"标识"的户籍(比如女性户主,离婚,女儿未婚生子从父母户籍上删除)或者缺失数据(比如父亲姓名空缺,出生日期不明)。不清不楚,不寻常,这些都可能在将来某一刻让家里人感到压力。

由此可见,登记形式还在持续影响着人们对于家庭结构的理解。离婚是户籍中的一项信息,因此它也成为众多"污点"中的一个。人们可能会想办法避免离婚,从而使档案上不留痕迹[9]。户籍制度还制造且延续了对祖先属于"贱民"阶层(部落民、秽多,或者同和)的日本人以及韩裔移民的歧视(Hankins,2014;Neary,1997:65;Tsutsui,2018:179)[10]。凡此种种表明,人们依旧沿用户籍标准来判断一个家庭是否"正常"。本书中的例子也佐证了,虽然家制度已经失效多年,但家制度所建构的规范依旧是很多人的参考系(Akiba and Ishikawa,1995:590)。

离婚的法律流程

现在的离婚法律程序大力敦促离婚双方自行达成协议,尽量避免专业人士的参与或协助。90%的夫妇私下达成协议,然后走流程。在这一部分中,我要描述当代日本离婚中涉及的法律流程,每一步其实或多或少受到家庭法的约束。

日本一共有四种离婚形式,99%的离婚都属于其中两种。"协议""无争议"离婚(*kyōgi rikon*,作者译为 mutual)是最常见的,2015 年 87.6% 的离婚都是协议离婚(NIPSSR,2017b)。协议离婚的流程如同本章开头描述的那样:夫妻双方填写一张简单的表格,签字,盖章,提交至本地政府相关部门。离婚夫妇走这个流程并不是为了取得政府同意,或者向官员提出离婚请求,而是通知国家一个既定事实——他们已经决定离婚。

然而提交表格并不意味着政府一定会接受。一旦工作人员发现问题,各种出生、结婚、离婚表格都可能会被驳回。在离婚问题上,如果工作人员发现夫妻中一方提交过"拒绝离婚申请书",就会驳回离婚[11]。因为"协议"离婚的表格特别简单,谁都可以提交,也很容易伪造。虽然盖章很正式,但是章可以很便宜地买到。这就意味着居心叵测的一方可以伪造签字印章,没有经过沟通协商,甚至在配偶不同意离婚的情况下,就把离婚办了(Jones,2007b:204)。为了减少这种可能性,任何已婚人士有权向当地政府提交申请书,声明他/她不想离婚。这个申请书理论上可以阻止离婚通知生效。在我做研究的过程中，听说过几起离婚：一方提交了"拒绝离婚申请书"，但几个月或是几年后发现，他们还是被离婚了，既不知情也没同意。其中一起涉及外籍丈夫和本地妻子。他们住在妻子的老家。妻子想离婚。丈夫的拒绝离婚申请书被当地政府弄丢了。妻子伪造了他的签名和印章，提交了离婚表格。这个丈夫在毫不知情的情况下，失去了孩子们的抚养权。他认为当地政府的工作人员与他妻子合谋迫使他离婚。离婚表格一旦生效，就不能撤回，离婚在法律上成为现实。他得知一切时，已经是几个月后了。协议离婚的流程只需填表，无需双方到场，很容易便让造假者钻了空子[12]。

随后的例子会进一步解释促使人们伪造离婚手续或者阻止离婚发生的多种原因。离婚法律流程中没有协商空间，协议只能在"私人"空间中达成。因此夫妻双方要自行解决一系列和离婚相关的问题，从是否离婚到抚养权归属以及财产分配，都要自己找答案。伪造离婚手续可以让人避开艰难的谈判过程，免于尴尬、手足无措的情形。与之相对的另一种情况是配偶提交"拒绝离婚申请书"，防范离婚造假，确保自己不会在没同意离婚的情况下丢失抚养权或者其他合法权益，卷入财产争端。

夫妻双方只有对离婚条件达成一致才能完成"协议"离婚，如果没有达成一致，他们就会进入第二类离婚："调停"离婚（chōtei rikon，作者译为 mediated）。2015 年 9.6% 的离婚通过"调停"完成，这个数字在过去十年有上升趋势。当夫妻双方无法就离婚条件、抚养权，甚至是离婚与否达成一致时，他们将进入由政府人员主持的调停环节。这个环节的最终目的是让夫妻双方要么就离婚条件达成一致,要么回家继续过日子。很重要的一点是,调停的框架和"协议"离婚的理念很相似:虽然理论上是调停人引导双方达成一致,但调停框架本身并没有权威性,对复杂情况也不提供协助。事实上,文献和我的田野调查都表明,调停过程让人压力倍增。

调停过程中的关键人物是调停人。这些调停人并不是受过心理学、家庭治疗、社会工作或者法律等训练的专业人士,而是社区中的长者,法律要求年过四十,但通常会更年长(Bryant,1995:9)。由此可见,家庭法律系统想要模仿的是那种小城镇中常见的"私了"机制。该系统认为那些成功活了一辈子,拥有丰富人生经验的人,对离婚夫妇最有帮助。而现实中,很多人在调停过程中常感受到来自调停人的评判和压力,调解双方既没有相似经历,世界观也不一致。调停人通常是年长、社区中受尊敬的人,因此观念上也更保守,他们自己大概率没离过婚,家族中也没有离婚的情况发生(Bryant,1995)。即使离婚率在上升,离婚经历现在也可能让人失去成为调停人的资格(同上)。布莱恩特(Bryant)在80年代做了离婚调停过程的参与式观察,她对调停人的描述与我的受访人在新世纪初的印象高度一致。每一个经历过调停的人都表达了对该过程,特别是调停人的失望和愤怒之情。我的受访人认为,调停人可能是好心,但是没有办法在需要建议时提供有效建议或者帮助。一位男受访者直接换成英文来强调他的崩溃:他说调停人啥都不懂,完全没用;他们只是"岁数大,有白头发"而已。家庭法系统终于开始给离婚夫妇提供帮助时,却只假手于训练不足、提供不了什么帮助的社区人员,他们只想着逼人作决定。

调停人不论怎样资格不足,都掌控着很大一部分调停过程,拥有相当的话语权。虽然所有调停离婚最终都由家庭裁判所中的法官做裁决,但在调停过程中法官不会出现(Minamikata, 2005)。通常情况下,调停每四到六个星期举行一次,以确保离婚夫妇有足够时间反思,每次调停都会回顾上次讨论的内容和决定。想要通过调停离婚或者避免离婚的人都和我说过这个时间安排多么令人崩溃。在我接触到的众多经历调停的夫妇中,只有很少几个人能撑过三四个调停会议。大多数人认为太过痛苦、丢脸,而且磨人,没人能在那坐得住。我还了解到,在调停前坚决要离婚的夫妇,经过了几次调停之后就放弃了,宁可不离婚也要结束这个不愉快的调停过程。我的研究中,大多数夫妇都是因为抚养权问题而参与调停,这个话题我会在第四章中进一步介绍。

后两种离婚种类是非常少见的,近几十年中只占不到2%。如果夫妻中一方想离婚,另外一方不同意,未能达成共识,法官可以给出"裁判"离婚(*saiban rikon*,作者译为judicial)。虽然曾有高法在一方不同意离婚的情况下给出离婚裁决,但这种情况非常罕见,在2015年所有离婚中只占1.1%。最后一种"审判离婚"(*shinpan rikon*)最不常见,占总数不到0.2%,是通过家庭事务法庭给出的判决书而离婚。此类离婚情境相对特殊,比如一方失踪,另一方可以通过审判离婚解除婚姻关系。

从离婚流程和类别可以看出,法律系统的主要目的是使夫妻双方达成一致，最好是自行达成一致，如果需要的话可以寻求帮助。在图3和表1中可以发现，即使离婚的绝对数目在上升，"协议"离婚依旧是目前最常见的离婚形式。然而这种离婚恰恰因为游离于法律之外，在文献中没有获得足够关注（Bryant，1992；Takezawa，2003；West，2011）。因此我在这一章中将把重点放在"协议"离婚的经历上。

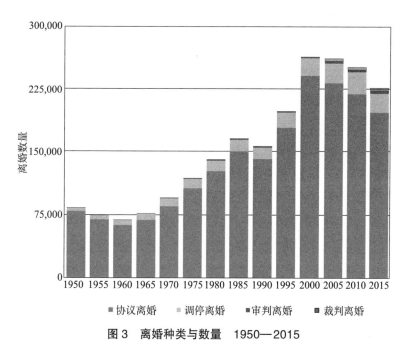

图3　离婚种类与数量　1950—2015

（NIPSSR，2017b）

表 1　离婚数量与百分比

年份	离婚总数	协议离婚	调停离婚	审判离婚	裁判离婚
1950	83,689	79,995（95.6%）	3,276（3.9%）	25（<0.1%）	433（0.5%）
1955	75,267	69,839（92.8%）	4,833（6.4%）	27（<0.1%）	568（0.8%）
1960	69,410	63,302（91.2%）	5,413（7.8%）	43（0.1%）	652（0.9%）
1965	77,195	69,599（90.2%）	6,692（8.7%）	41（0.1%）	863（1.1%）
1970	95,937	85,920（89.6%）	8,960（9.3%）	64（0.1%）	993（1.0%）
1975	119,135	107,138（89.9%）	10,771（9.0%）	54（<0.1%）	1,172（1.0%）
1980	141,689	127,379（89.9%）	12,732（9.0%）	46（<0.1%）	1,532（1.1%）
1985	166,640	151,918（91.2%）	12,928（7.8%）	59（<0.1%）	1,735（1.0%）
1990	157,608	142,623（90.5%）	13,317（8.4%）	44（<0.1%）	1,624（1.0%）
1995	199,016	179,844（90.4%）	17,302（8.7%）	66（<0.1%）	1,804（0.9%）
2000	264,246	241,703（91.5%）	20,230（7.7%）	85（<0.1%）	2,228（0.8%）
2005	261,917	233,086（89.0%）	22,906（8.7%）	185（0.1%）	3,245（1.2%）
2010	251,378	220,166（87.6%）	24,977（9.9%）	84（<0.1%）	2,473（1.0%）
2015	226,215	198,214（87.6%）	21,730（9.6%）	379（0.2%）	2,383（1.1%）

说明：按年份与种类统计（NIPSSR，2017）。

简单的离婚也花时间

众多离婚夫妇中有一小部分没有发生矛盾冲突,顺顺当当地就把婚给离了。我记录了此类情形中的两个例子,在这两个例子中离婚都没有经历波折,异乎寻常地顺利。即便如此,当事人都无一例外地在提交申请后等待了几个月之久,才得以完成离婚手续。即使没有矛盾,离婚都会花很久,更别提我之后会讲到的有矛盾的情形了。上述实例虽然不常见,但很好地说明了"协议"离婚虽然游离于法律之外,其实也受到法律的重大影响。发起离婚的一方只能等待,对方什么时候同意,婚什么时候离。

麻里子:让时间说服他

第一章开头的例子里提到,安藤麻里子的男友同意她婚后继续工作,然后她就结婚了。他们婚后的关系相当紧张,因为麻里子丈夫认为她在高强度的财务顾问工作以外,还应承担所有家务。麻里子决定搬出去之后,又过了九个月离婚才最终完成。大部分时间是丈夫用来消化接受两人要离婚这件事。因为麻里子搬出去了,她丈夫一个人付不起房租,他因此也得搬走。麻里子感觉他是想拖几个月，等她回心转意。当他真正明白了她的离婚决心之后，就在离婚申请上签字盖章了。麻里子解释道：

> 我觉得我们挺顺利的，没有什么具体障碍。我搬走之后，我们一起吃过三四次饭。但是我很明确地和他说过，没有复合的意愿。他最终相信了。到最后我们也没有请律师或者调停人。我们没有共同财产或者存款，生活开支是两人一起付的。我不太记得细节，但是我们平分了大部分东西。没有什么经济上的纠纷。要是有的话，过程可能不一样。

麻里子明确表示，她离婚相对容易，因为没有那么多麻烦事。对她来说，没有孩子这点很重要，没举行婚礼也很重要。如果两人像她前夫希望的那样有了孩子，麻里子认为她为了孩子肯定不会离婚。如果他俩举办了盛大的婚礼，离婚的阻力也会变大，人际压力会让他们继续凑合着过。不论怎样，离婚顺利完成，麻里子看上去挺高兴的。她和前夫的关系也不错，他俩现在感觉上像"朋友一样"。

对麻里子来说，离婚就是让丈夫慢慢明白，她不会回去了。虽然她搬出来的时候就说她要离婚，但是她丈夫并不相信，直到几个月之后才接受现实。麻里子一开始就领了离婚申请表，但是等到丈夫同意离婚才开始填。她并不想催他，而是耐心等待，让时间说服他。一旦丈夫接受了现实，口头同意离婚，她就拿着申请表，两人一起填写。麻里子不想，也不需要专业人士的参与，庆幸她没遇到什么割舍不掉的东西——既没小孩，也没有宾客云集的婚礼。对她来说，离婚相对容易，只要有耐心就可以了。当然，她有能力另租一套公寓也是必要条件。总之，她等得起。

和田女士：为了孩子

和麻里子相似，和田女士也认为自己婚离得比较容易。她和丈夫于1990年结婚，很快就有了女儿，曾是个快乐的母亲。她确实想要小孩，而且如果条件允许的话，她还想要更多。和麻里子不同的是，和田女士恰恰因为孩子才和丈夫离的婚。据她描述，夫妻关系很差，口角打架不断，部分原因是他工作忙，不着家。

那时我很生气。我们打架打得很凶，女儿都吓哭了。太难受了。再糟糕不过。但是你知道，日本男人就是周一到周五，从早到晚都泡在办公室，下了班还会和同事喝酒聚会。我需要我老公的时候从来不见人影。我没有要求他每天都早回来。只是希望他偶尔能够早一点回家，帮我买买菜，跑跑杂事。甚至周末节假日他都会在外面。离婚前夕，他简直就是一个混球。太恶心了！他给自己买衣服鞋子都不问我一句，只说是"工作需要"。这样不好。我曾经以为女人就得忍着她们暴君一样的丈夫。但是现在我知道不必，对吧？我不是他的女佣。

和田女士感觉孤立无援，没有得到足够的理解和尊重，开始认真考虑离婚。和丈夫口角打架不断，所以她渐渐认为，离开这个家也许对女儿才是最好的。和田女士在十年后和我描述这个决定时，她将离婚动机总结为两点，一方面给女儿一个安全舒心的家，另一方面自己也值得更好的伴侣，不把她当女佣使唤。她作出这个决定后，知会了娘家人，然后就和女儿一起搬出去了。

虽然丈夫听到妻子提出离婚时很吃惊，但和田女士还是说他们离婚的过程很顺利。她去政府领了离婚申请表，填好自己那部分之后就寄给了丈夫。她这样解释整个过程：

我俩分居以后，我就填了申请，签好字盖好章，寄给他！大概一年以后，我接到他的电话，他说，"我把申请提交了"。他听上去好多了。我觉得他最后终于明白我俩的人生都要翻篇了。他知道我不可能回去，他得自己一个人过日子了。但他听上去好多了，生气勃勃。我们成为了朋友。

虽然和田女士没有觉得等待一年有什么特别的，但这段完成申请所需的时间令人寻味。和田女士的丈夫需要时间消化这个让他措手不及的决定。幸运的是，和田女士有时间，愿意等。她没觉得有必要速战速决。反正已经和女儿搬出去了，没什么好担心的。回顾这段经历时，和田女士觉得离婚过程是友爱甚至欢乐的。她丈夫过了挺长时间才在离婚申请上签字，两人最终达成协议离婚。

和我听说的很多离婚故事相比,这两个是极为罕见、过程中几乎没有矛盾的情况。两例都属于非典型离婚,过程都相当顺利。整个离婚过程因为女方都不催着男方签字盖章,确实花了不少时间。然而随后的故事和这两个形成鲜明对比,女方都因为男方拖时间而着急上火。

范子:离婚还在进行中

范子三十多岁,参加了一个非正式、价格实惠的咨询小组。我们第一次见面时,她就提到她要离婚,而且很快就能完成。当时离婚还在计划中,她已经收拾了必要物品,从丈夫那里搬出来,领了离婚申请表。而她的丈夫在拖延,不想离婚,因为怕他父母不高兴。范子理解他,但也觉得两人过不下去了,应该尽快离。我们第一次见面时,她向整个小组宣布,"三天之后我就要离婚啦",因为她已经和前夫商量好了去提交申请的行程。

然而我们四个月之后再次见面,讨论她的婚姻状况时,我连录音笔都来不及开,范子就滔滔不绝地打开了话匣子。虽然她老公(口头)同意离婚,但不肯签字,对此她很生气。与之前的例子不同,范子觉得没必要等了,对方就是说话不算话,明明答应了提交申请,却拖着迟迟不肯执行。她几乎暴跳如雷地说:

去年年末我去看望爸妈的时候，和他们说了这个决定。我说，"我想要（和他）分手"。他们说，"好吧，如果这是你的决定，我们理解"。所以这边就讲好了。但是他……他还没有和他爸妈讲。他可以不和我爸妈打招呼，但是他也没和自己的爸妈说。……我和他说，如果是我的话，我还是会先和爸妈讲，这样会好一些。我叫他和爸妈谈。然后他说，"好，我会去谈"。所以我们定在 1 月 25 号去提交申请表。我专门请了一天假，想要把所有手续都办完，去银行、交管局把我的名字改回来。这样的事有很多。我觉得改户口和驾照上的名字这事可能就得花一上午。我提前就给我爸打电话，告诉他我们要提交申请这事。我说，"明天我们就要交表了"。

虽然她希望如此，而且她也是这样提前和父亲讲的，但是婚没离成，因为她老公没签字。

除了离婚过程中积累的愤懑，范子还因为法律性别双标而生气。即使她丈夫提交了申请，她也得等六个月才能再婚，而丈夫递交当天就可以合法再婚[13]。虽然范子没有在约会，但了解到家庭法中这种区别对待让她更加焦虑，想早离婚早完事。理论上来说，范子想要尽快把离婚办完，这样如果碰见合适的人，就可以再婚了。她明白法律给男性和女性制定了不同的规则，因为明白所以更想早点办完离婚。在我们聊天过程中，范子断言她的婚姻已经玩完了，从未有过犹豫。而她丈夫拒绝离婚。甚至更糟糕的是，他同意离婚但是拒不提交申请。范子说她想过请求调停，但转念一想，调停可能更麻烦，拖更久，还不如等着老公改变想法来得快。

争取签字

对于绝大多数人来说，离婚很难，因为需要大量的时间、精力投入，直到两人达成共识。共识不容易达成，很少人能像和田女士和麻里子一样顺顺利利地搞定。很多人要花大力气去说服伴侣，经历多种非正式的调停或者协商，其中可能还夹杂着威胁和贿赂。我的研究样本显示，这种漫长的私人协商是再正常不过的。很多人花了老鼻子劲，才能最终得到双方签字盖章的离婚申请。接下来我要讲两个有代表性的案例。

樱井女士：延续的感情

樱井女士五十多岁，在东京的一所女子大学当日文老师。她说她这样的离婚并不常见，因为她当时不生老公的气，现在也没有。虽然樱井有时觉得离婚也挺好，但大多数时候她认为这很不幸，当时是不得已，而不是必须或者难以避免。不得已是因为她丈夫有外遇，而且不打算离开那个女人，樱井不能接受这样的情况。她可以原谅他出轨，但是不能接受这个女人一直存在于两人的生活中。

樱井是 22 岁时在一家青年旅舍里遇见后来的丈夫的。他们结婚后，搬到了离他的大阪老家半小时车程的地方。丈夫的工作是设计体育器械，在家办公，樱井则做着不同的兼职。他俩想要孩子，但是婚后不久，樱井就发现她没办法怀孕。虽然她没有把不孕列为离婚原因，但她确实觉得，如果两人有孩子的话，继续相处会容易些。为了佐证这一点，她提到前夫和第二任妻子——当时他出轨的对象——有两个小孩。

　　某天，樱井女士在街上撞见了她老公和另外一个女人在一起，起了疑心，后来知道是外遇。樱井最终和丈夫摊牌，丈夫答应结束这段关系，然而她后来发现丈夫还和那个女人在一起。樱井和自己父母谈过后就搬出了两人的家，回到东京。讲到这里，樱井就提到了离婚手续。不论是她自己还是她丈夫，都不想离婚，但是她丈夫也不肯结束外遇，他们也看不到离婚以外的其他选择。

　　我们分居很多年，但一直没离婚。但我已经开始憧憬未来，没有他的未来生活。所以我找了个离婚律师，律师是我妈妈朋友的儿子。丈夫来（律师办公室）开协商会，讨论赡养费[14]。但是协商的时候，感情上我很复杂，我们并不讨厌对方。如果他要离婚，我会同意的。但是我……该怎么说呢，我不想离婚。我心里还有这个人，如果婚姻还能继续，我想让它继续下去。但是他还和那个女人在一起，这就不可能了。对我来说，离不离婚取决于他。

至此,离婚虽令人心碎,但已经是板上钉钉。丈夫不想离开婚外的女友,而丈夫离开那个人是樱井继续这段婚姻的前提条件。

两人对对方剪不断的感情让离婚过程更加复杂。樱井填完离婚申请之后,她丈夫只需要签字盖章,递交到当地政府部门就可以了。结果这一步很难,花了很久:

关于离婚文件,我签字盖章之后就把表格给他,自己回东京了。但是他一直留着,没签字。过了一年之后,他才提交上去。但即使他提交了离婚表,他还给我买蔻驰包当生日礼物。你知道蔻驰吧?就算我们离婚手续都办完了,他出差回来还给我带很贵的水果。他的举棋不定让我很难开启新生活。现在回想起来,只觉得讨厌,但当时我还觉得他是好心,很难放下他。所以,离婚拖了又拖。

樱井女士的经历从两方面丰富了我们对于离婚协商的理解。第一,她的叙述中提到了雇用律师,通过律师来达成共识。因为他们最终提交的是"协议"离婚申请,档案中完全不会出现"律师"的字样,也没有记录显示两人经历了一年多且花费高昂的私下协商过程。第二,即使两人同意离婚,樱井已经签字,她丈夫却过了一年才提交申请。那时,樱井除了等已经没有什么别的可以做了。如果她想尽快离婚,她应该当面坚持让他签字,然后亲自提交申请。

樱井说,她那时觉得他拖延的行为甚至有点浪漫,或者至少可以说是两人关系浪漫的延续。但现在回想起来，那种拖延让她愤怒。现在她觉得，各种不合时宜的亲密（昂贵）礼物就是刻意拖延。所有这些都让离婚变得更困难。对樱井和很多人来说，关系中充满了敌意和矛盾时，离婚才容易理解和接受（Hopper，2001），因为离婚是婚姻糟糕到难以修复的标志。而还有感情的离婚则不那么容易让人消化。樱井觉得她前夫利用两人残存的感情搅浑水，拖拖拉拉不肯利落地分手，使离婚变得复杂。法律系统的架构也是这种模棱两可情况得以存在的助推手。

田中女士：从暴力中脱身

在对前夫的感情这一点上，田中和樱井实在太相似了。田中女士五十几岁，也和丈夫离婚了。虽然两人结婚离婚的经历与樱井夫妇相差甚远，但是田中女士也经历了一系列波折，才最终让丈夫在离婚申请表上签字盖章。

田中女士的婚姻是我听到的最暴力的一个：她和孩子们经常受到丈夫的虐待，包括身心虐待和性暴力。田中女士是在一个小城镇结婚的，这个小城镇距东京有两个小时的轻轨车程，她婚后也住在这里。当地经济萧条，大部分工作机会由一家水泥工厂提供。这家工厂常年释放黑烟，如果在室外晾衣服，衣服上都会积一层厚厚的灰。工厂是轮班制，田中女士的丈夫一般在半夜上班，下午两三点下班。他到家时，妻子得迎接等候他，否则他会责骂小孩。田中女士经常穿着衣服睡觉，兜里揣着病历，随时准备在必要的时候逃走。我们谈话时，田中女士已经离婚五年了，但她还有经受暴力的后遗症。

田中女士结婚二十多年之后，多个原因最终促使她离婚。最主要的原因是她的小儿子大甫被送到医院，她意识到家庭中的暴力和压力在"摧毁"她儿子的健康。她自己可以在糟糕的关系中活下去，她之后也描述了她忍受的一切。但当这段婚姻开始对孩子们的身体健康产生负面影响时，她觉得是时候结束它了。

但是光她自己决定离婚还不行，她还得说服丈夫在"协议"离婚表上签字。她丈夫其实已经用离婚申请表嘲讽刺激她很多年了。他知道她没工作，离婚的话没有办法养活自己和孩子。因此，他没有用离婚威胁她，而是刺激她，让她提离婚，并且嘲讽她没有了丈夫就活不下去。田中女士很多年一直都说"不离婚"。甚至他把一张空白的离婚表格摆在她面前，祈求她签字时，她也没有戳破他的虚伪。然而她最终同意离婚了。田中女士说，她丈夫其实不想离，只是用离婚申请表这种形式来提醒她，她没有能力离婚，只能靠着他。

田中女士最终接受了他虚伪的离婚提议，而他在"招摇过市"这么多年之后却不想签字了。威胁了妻子许多年，真正开始填表时他却哭哭啼啼起来，还发脾气。

虽然他常说，"把表给我，我现在就签字！"可是真签字的时候眼睛却红了。他的工资让我们的日子过得很舒服。我一直没工作。所以他觉得我不可能离开他。他小看我了。他觉得如果分开,我会活不下去。他刺激过我好多次,叫我把离婚表拿来。所以我最后确实拿来了。"给你离婚申请表。"那时,他就哭了。

她丈夫后来确实签了字盖了章,交给了相关政府部门。田中女士搬回了同在一个小镇的父母家,在家照顾年迈的父母。她离婚后,她的大女儿也离过两次婚,和父亲关系更好。大甫不在家住,但是回来的时候会看望母亲和姥姥、姥爷,与父亲、姐姐完全没有联系。田中女士的前夫每月通过银行给她转 20 万日元(2000 美元)。离婚之后,他还多次想要和田中女士重修旧好,说只要书面上结婚,将来让她成为所有退休金和遗嘱的受益人。大甫和我说,他妈妈没兴趣,也不相信前夫,即使是名义上再婚,他妈妈也绝对不会答应。

什么让人们达成协议?

这一章中,我们追溯了家庭法在日本的建构机制,以及这些机制如何影响准备离婚的人。从上述例子中,我们可以看到,家庭纠纷似乎和法律没有联系,却时时刻刻受法律影响。日本这种家庭纠纷与家庭法的分离看似矛盾,但结合日本整个法律系统来看,其实是"家庭法例外主义"(family law exceptionalism)的常见特征。家庭法例外主义描述的是在很多文化情境中，法官、律师和潜在诉讼相关人员将家庭纠纷排除到法律范畴外[15]。哈雷和里蒂奇（Halley and Rittich，2010：754）总结了其中的规律，认为"家庭和家庭法常常被视为一个独特的自治区域、一个例外"。尽管在很多文化中，法律看上去不干预"人际关系"，但家庭法例外主义并不因为常见而能摆脱其建构本质。这种例外是多重社会因素叠加的结果。

日本的家庭法例外主义在离婚流程上展现得淋漓尽致，人们协商的时候只能靠自己。从上述五个截然不同的例子可以看出，"协议"离婚背后可能是迥异的过程。对于在21世纪初离婚的日本人来说，离婚的法律流程是五花八门的协商，从舒舒服服的等待、思考到威胁、贿赂、令人困惑的过渡期，都有可能。虽然没有一样发生在法律系统内，但协商之所以会发生恰恰和法律对离婚的限定密不可分。正是因为夫妻要自行达成协议，这种表面上的法外协商指向的恰好是法律系统中的局限。

我接触到的绝大多数人都认为法律系统运转良好，至少无需特意关注[16]。只有范子表达了对家庭法系统的不满，丈夫承诺提交申请却不执行，让她很崩溃。在离婚板上钉钉之后，她的看法会不会改变，尚未可知。她正确地指出法律系统给男性和女性制定了不同的规则，其实她既对即将离婚的丈夫生气，也对法律系统生气，是法律系统使她不得不经历那样的协商过程。而对于大多数要离婚的日本人来说，他们认为家庭法系统运转正常。家庭法通过将纠纷、协商驱逐出正式的法律范畴来解决家庭问题,进一步加深家庭和法律间的隔膜。所有这一切似乎依旧理所当然。

第四章
家庭分合

第四章 家庭分合

大家都知道小泉纯一郎从没见过他的小儿子佳长。虽然任何父亲从未见过儿子的故事都令人难过或吃惊,但小泉家的情况尤其引人注目。小泉从1999年到2006年任日本首相,同时也是保守派自由民主党中有号召力的人物。他从没有见过佳长是因为他和前妻宫本佳代子离婚时,佳长还没有出生。两人在1978年结婚,很快就有了两个儿子。1982年两人离婚时,佳代子怀着第三个儿子,有六个月的身孕[1]。小泉得到了长子和次子的监护权,妻子得到了尚未出生的小儿子的监护权。离婚后,长子、次子从未见过母亲,即便母亲多次公开请求联络。小泉也没见过他的小儿子,小儿子现在已经三十几岁了(Asagei Plus,2016;Reitman,2001)。因为佳长是母亲抚养长大的,所以用母亲家的姓氏,全名宫本佳长。花边小报偶尔会写写佳长或者他母亲,但是这种监护权分配以及家庭分离并不是丑闻。即使小泉是个保守派,但这段家庭历史也并没有影响到小泉的政治生涯。

虽然小泉家的情况很极端,但离婚以及监护权问题并没有对小泉的政治生涯产生负面影响。原因在于,他的情况并未脱离当代日本离异后子女抚养的基本模式。在日本语境中,我已经习惯人们表明自己单亲家庭、和父母一方失联的身份背景。有人直到自己有小孩才开始质疑成长过程中的单亲经历,觉得是难以避免的损失;另一些人则认为那是日常中不能提的伤痛,提了就会让身边的监护人感到不快。好多人也会把失联当成一个事实来描述,因为发生时间过于久远,没什么印象。很多年轻人因父母离婚失去其中一方而感到受伤,这种伤痛出乎意料且难以理解,日常也不能提及。

对于大部分日本孩子来说,离婚就意味着和非监护一方失联。我把这种离异称为"一刀两断"。这种形式在日本很常见但同时也有争议。虽然远非所有人都认同,但支持者认为这种分手可以最大程度地减少矛盾。离婚之后如果家长不再见面,也不再共同承担家庭生活中的责任,小孩就不用夹在中间,处理双方情感和观念等方面的不和。

不论在何种文化中,离婚过程的很大一部分是处理纷杂琐事,对抗痛苦、尴尬,应付各种矛盾。因为离婚不仅仅是经济分割或是法律身份转变,所以整个过程会激发强烈的情感,可能是狂喜,也可能是后悔莫及、众叛亲离。离婚中以及离异后均涉及两个层面的复杂协商。第一个层面是字面意义上的协商,如前章所述,达成离婚协议过程中有各式各样的挑战和矛盾。第二个层面是离异双方的关系。如果保持联系的话,要以怎样的身份相处。现实情况是,常常一方或者双方都在置气,对当下情形不满,或者追根溯源。

协商过程中,离异的家长都逃不掉的问题是,将来如何与孩子相处。监护权分配可能是争端冲突的主要阵地,让人压力倍增。离婚双方要作出决定,不再是夫妻之后怎样做父母(Simpson, 1997: 733)。离婚中亲子关系的转变并不是自然而然发生的，而是需要投入精力时间，解构再建构的。与没有小孩的离婚相比，有小孩可能会更加复杂，因为离婚家长的需求愿望可能和孩子的需求愿望相似，或者截然相反。涉及未成年子女的离婚案件中，60%都涉及监护权问题，问题多源于离婚夫妇与子女的需求并不相同。

上一章中我们研究了离婚的法律和法外程序，紧接着这一章中我们将要分析离婚家长和他们的孩子如何在离异后展望、协调家庭关系。所有这些安排都会受法律上单方监护要求的影响。虽然我们可以见到很多家长事实上执行的是共同监护，但是法律对单方监护的要求还是影响深远。我认为，家长们为应对单方监护而运用的一系列措施，反映出的是当下关于离异后亲子关系的争论。人们特别关心在离异或者分居家庭中，亲人间继续保持联系，对小孩有怎样的影响。争论中的一方认为，完全切断和非监护人的联系，就好像非监护人在什么事故中过世了一样，可以在最大程度上保护孩子的利益。背后的逻辑是，小孩不需要在两个家之间往返，见再婚家庭的继父母、兄弟姐妹，向人们解释家里的情况，这是减少各种社交、心理、情感问题的最佳途径。另一方则认为，失去一方家长才是最大的伤害，因此保持联系很重要。他们认为虽然保持联系很麻烦、很难，但最终对孩子的社交和心理发展都是有益的。这些争论反映出当代家庭和养育观念在不断变化的同时，也将保持联系或者一刀两断当作离异后理顺现实的办法。

监护权的法律结构

当代日本离异家庭的复杂情况很大程度上源于家庭法缺乏共同监护的选项。未成年子女的家长离婚后,只有一方可以行使监护权。现在协商和法庭判决的结果中,监护权 80% 归母亲所有(NIPSSR,2017b)。虽然单方监护越来越多地受到行动派家长的质疑,但单方监护的逻辑和理念可以反映出家庭法系统的结构以及户籍制度的意识形态。本章我将描述这些系统如何运转,随后的例子会表明很多人在家庭生活中会绕过法律规定。

日本已婚夫妇有小孩之后,夫妇双方共同持有孩子的监护权。共同抚养一方面显示出已婚夫妇享有的特权,另一方面也掩盖了监护权碎片化的本质[2]。离婚凸显了这两个特征。监护权包括两方面的监护责任,即亲权(*shinken*,作者译为"parental rights")和看护权(*kangoken*,作者译为"custody and care rights")。亲权指的是可以为孩子作法律决定,比如在什么地方住,或者去什么地方上学。看护权描述的是日常生活中为孩子作决定的权利,比如孩子吃什么,什么时候睡觉,等等。父母尚未离婚时,共同行使这两种监护权。离婚后,一方家长可以行使这些权利[3]。

虽然离异后共同监护不可能实现,但两种监护权并不一定由同一人持有。可能一个家长有小孩的亲权,另外一个有看护权。这种安排是日本当前法律框架下最接近共同监护的形式。双方每次作决定的时候既可以一起商量,也可以毫无交流,因为权利是分开的。虽然法律上存在这种可能性，但实际上绝大多数情况还是一方家长持有两种监护权。在 2015 年，经法院调停的所有离婚案件中，把亲权和看护权分开给了两个人的案件只占了 0.5%（日本最高法院，2015）[4]。

家长们作出不寻常的决定来分割亲权和看护权，目的很可能是促进父母双方与孩子的联系。有一位母亲告诉我，这种监护权分配的方案刚好和律师向她和前夫提出的一模一样。她有两个女儿，前夫得到大女儿的亲权和小女儿的看护权，她则是反过来。她很高兴律师提出这个好方案，双方可以更好地配合对方共同执行监护责任[5]。她大笑着把律师的创造力和 17 世纪的"参勤交代"作比，那是江户时代幕府将军将属下的家人扣留在首都，以确保属下忠诚的做法。监护权如此分割使得有矛盾的双方可以戮力同心地合作。这种监护方式在她家运转良好，因此她很感激律师的建议。

监护权不能多人同时持有，归根结底是因为户籍制度理念中的法律建构：一个人，能且只能属于一个家庭。上一章介绍过，户籍制度通过法律上的"户"，记录所有日本公民的基本信息，比如出生、领养、婚姻、死亡等等。这个系统合并了理论上本应分开的两套信息系统——个人基本信息与家庭户籍信息（Chapman，2011：10）。更重要的是，户籍制度中的"户"本质上是一个法律概念，和现实生活完全脱节。人们很有可能在户籍上属于同一户，但是各自居住在不同地方（Hinokidani，2007：119；Krogness，2011：70）。因此，深刻影响着监护权的"户"既是国家重要部分，也受国家制约。与此同时，现实中人们住在哪里，属于哪一户，也在不断变化⁶。

离婚时以及离婚后，法律意义上的家庭作为一个结构性概念，即便操作中有所调整，也都极具现实影响力。离异父母要在官方文件上重新建立两个新的法律家庭，来替代从前的旧家庭。即使父母双方都和孩子有联系，模糊了法律系统划出的界限，这些官方要求也依旧有显著效力。比如，如果在非正式场合共同行使监护权的父母有争端，法律系统会当成单方监护来裁定争端，并且将监护权判给监护方。法律意义上的家庭有它自己的要求和程式化界限，相关规则是离异家庭一定得搞明白的。

共同监护的现实状况

在我的田野调查中，约有 1/3 的离异父母会在现实中创造条件让孩子和父母双方保持联系，让父母对子女进行共同监护。具体安排因家庭而异。对一方可行的安排，对另一方可能不可行。离异夫妇间依旧会有矛盾争执，一般来说，现实中的共同监护只有当双方都尽心尽力为孩子考虑时才可能达成。和这一章后面要提到的夫妇不同，立志共同监护的离异家长不论和对方有怎样的过节，都要保持联系。法律对共同监护没有任何支持，家长们以及双方家庭要自行设法平衡家长与孩子间需求偏好的差异，处理好家庭聚会、经济责任、新伴侣、继父母、继父母的小孩以及住所等一系列问题。虽然很难统计，但日本的重组家庭越来越多，尽管它们在公共视野中依旧隐形（Nozawa，

2011，2015a；Nozawa，Ibaraki，and Hayano，2006）。

从 21 世纪早期开始，共同监护合法化的运动得到越来越多的支持，但争议也大，人们一直在讨论共同监护的风险和益处。比如，2009 年的一档晚间讨论节目《周二惊喜》中有一集讨论了离婚后的监护权问题。大多数嘉宾和来电观众都赞成"日本应有共同监护选项"。虽然有一个嘉宾猛烈抨击共同监护可能带来的风险，但 77% 的观众还是给共同监护投了票（Nihon TV，2009）[7]。而现实中，2011 年的某全国调查显示，16% 到 23% 的非监护方经常探望子女（MHLW，2011）。电视上的投票与现实中离异家长作出的决定有差异，这种差异反映出的不仅仅是问卷中的不合理。即使家长想象（或者希望）他们离婚之后可以共同抚养子女，但离婚之后想法感受可能就变了。现实中共同监护的实例证明，在缺乏法律支持的情况下，保持联系需要大量的精力，相互配合，灵活处理，才可能实现。

和田女士和冈田先生：探索复合型家庭

和田女士有一个 24 岁的女儿，作为离异家长，她一直尽力应对遇到的各种复杂状况。第三章中介绍过，和田女士和前夫不能就家务达成一致，沟通中"鸡同鸭讲"，于是离婚了。1992 年她和还是婴儿的里美搬了出来，又等了一年，前夫才签字离婚。离婚时和田女士得到了监护权以及抚养费。家长双方都尽力和女儿保持联系。和田女士说，其中很多年都不好过。离婚之后的几十年间，和田女士的家中多了很多成员。虽然对美国人来说她这种情况再熟悉不过，但统计显示这在日本并不常见。由此可见，在缺乏法律支持的情况下，实现共同抚养的可能性是很小的。和田女士的大家庭中有她女儿、前夫、前夫的再婚妻子和孩子、自己的现任伴侣以及伴侣和前妻的子女。和田女士要在这个大家庭中协调建立联系。据她描述，一家人都知道彼此的存在，同时保持距离。

和田女士离婚几年之后，在 80 年代末期，她开始在一家科技公司工作，遇到了冈田先生。那时他还在婚姻中挣扎，有两个小孩。和田女士说她很小心地对待两人的友谊。她很担心多讲一句话都会出状况，她不想犯错误。她尽量避免和他讲话，结果后来发现，他也是这么想的。过了几年之后，冈田先生离了婚，开始和和田女士谈恋爱，搬进了和田女士与女儿的住所。到我们聊天时，他们已经一起生活了十二年。他俩至今没有结婚，也没有结婚的打算。对话中和田女士用"伴侣"（*pātonā*）称呼冈田先生，避开了带有负面词根的"丈夫"（所有者／主人）、"男友"或者"恋人"等称呼[8]。

虽然和田女士和前夫最终建立了友好关系，然而整个过程耗时多年，两人齐心协力才得以共同抚养女儿。那段时间里，他们都投入了大量时间和金钱。和田女士解释说协调女儿和丈夫的时间表并不容易，但很必要。我问她是否和前夫见面时，她这样回答：

他和女儿见面，而我只和他在电话上交流。他可能会说，"我想下周六见她"。然后我会说，"好，可以。见面之后你要把她送回来"。他们可能去游乐园或者其他什么地方玩。时间到了他会送女儿去最近的车站。出车站的时候，他们会道别。我问女儿他们玩得怎么样时，偶尔她还会取笑我说："为什么爸爸要离开呢？"

里美和她爸爸见面没有一个固定日程，在里美的童年里他俩大约每月见一次面。大多数时候是日间活动，里美并不在爸爸那里过夜。同时，和田女士每个月都会收到前夫汇来的抚养费，收到的时候都会特别和里美说明来源，让她明白那是爸爸付的抚养费。和田女士说道：

> 离婚时，我俩还在租房子。我没要赡养费，因为是我提的离婚。而且我俩都没钱。什么都没有。离婚之后，他自己住，我和女儿在一起。他一次没落地给女儿抚养费。每个月我都会和女儿一起去银行把抚养费取出来。我一直说，"钱是你爸给的。多亏有他，我们才能买得起你参加学校旅行时的新衣服，还有你需要的其他东西"。我经常这么说。

辛普森（Simpson，1997）研究英国的离婚家庭时，发现子女抚养费和探望行为可能会让离异家庭出现矛盾，因为离异双方对上述行为的理解截然不同。在辛普森的研究中，有些父亲把抚养费当成买孩子时间的花费，像在租赁孩子一样，对于花钱才能见到孩子这事，感到非常憎恶。母亲则因为已经承担了孩子的日常需求（经济和情感方面），而更倾向于将抚养费理解成必要的支持，没有讨价还价的空间。如果父亲认为自己的抚养费没有"买到足够时间"而拒绝付抚养费，矛盾常常会加剧。和田女士的经历中没有更多的矛盾出现，很可能是双方的期望值都很实际。两人都没钱，所以和田女士没想着索要一大笔抚养费。前夫也觉得每月和女儿待一天就够了。如果和田女士想要更多钱，或者前夫想要更经常地在固定时间探望女儿，现实情况也许就不一样了[9]。对于八九十年代离异的双方来说，这种探望节奏是很典型的，除了可能比一般情况更频繁。后面的例子可以证明，如果非监护人想要更经常探望，有固定时间表，很可能会引发家庭矛盾。

里美最大的挑战和日本文献以及媒体中记录的一致，她很难应对父母各自的新伴侣以及继子女。在日本，一个常见的观点是小孩没有能力处理父母双方新伴侣带来的（心理和社交上）复杂情况，以及在复合型家庭中复杂的情感纠葛。里美不到 10 岁时，母亲就有了新伴侣（冈田先生），父亲也再婚有了另外的小孩。和田女士解释说，建立新人际关系的过程艰难、漫长，感觉并不好。她说道：

> 我前夫和他现任妻子有小孩之前，我女儿一直去他家玩。继母对她很好[10]。但是里美有些固执。她会怼她继母："他是我爸爸！别夺走他！"

冈田先生在里美 10 岁的时候搬进母女俩的住处。开始的时候，两人相处得很不好。里美对亲生父母有强烈的占有欲，拒绝接受母亲的新伴侣。和田女士分享的小片段体现出这样一个矛盾：里美既担心继母会夺走父亲，但又很自然地表达这样的想法。和田女士用这个细节说明女儿和继母间稳固的关系，但是她的讲述同时也透露出里美的担心。和田女士说随着时间的推移，两人关系渐渐好转，因为里美慢慢意识到，即便父母之间的关系有所改变，她也不会失去父母中的任何一方。

在这个复合家庭中还有很重要的一层分离策略：大家庭中的一些成员极少见面甚至从未见过。虽然里美经常见她父母和各自的新伴侣，但她从未见过冈田先生的前妻以及前妻生的两个女儿。和田女士也没见过冈田先生的前妻，或是她前夫的现任妻子，以及和现任妻子的小孩。冈田先生也没见过和田女士的前夫。当我问她为什么会回避时，她解释不太清楚，因为她觉得这是很明显的道理。所有人都相处得不错，都知道对方的存在，这就够了，不需要进一步的交往。

冈田先生是一个离异的父亲，有两个女儿，他用"前家长"或者"前父"这种现实中不可能使用的亲属称谓来更直白地解释保持联系和策略性不联系的选择。不过，与离婚让人成为"前配偶"这种情形不同，冈田先生认为亲子关系没有这种可能性：

> 如果我和妻子离婚了……我还关心她，但是她已经成为了其他人。但我的孩子永远不会成为其他人。肯定不会。我会一直关心我的孩子。全世界的家长都是这种感觉。至少，我这么认为。

他描述中用的日语词汇"*tanin*"字面意思是"他人",意思是没有关系的陌生人。冈田先生的意思是,即使他在乎前妻,但两人不是血亲关系,因此两人的分开可以比与孩子们分开更彻底。戈德法尔(Goldfarb,2019)有个让人信服的观点,认为家庭关系几乎都是在社交中建构的,当代日本关于血缘联系的说法,是在过度补偿脆弱的家庭关系。不论是在戈德法尔还是在我的研究中,家庭不仅由血缘关系定义,同时还取决于多年中直接或者间接的人际选择[11]。随后的例子会佐证这一点,冈田先生认为现实中不太可能和孩子完全失联,但其实这种情况经常发生。

一刀两断的逻辑

我接触的家长中,约有 1/3 的人认为离婚后非监护人消失对孩子是最好的。虽然这个观点没有从前那么流行了,但某种程度上这还是公认的标准做法,不这样做是需要理由的。这些家长认为理想状况中孩子和非监护方应当"一刀两断",离婚前和离婚后的家庭也应完全分开,并一直向这个方向努力。一些家长是单方面作出的决定,因为他们认为前配偶太不靠谱,过于暴力,很难打交道。停止来往对自己和小孩都是最好的选择。另一些家长,特别是切断和孩子联系的非监护方,常说这样的决定极为艰难,但最终还是为了孩子好[12]。上述逻辑中,离开的家长将自己的退出理解为深爱的表现。对他们来说,小孩,尤其是年龄不大的小孩，处理不了离婚的复杂性。父母双方自己都相处不来，小孩更无法维持和父母双方的关系。他们的说法中，离开的家长作出的决定是艰难但负责的，帮孩子承担起潜在的精神负担。选择"一刀两断"的家长认为这个决定代表着自己来承担一生相伴的压力，但是小孩能从中受益，免于永久创伤。因为一刀两断给孩子创造了痊愈的时间和空间，而保持联系则会延续伤害。这些家长认为，一刀两断之后，孩子的伤口终会结痂痊愈，而藕断丝连则会让伤口化脓，一直好不了。

很多人表达过对"一刀两断"理念的支持，他们认为持续的矛盾会给父母和孩子都带来风险。这种观点是，如果要求父母双方保持联系，商量共同监护的细节，小孩则要经受漫长持续的矛盾。长谷川恭子（Hasegawa Kyoko）律师曾在报上发表过一篇关于监护权与贫困的评论文章，她表示父母如果相处困难，还要坚持共同抚养，只会造成负面影响：

> 如果监护方和非监护方难以达成一致，双方就制造了死局，受苦的是孩子。如果父母双方每次意见相左，都要诉诸法庭，这会消耗掉双方，特别是监护方大量的时间和精力。监护方不仅要赚钱养家，照顾孩子，还要应对社会污名以及经济问题，日常已经忙不过来了。这种负面影响远超改进监护权法律所带来的潜在益处。

长谷川的观点折射出监护权中的性别差异，我们可以假设她的出发点是想要保护母亲。她认为要求监护方和离异伴侣保持联系,会进一步增加监护方已经很沉重的负担,而监护方大概率是女性。额外的负担会影响母亲照顾孩子,而且她可能还需解释发生的一切,只会徒增烦恼。在我的印象中,很多美国人认为"一刀两断"的想法本身就对孩子极具杀伤力,因而看不到长谷川强调的重点,即离婚后修复人际关系或者至少维持原样确实需要大量精力投入。很多时候家庭内部的情感劳动有性别差异,女性的情感劳动不被认可。长谷川让我们正视监护方对孩子身心情感的投入,以及这些付出对孩子的影响。当然,在一个理想情境中,离异家长可以和睦相处,不在孩子面前暴露矛盾。但事实上很多家长做不到,共同监护确实会把孩子拖进泥潭,而"一刀两断"则提供了某种保护。

有关日本家庭的文献显示,"一刀两断"也许很难,却是再正常不过的做法。明治时期(1868—1912)的离婚意味着家庭关系无可挽回的断裂(Fuess,2004)。菲斯(Fuess)发现那时的离婚极少涉及赡养费,离异夫妻间几乎没有经济往来,非监护人和子女也没有联系。他认为这些证据支持"夫妻关系确实在离婚时就终结的说法"(同上,98)。恩布里(Embree)夫妇上世纪30年代在须惠村做研究时,就已经了解到,离异女性"再婚时只能把孩子留在(前)夫住所,或者娘家"(Smith and Wiswell,1982:275)[13]。80年代时,也有离异母亲表达了类似看法,她虽然需要钱,但是并不想从前夫那里要钱,因为"要钱就得保持联系"(Rosenberger,2001:79)。新世纪初,熊谷(Kumagai,2008:63)明确表示,"一刀两断"思维还在延续,"离婚就意味着非监护方亲子关系的终结"(也参见Ono,2010:

153）。野泽（Nozawa，2011，2016）则将家庭的分合和建筑物的拆建作了一个生动的对比，离婚后的种种就是"淘汰一个家庭，再重建一个"。上述思维中，对建筑和家庭来说，彻底摧毁再重建比修修补补更好，让人感到更安全，更稳固。尽管"一刀两断"从来就不是美好而永恒的理念，上述实例说明，离异后亲子关系的断裂在不同历史时期、不同情境下是公认的可行做法，虽然并不是普遍规律[14]。

全国范围内的统计数据也支持上述规律。整个战后时期，大量的儿童没有和非监护人保持联系。2011年的一个调查显示，50.8%的监护母亲和41%的监护父亲说，他们的孩子和非监护方没有来往（MHLW，2011：57–58）[15]。同一个调查还显示，相当一部分监护人因不想和离异配偶有瓜葛而选择不要子女抚养费。23.1%的监护母亲和17.0%的监护父亲说，他们没要抚养费是因为他们"不想和另外那个家长有任何接触"（同上，47）。

"一刀两断"支持者的说法一直在变化中，开始是对自私的谴责，后来转移到探望可能引起的麻烦困扰。布莱恩特（Bryant，1995）在上世纪八九十年代做研究时发现，调停人和一些家长将非监护方希望探望孩子的请求描述为"自私"，因为"离异后子女和非监护方的接触对子女有害"（Bryant，1995：20）。我在2005年时也问了相似的问题，很多人说"*mendōkusai*"，意思是特别麻烦。比如，在东京郊区一个声援共同监护的游行中，一个父亲正是因为这个原因见不到孩子，他感到非常崩溃沮丧。他快50岁了，已经三年多没见过自己的小儿子了，他非常难过。当我问到为什么监护人会这么不乐意共同履行家长职责时，他的回答充满了愤怒:"(他们)觉得安排探望太麻烦,极其费事。"共同履行家长责任意味着要花精力组织安排各个事项,离异夫妻还得保持联系,而"一刀两断"就不用这么麻烦。

三浦:一定是最好的选择

三浦父母离婚那年,她6岁。她在二十多岁和我复述那段经历时,能很清楚地描述谁对谁错,还说有些事情本可以处理得更好。虽然发生的时候她没有意识到,三浦后来明白她爸爸某天下班回家,要求离婚。他想和一个同事结婚,因此要离婚。小三浦理解的离婚和大人是不同的。对她来说,她爸爸从前存在,某一天之后就消失了;从来没有人就以后如何和父亲相处征询过她或者哥哥的意见[16]。

三浦父亲从她的生活中消失了,然后她又经历了很多重大转折。三浦兄妹与母亲一同搬去和外公一起住,更改了姓氏。改姓是因为户籍系统要求同一户的所有成员姓氏必须相同。三浦妈妈离婚时,改回了原来的姓,这意味着三浦和哥哥也得改。改姓时三浦上小学二年级,班上的小孩开始欺负她。虽然她没和任何人说父母离婚的事,但同学通过她的姓氏猜出了原委。从此,因姓氏而起的霸凌成为她生活中甩不掉的一部分,她一直感到很艰难,到处受欺负。四年级时,母亲帮她转学,以为到了新学校会好一点,结果霸凌还是找上门来。

当二十多岁的三浦和我讲述这一切时,她强调了霸凌对她的巨大影响。她不假思索地把霸凌和她父母离婚联系起来——

父母离婚以及改姓确实是霸凌的催化剂，但她也说离婚对她的伤害和霸凌比，根本不算什么。对三浦来说，父母离婚相当快速且干脆，之后她便再没见过父亲。虽然她认为父亲对母亲很糟，不是个好人，但直到离开前，父亲对她都很好。当我问她是否想见父亲时，她有些犹疑。一方面，她小时候和父亲关系很好；但另一方面，父亲在过去二十年都没有看望、联系过她。她非常愤怒，她觉得她承受了离婚带来的苦果，而父亲毫不知情。她的逻辑是，如果父亲是个好人，那么他们本来可以保持联系。但是想到父亲抛弃、忽视她足有二十年，三浦觉得他可能也不是什么好人，但她并不肯定。三浦觉得自己缺的只是一个笼统意义上的父亲，而不是这个离开之后便再也没来看望过她的父亲。

共同抚养以及探望子女的相关法律支持

对共同抚养以及探望子女等方面，法律干预程度和离婚整体相似：没有限制，也几乎不提供选择和协助，家长们需自行商议解决[17]。很多家长，比如和田女士和她前夫，确实找到了行之有效的方法，双方都（相对）满意地执行共同监护。但是"协议"离婚案件中，非监护人大多和孩子联系极少。家长们对于抚养或者探望意见不统一时，家庭法系统倾向于"一刀两断"的解决方案，让非监护人和孩子断绝联系。这些措施初衷是保护小孩免受家长间矛盾的困扰（T. Tanase，2010：7）。此类决定以及背后的理论支撑都认为，伤害源于持续的联系。法律不承认，断绝关系尤其是和深爱的家长断绝关系，可能会带来的巨大挣扎和痛苦。因此，虽然法律系统在名义上想要保护子女利益，但是偏好"一刀两断"的政策让子女更容易受伤、留遗憾，而这些一直没有得到法律系统的重视。

绝大多数的离婚是通过私人协商达成协议的。虽然我们可能觉得这样更灵活，可以更好地协商监护安排，但事实上协议离婚与单方监护高度相关。一份2011年的政府报告显示，通过协议离婚的单亲家长得到子女抚养费的可能性更小，非监护方探望子女的概率也更低（MHLW, 2011）。在此报告的全国样本中，协议离婚案件中只有30.1%的监护母亲能得到子女抚养费，而在其他离婚类型中，这个数字是74.8%（同上，45）。如同前章解释的那样，我认为两者差异是源于离婚中的讨价还价。一方要说服另外一方同意离婚，因此就会放弃抚养费，增加筹码，使协议尽快达成。同样，协议离婚中，非监护方见到孩子的可能性也更小。报告显示，此类离婚案件中，只有18.4%的子女和非监护父亲见面，14.1%的子女和非监护母亲见面（同上，56）[18]，远低于其他类别的离婚案件中的会面比例（49.2%与非监护父亲见面，29%与非监护母亲见面）[19]。

如果家长不能就监护权自行达成协议，他们可以请求调停，由双方法律代表进行协商。正是因为在监护权与探望等问题上离婚双方矛盾重重，所以调停数量在近几十年急剧上升，1999年到2009年间翻了三倍（Kaba, 2014; Tanase, 2011: 563）。最终协议给一方家长监护权，给另一方探望的权利。法庭要求的探望可能只有一年一次或者两次,但是 2011 年的数据显示,探望子女的三成家长中,最常见的频率是"每月至少一次"(MHLW,2011:60;Tanase,2011)[20]。同时,调停非监护方指定的具体子女抚养费数额是基于某种标准,要求非监护方一次或者按月支付。父母双方如果不能达成协议,比如抚养权上有争议,调停人和法官会作出裁决。因此,无法自行达成协议的家长将会受制于家庭裁判所的单边决定,而裁判所的根本理念依旧是"一刀两断"[21]。

所有监护权相关判决的执行机制都相当薄弱,不论是自行达成协议还是通过调停达成。如果一方家长没有遵守协议,比如禁止探望或者拒付子女抚养费,家庭裁判所几乎没有办法让双方再次协商达成一致。日本既没有"藐视"法律罪名,在这些领域也没有强力执行机制,协商结果很容易停留在纸面上,落实不了(Kumagai,2015:97;Shioiri,2017)[22]。美国国务院的一张海报上曾有一个尖锐明确的说法,"遵守家庭裁判所裁决本质上是自愿行为。任何裁决没有双方同意是无法执行的"(美国国务院,2007,在 Jones,2007a:352 中被引用)。不管人们自行达成怎样的协议,向调停人或者法官作了怎样的保证,一旦协议被破坏,家庭裁判所既不能强制执行,也不能惩罚任何人。近年立法部门试图改变现状。2012 年,日本民法典将"孩子利益最大化"添加到监护权相关条目中,标记为"最高优先级",虽然什么是"孩子利益最大化"在各种文化情境中都相当主观(Sadaoka,2011;Saito,2016;K. Tanase,2010;T. Tanase,2010:17;Mnookin,1985)。有些法庭对不许探视的家长处以罚款——冈山家庭法庭在 2008 年开出 5 万日元（500 美元）的罚单，2012 年东京高法则是 8 万日元（800 美元）。但这种裁决时有时无。到 2018 年 6 月本书写作时，司法部开始考虑，在不需要监护人在场或同意的情况下，强制带走子女（NHK，2008）。

事实上，上述协议引导措施几乎没什么效果。不遵守协议的家长大多不需要面对系统性法律后果或者惩罚，不论是抚养权争端，容许探望与否，还是子女抚养费的问题（Kumagai，2015：97）[23]。协议和现实之间的差距是如此之大，最明显的例子是法律对"父母劫持"（parental abduction）的回应。父母劫持，即一方家长在婚内或是离异后，"劫持"小孩（不让另一方接触，不论有没有监护权，都算是劫持行为）。家庭裁判所因为没有执行能力，不能惩罚劫持方家长，从而纵容了此类单边行为。在法律系统中，"劫持"标志着极高级别的家庭矛盾。解决办法仍是"一刀两断"，法庭将监护权给劫持方，禁止另一方探望。

性别和监护权

实际操作中，与监护权相关的法律协商协议有着明显的性别分化。二战后，调停人越来越倾向于将监护权给女方，现在这个比例是 80%。上述系统偏好是战后家庭法最大的变化之一，是众多激进人士与改革者争论不休的话题。现行机制和从前的做法大相径庭。从德川幕府时代到战后早期，法律协议一般让孩子和父亲"在一起",而不是和母亲一道"离"家,因为族谱由父系延续(Beardsley et al.,1959:391)[24]。如果母亲得到监护权,多半因为是女儿或幼子,女儿最终会离开原生家庭,幼子则需要母亲照料(Dore,1999[1958]:153;Jones,2007b:216)。因此,在前现代与近代,监护权都指向父系家族,分配给作为家族代表的父亲。历史资料以及田野调查显示,名义上由父亲监护的孩子在实际操作中可能也是由父亲家中女眷抚养长大的,比如奶奶、姑姑或者女佣人(Fuess,2004:94)[25]。

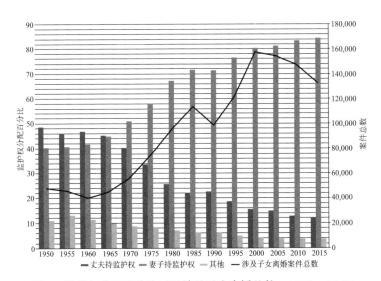

图 4　监护权分配百分比以及涉及子女离婚总数　1950—2015
(NIPSSR,2017b)

当代改革者经常拿母亲的监护权举例子,说家庭法从根本上就不平等,结构上歧视男性[26]。本国或外籍父亲想要通过法律得到抚养权或者探视权几乎不可能,极为艰难(Sakuda,2017; Nishimuta,2017)[27]。比如,如果离婚涉及较多矛盾,常见的探视政策是一年一次,一次两小时。很多时候,如果母亲提出父亲可能对孩子造成伤害,那么所有探视都会取消,或者只能在"探望中心"这类有第三方在场的情况下进行(Sakuda,2017;T. Tanase,2010:15)。不难想象,亲子关系很难维持。更重要的是,因小孩会受伤而限制亲子接触常常是自导自演的预言,亲子关系本来就在经受考验,如此这般进一步加压,只会将关系推到破裂的边缘。

父子间交流几近于零也是传统养育模式的一部分,近年来饱受争议。本书前几章提到过,脱节依存在很长时间里都是公认做法,特别是60年代到90年代这段时间。婚姻中的规范也会影响到亲子关系,母亲常常是直接照顾小孩日常起居的那个人。在同一时期中,人们对父亲的印象是他们不参与小孩日常的情感交流、不过问学习情况或是社交发展,只通过经济支持和严厉的管教来展现父爱(Allison,2000:24;Cook,2016:108;Wagatsuma,1977)。

从上世纪90年代开始,政府试图改变养育传统,通过宣传让父亲更积极地参与孩子的日常生活。在1999年到2002年间著名的广告宣传中,海报里的明星父亲抱着襁褓中的孩子,旁边的标语写着"不照顾孩子的男人,不配叫父亲"(Ishii-Kuntz,2015:163;Nakatani,2006:95)。新世纪早期,父亲角色的转变追根溯源和"奶爸"(ikumen)这个新词相关,意思是"参与养育的男人",听上去像是让男人成为"参与式父亲"(Ishii-

Kuntz，2013；2015：164）。新式养育理念旗帜鲜明地拒绝了旧有传统，认为陪伴和情感交流是好父亲的标准。虽然统计显示，新理念还没有彻底改变家庭中性别分工的现状，但年轻的爸爸们大多会特别提起他们如何参与养育过程。对于参与养育、与孩子有联结的父亲来说，法律系统中对于"一刀两断"的偏好显得尤为残忍，也不公平（Kawarada，2016；Koga，2016）。法律中的很多假设与标准操作和大众理解的"好父亲"渐行渐远。推动家庭法改革的当代行动派体现出的正是理想父亲形象的代际变迁[28]。

监护权中的巨大争议

很多有监护权争议的案件表面上看和"一刀两断"没什么区别，但此类案件中，通常都是一方家长带走孩子，不让另一方联系，进行单边的"一刀两断"。除了极少数例外情况，日本法庭和执行机构允许，甚至支持这样的单边行为。一方家长带走小孩后，几乎没有外力让小孩回到另一方身边。即使此类情形最终看上去和"一刀两断"没什么差别，但过程极为痛苦，充满了不情愿。家长觉得自己"落了单"，小孩可能也是同样的感受。与之形成对比的是，带走小孩的家长认为他们这样做是有必要的，因为家庭裁判所的系统结构几乎没有给家长或小孩提供任何保护，对家庭暴力或者其他问题没有令人满意的答复。

虽然具体案件各不相同，但监护权有争议的案件通常具有一定的相似之处。如果一方家长报警说孩子被另一方带走,不论是已婚、离婚中还是离异后,警察通常不会调查或干预。纪录片《从阴影中来》(*From the Shadows*)讲述了一个令人特别震惊的案件。影片中有一段美籍母亲和片警的对话,母亲请求片警帮忙寻找被父亲带走的小孩,夫妻二人当时已经分居。警官回答说,"对不起,我们不能把案件当成绑架处理。没办法立案。你们家里的事情,我们干预不了"(Antell and Hearn, 2013)[29]。很多日本"落单"父母和我讲过类似的故事。他们描述说,某天到家时发现房子空了,人没了。即使知道了小孩在哪,也没用。如果他们选择上诉,或者报警,很可能会进入调停环节。而调停建立在单方监护的假设上,单方监护也是最常见的仲裁结果。简单来说,一方绑架了孩子之后,在偏好单方监护的法庭中,监护权经常直接判给带走孩子的家长。

为什么带走小孩不是犯罪呢?做出了这样的行为如何还能得到监护权?第一,别忘了"一刀两断"一直是公认的标准做法。虽然家长们越来越抗拒该理念,但是法律系统还是把它当成可行方案来处理离异家庭的相关事宜。该理念本身就意味着孩子失去和一方家长所有联系是挺正常的一件事。第二,父母劫持本身可以成为极端冲突、家庭暴力存在的证据。具体来说,带走小孩的家长会被理解成营救小孩,助其逃离危险的一方。日本的大众媒体常常将父母劫持描绘成面对家庭暴力不得已但必要的举措(Nihon TV, 2009; Tanase, 2011)。第三,很多人认为法律系统无能,尤其是在应对家庭暴力所引发的复杂情况时,没有任何值得称道的措施。因此,在媒体报道和大众印象中,劫持一方是在试图帮助孩子逃离暴力。我和没离过婚的男男女女讨论"一刀两断"的相关争议时,发现他们绝大多数人都猜想劫持小孩的一方是在法庭没有公平决断的情况下,不得已才选择这样做的。第四,琼斯(Jones,2007b)提出一个令人信服的观点,他认为法庭在意识形态上接受父母劫持,其实只是为了掩盖自身执行能力的缺陷。如果一方家长一直拒绝让小孩回来,不想遵守承诺让另一方探视,或者没付抚养费,法庭是没有正式机制来强力执行判决的。琼斯(同上,253)讲了这样一个案件:父亲拒绝母亲探视,家庭法庭调查员给他打电话时,他直接挂掉了,该调查员对母亲说,"我没有其他能帮你的了"。家庭裁判所选择不强力执行仲裁,折射出这样的态度:强行干预,比如让警察强制将孩子从不遵守协议的家长身边带走,是对小孩最糟的选项,一定要避免[30]。

家长中的行动派有不少是见不到自己孩子的父亲,他们发表文章、做演讲、谈论自身经历,介绍对方劫持的情况。落单的家长们也组织活动,向公众普及监护权相关法律的现状,声援改革,相互支持帮助,渡过难关。他们教育其他家长的想法也是源于自身经历,他们从前缺少对法律系统的了解,以至于现在损失惨重。落单的家长们不知道父母劫持难以起诉,等他们了解到以后,就已经太晚了[31]。这些行动派在繁忙的车站以及网络上向公众讲述当前法律的局限,寻求支持,推动共同监护的改革进程。

远藤先生：为将来计划

远藤先生离过一次婚，遇到第二任妻子时没有小孩。再婚时，他快五十岁，妻子小他将近十岁，两人住在东京，离妻子娘家不远。很快两人有了个宝贝女儿。远藤说，他俩都特别开心。虽然他还是工薪族，但他不想像自己的父亲那样，他想要成为一个参与式的父亲（奶爸）。女儿出生之后，一切似乎都很顺利。

远藤先生说，他家很重视教育，但妻子家不是。他俩决定让女儿上私立学校时，妻子开始变得很焦虑。他说，她因为学历缘故很没安全感。虽然女儿还在幼儿园，但她觉得和其他受过精英教育的妈妈比，自己没能力辅导女儿。她想要搬到东京的另一区域，让女儿上公立学校但远藤先生不同意[32]。

远藤先生感觉妻子可能有心理方面的问题，他说丈母娘也这么认为，但妻子拒绝治疗。在家里他俩会打架，她有时会报警。远藤先生说，警察来了之后，妻子声称有家庭暴力发生。警察私下里会和远藤说相信他的解释，但是还是得将该项指控记录在册。远藤先生说据他所知，警方没有开展正式调查，但记录是一直在的。

远藤夫妇的关系在妻子决定带女儿搬回娘家住几星期后进一步恶化，几个星期变成了几个月。她之后就不回家，也不让远藤先生和女儿见面。最终妻子提出离婚，在调停过程中远藤先生试图得到和女儿联系的机会。虽然调停中妻子同意联系，但后来到了探视的时间,她不让远藤先生跟女儿见面,而她也没有受到惩罚。整整两年间,远藤先生试图通过各种渠道见到女儿,他想让法庭承认妻子的劫持行为,但最终他还是放弃了。我见到远藤先生时,他已经很多年没见到女儿了。他觉得可能要再过十年,女儿也许会想起父亲,会有兴趣来探望他。

远藤先生在法律系统内寻求协助时,一度产生错觉,觉得希望满满,以为协商有效。当他妻子带走女儿后,他便开始了调停环节。调停环节中,妻子要么试图说服远藤先生同意离婚,要么劝说法官忽视远藤先生的态度给出离婚裁决。远藤先生在几个月的协商中着重强调了与女儿见面的条件,如果不同意见面,就不会答应任何事。他可以把监护权让给妻子,但是前提是他可以探望女儿。而妻子说归说,做归做,口头上答应但实际上不让远藤先生探望。法庭也拿她没办法。

远藤先生了解了整个系统之后,明白见到女儿希望渺茫,怒气难消。调停人质疑他的基本素养时会问:"你看上去像是一个容易生气的人。这对你女儿会有好处吗?"远藤先生说,他特别想怼回去,"你知道我为什么生气吗?因为调停!因为你!"但他忍住了。最终,过了好几个月,他才渐渐明白整个系统对他都是不友好的,没什么能争取的了。

远藤先生决定随妻子去,她想怎样就怎样。他自己要做好两种准备,万一将来女儿来找他呢?一是他要努力工作,以后可以给女儿一笔钱。这和传统的父亲责任高度一致,通过努力工作来表达父爱。二是尽量不把行动主义变成实现个人目的、占据道德高地的手段。很多家长在呼吁共同监护合法化的过程中,不知疲倦地向公众展示自己的痛苦经历。远藤先生不想这样。在他的观念中,他不想让悲痛主宰自己的情绪或者行为,那样看上去很疯狂。现在,他变成了他曾经极力避免成为的那种父亲:与女儿失联,通过努力工作来证明父爱,表达关心,履行父亲责任。如果女儿在将来某一刻想要找他,他已经准备好了。

保持联系好还是不好?

几十年来,不同文化背景的学者都在讨论离婚对小孩、家庭乃至社会的影响。在美国,法律给离婚提供了"无过失"选项,因此离婚率上扬。对此,各个学科的学者均有关注,尤其是离婚对小孩有何种影响,可以为小孩提供些什么。早期研究发现离婚会给孩子带来多种成长困境:离异家庭子女在学校中会面临更多问题,辍学率更高,往后生活中也可能遇到更多挑战。后续研究则细化了问题原因,收回了直指离婚的矛头[33]。社会学和心理学的研究者对比了离异家庭与尚未离婚但气氛压抑的家庭(矛盾冲突多),两种家庭中的小孩并没有显著差异。这项研究说明,至少在美国,是家长间的冲突伤害了小孩,而不是离婚本身。不稳定的家庭环境会给小孩带来持续的负面影响(Amato,2003,2010;Clarke-Stewart et al.,2000;Pugh,2015:187)。

在日本,常见的监护权问题使上述关系更加复杂。我之前在本章中提到,"一刀两断"的支持者认为"一刀两断"可以减轻伤害。双方如果不联系，家长间的矛盾就伤害不到小孩。但是这种方式只考虑到接触联系带来的伤害，没有考虑失联后的潜在问题。

在这一章里，我介绍了"一刀两断"模型的逻辑，以及家长们在非正式场合创造维持共同监护的手段。很多日本父母在离婚后的日日月月里努力和孩子保持联系，为前任和孩子见面创造条件。我的研究也表明，至少有相当一部分父母希望小孩和双方家长保持联系，努力营造共同监护的环境。

最近十几年，支持离异后保持联系的观点越来越多地出现在大众媒体关于监护权的讨论中。在长篇新闻报道以及采访中，记者全面阐述了现有"一刀两断"失联模式的好处和坏处、风险和收益。曾经"一刀两断"是毫无争议的标准做法，现在它受到了质疑，即使在法律上它依旧是默认选项。辩论双方关心的是怎样的方式对离异家庭中的小孩最好，如何同时保护孩子和家长的利益。所有问题的核心都是，保持联系，还是切断它。什么时候、怎样保持联系对小孩有好处？潜在的负面影响是什么？在个体责任变得流行的今日，人们思考这些问题的同时，也面临着家庭、亲密关系的拷问。

第五章

离异后的生活

第五章 离异后的生活 | 133

2006年时,梅37岁了。有一次我们去艺术展的路上,梅和我讲述了她找工作失败的经历。她离婚有五年了,虽然有发型师的资格证,但是找不到正式工作。因为受过相关训练,她最近申请过一家染发颜料公司的职位并进入了最后一轮面试。面试官说,虽然她的资历和考试成绩很好,但这个岗位不适合她。面试官说她年纪太大了,比她的上司年纪还大,不想要这样的人,担心会出问题。日本年长女性受这方面影响很大。类似的情况在日本既不少见,也不违法,梅自己也没觉得吃惊。她连说带比划地描述面试悲剧的结果。她转向我,手肘弯曲,小臂在胸前交叉,比出了个"叉"的手势,同时说"不行"（ batsu ）[1]。这个词和体现词义的手势,都明确传达了她拿不到这份工作的意思。

整个战后时期,离婚带来巨大的社会污名,始终难以消除。离婚,尤其对女人来说,是"极度失败,终生耻辱"。她们很难再婚,找到好工作,或者租到房子（Hardacre, 1984: 119）。离异父母的孩子也同样面临污名带来的困境,找工作、找配偶、升学都会受限。离婚污名威力如此巨大,很多家长因此选择不离婚,从而保护孩子（同上；Fuess, 2004: 161；Kumagai, 1983: 92；Ono, 2006: 226）。当梅被拒绝后,很难不让人联想到离婚在其中的作用。但也可能是年龄,或者性别的原因。梅作为一个过了35岁的离异女性,找到高薪工作的可能性微乎其微。

离婚污名虽然一直存在,但在过去的二十年中,它渐渐与贫困产生了愈发紧密的联系。离婚可能使人陷入贫困,离异女性的贫困率高得吓人。21世纪初,74%的离异女性、64%的离异母亲年收入低于300万日元(3万美元),在收入分布中属于最低的两成(Ono,2010:164)[2]。离婚可能引发贫困,贫困也使离婚概率大大增加:低教育、低收入阶层的离婚比例也更高。上述规律同样适用于再婚比例:收入低的人们再婚的可能性小,享受不到婚姻带来的经济和社会收益(Ono,2010:167)。日本的贫富差距一直在不断扩大,离婚已经成为加剧贫困的通道,进一步扩大了贫困中的性别差异。

对于日本女性来说,离婚代价高昂。虽然女性更常提出离婚,更愿意协商说服丈夫离婚,但她们也不成比例地承担着离婚的后果。随着离婚污名渐渐隐身,离婚的代价大多体现在生活质量、收入等方面。贫困的概率大幅增加。总体来说,两个相关原因致使女性,特别是得到监护权的母亲,面临高致贫风险。第一,日本的劳动力市场高度性别分化。离异女性要么选择中产收入的临时岗位,要么选择低收入的长期职位。除此以外,别无他法。第二,法律系统没有能力强制执行子女抚养费判决。很多母亲得到的抚养费数额比协议数额少。由于上述原因,贫困取代污名,使离异后的风险和威胁大幅增加。

在本章中,我将着重介绍女性离异后的生存状况。许多人主动提出离婚,离婚后也很庆幸自己走出了这一步,但她们很快就陷入贫困,或者在贫困边缘挣扎。经济状况是大多数人都会考虑的问题,女性常会采取多种不同策略让自己经济上过得去。有人如履薄冰,相信前任会遵守承诺,有人同时做多份兼职,有人则有一天钱过一天日子,放弃为将来存钱的打算。在本章中,我想提出这样一个观点:和大众印象中离婚代表女性处于主导地位、男性无力招架相反,女性离异后的生活在多种标准下都变得更糟了。离婚后,女性离开的不仅是前配偶,还有稳定的薪水,政府提供的福利,社交网络的支持与同情。但是在大众印象里,离婚由女性掌控,对女性有利。这种大众印象掩盖了离婚可能带来的破坏性后果,而这样的后果将在离异女性的生活中被进一步放大。

户籍卡脏了

在日本,有关"叉叉"(*batsu*)的图片、手势和表达极为常见。"叉叉"在路牌、电视节目或是对话中常代表不可能、失败、缺席,或是笼统意义上的不好(见图5)。比如,车站标志上用"叉叉"划掉某种行为,代表在车站禁止该行为。日历和行程表上也经常可以看到"叉叉",让读者很快明白店面何时关闭。瑞穗银行的存取机上用"叉叉"划掉了机器不能使用的节假日,用圈画出了可以正常使用的日期。人际交流中,用小臂在胸前比"叉叉"也表达了否定含义。这个手势可能是人们想告诉你,某种行为是错误的,某件事无法进行,没座位了,或是你不能使用某扇门,等等。对话中,"叉叉"既可以用手指温柔地比划,也可以是用笔直的手掌或者握拳的小臂示意。通过日常生活中各种提醒、手势以及图示的强化,"叉叉"的含义毫无疑问成为否定的。梅比出的"叉叉"手势,明确地表示,她没得到那份造型师的工作。

图5　日常生活中"叉叉"符号的使用

说明:
上左:一位女士讲故事时,用"叉叉"表示没有办成某事。
上中:地铁海报用表情和手势提醒乘客,猥亵是令人作呕的。其中两个人用"叉叉"手势,男性用的手腕,女性用的手指。
上右:市政府宣传减少犯罪案件的海报。标语是:"美丽的城市中看不到黑帮。"
下左:银行用以表示自动存取机放假期间可否正常使用的时间表。"圈"表示可以使用,"叉"表示不可以。

下右：东京地铁海报，告诉乘客如何使用地铁卡。"圈"表示正确的使用方法，"叉"代表错误行为。

但是当"叉叉"和某个人联系起来时，比如有人说"我有一个叉"或者"我是一个叉"，其中含义是固定的：他们离过婚。"成为一个叉"，或者"有个叉"，意思是离过婚。虽然在日常对话中"叉"可能表示一系列否定性的负面含义，但描述一个人时，"叉"的意思就是离婚。离婚透露出的信息像"叉叉"符号一样负面，"叉"也代表了离婚后甩不脱的污名。

"叉"和离婚之间的联系在户籍系统中呈现得更为具体。家庭户籍卡上，离异配偶会被"叉"掉。离婚时一方必须离开原户籍，离开的那一方大概率是嫁进来的那个人，而不是户主[3]。在 1994 年户籍系统电子化以前（各地电子化时间略有不同），家庭谱系是通过一系列表格记录的，信息包括姓名、出生时间、出生地点、父母、重大事件（结婚、离婚、领养等）。虽然现在依旧可以要求查阅从前手写的户籍卡，但更常见的形式是打印出一张纸，可以从左到右读户籍信息。很多离异人士和我说，据说电子化的目的是去除最显眼的离婚污名标志：传统户籍卡上，一个人离婚后，名字上会被打叉。

举个例子来说，图 6 复制了田中女士前夫的户籍卡（所有人名均为假名）。田中女士年过五旬，她在经受了多年的家暴和冷暴力之后和丈夫离婚。她住在一个小镇上，照顾年迈的父母。当我提到想要了解离婚污名的具体感受时，她说"肯定没人比我经历的更糟"，然后说可以给我一份她户籍卡的复印件。因为田中女士有过很多年家暴经历,在我接触过的所有人中,她是最紧张焦虑的一个。她会一直检查我是不是给所有人都做了匿名处理(我已经使用了假名)。她特别担心万一前夫读到相关文字,然后又开始伤害她或者孩子。几乎每次我拿出笔记本,想要记录我们谈话的内容时,她都要检查细节是不是已经做了模糊处理。因为她一直这样小心翼翼,所以在她说"你当然可以和大甫(她儿子)去市政府那里复印一份我的户籍卡"时,我是相当震惊的。

永久住址		户主	田中茂
	居住地址的详细描述		
	例如:主要居住地以及居住年月		
	前户籍所在地		
	证明信息以及官方印章		
		母亲	
		父亲	
		第一注册人(丈夫)	茂
		生日	
	居住地址的详细描述	母亲	
	例如:主要居住地以及居住年月	父亲	
	前户籍所在地	妻子	春江
	证明信息以及官方印章	生日	
		母亲	
	居住地址的详细描述	父亲	
	例如:主要居住地以及居住年月		
	前户籍所在地	长子	大甫
	证明信息以及官方印章	生日	

图 6 田中女士前夫的户籍卡

说明:所有人名均为假名。

我和大甫到政府办公室时,一开始我们没有多想,要来了田中女士的户籍卡,我们没有在上面看到"叉",我们感到很困惑⁴。办公人员解释说，田中女士的卡是"干净"的，那个"脏叉"是在她前夫的户籍卡上。田中女士嫁过去又离了婚，在她前夫家庭的户籍卡上才能看到她被"叉"掉。因为大甫还在他爸爸家的户籍卡上，并且大甫本人到场，因而我们可以申请调阅田中女士前夫的户籍卡。在这张卡上，田中女士的名字先作为户主的妻子被加了进来，然后又在离婚时被"叉"掉。这个"叉"就是办公人员不经意间提到的"脏"了的痕迹。家里有人离婚，或者是你自己离婚了，户籍卡都是"脏"了，污名随之而来⁵。

离婚污名

对于离婚污名的具体感受因人而异，随性别、年龄、年代以及是否有子女而变化。在我接触的人群中，有孩子的年长女性最有可能感受到离婚污名带来的焦虑，尤其是那些五十多岁甚至更年长的女性。这并不是说污名不存在，而是年长女性更容易感受到它，并产生焦虑。年轻男女相对而言不太能直接体验到离婚污名，但很多人在思考污名的间接影响。引言部分中提到过佐藤女士，她住在松山市，家中已经有孙辈成员了。她在丈夫提出离婚二十多年之后才同意他的请求。佐藤女士婚后生活并不开心，她丈夫出轨，并且有了孩子，想要和那个女人结婚。但佐藤女士很担心离婚对孩子、对她自己有影响。她丈夫在 1975 年提出离婚，她到 1994 年孩子们都结婚之后才同意。

在 2005 年我和她谈话时，她回想当初为了孩子而拖了许多年才离婚的过程。她把自己的想法和当代日本流行的看法作对比，特别是关于什么方式对孩子是最好的，佐藤女士有自己的想法。她说道：

> 总的来说，夫妻应该为了孩子而在一起，我是这么看的。怎么说呢，女人也许不能这么讲，特别是在日本这里。日本女性在婚姻里很辛苦。很多女性就是为了孩子才没离婚。但是，最近越来越多的女性开始像欧洲人、美国人一样思考了。她们离婚并不只是为了自己，也是为了孩子。我听说对孩子来说，离婚或者分居可能比夫妻间一直吵吵吵要好。

鉴于佐藤女士曾经尽她所能避免离婚来保护她的孩子，她特别强调了家长角度的风险和保护意识，以及这些意识的变迁。对她来说，在 20 世纪 70 年代最保险的做法是不离婚。但是在新世纪正相反，她了解到，家长们离婚也是为了保护孩子。

第二个离婚污名的例子讲述的是离婚对家庭成员的影响。1965 年，在父亲的要求下，真弓的父母离婚了，母亲拿到了真弓与其他子女的抚养权。虽然经济上拮据，但真弓在申请大学之前并不了解离婚污名的影响范围。她对视觉艺术感兴趣，所在高中是重点学校。她和朋友们都申请了东京某大学一个顶尖的视觉艺术项目。结果她的朋友们都被录取了，而她没有。她的申请材料是非常有竞争力的。真弓觉得她没有被录取是因为父母离异。我们无法了解过程真相，但真弓很确信。户籍卡是申请材料的一部分,上面不仅有父母离婚的记录,也有她从父亲的户籍转到母亲户籍的信息(母亲享有监护权)。1978年真弓申请大学时,要么是父母离婚真的影响了她的录取,要么是离婚这件事确实污名化到让人觉得可能会影响到录取[6]。

对比之下,现在我接触到的年轻人知道有污名存在,但很少亲身感受到歧视。比如,我问安藤有没有经历过离婚污名时,她笑了,说很少的。据她描述,她的经历很大程度上受益于两人没有孩子且都有高薪工作。他俩2001年离婚时,都是30出头。安藤的薪水养活自己绰绰有余,离婚没有对生活质量造成任何影响,但让她在工作中面临了很大的挑战。她是一名商业咨询师,有很多客户。如果离婚后她改回婚前姓氏,所有客户都会知道她离婚了,更别提同事们了。她不想见到这种情况。因此,她离婚之后也没改姓,继续用安藤,只和办公室里最亲近的同事讲了事情经过。

但没过几星期,办公室里所有人就都知道了。虽然大家工作时候都很专业、很礼貌,但下班后聚餐喝醉了就开始调侃她。拍拍她的头,说:"你现在是个30岁的'叉'了!一切都结束了,真的吗?"安藤说现在好些了,因为办公室里还有其他离异女性,离婚都是因为工作繁重,难以找到"生活和工作间的平衡"。

安藤不仅会受到醉酒同事的调侃,在约会时也有潜在风险。虽然她不缺约会对象,但她得想好什么时候讲离婚的事。

我：离婚之后，你会觉得约会或者谈恋爱让人尴尬吗？

安藤：是的，有时很难进退自如。如果有个我喜欢的人，对他说出真实情况挺难的。如果我在约会，我会用"嗯，实际上……"开头，然后引出我离过婚这件事。我不想粗鲁地对待他。如果他只是一个朋友，我不会介意。但如果是有感觉的人，会很难。

安藤透露离婚经历的表达方式，不经意间佐证了戈夫曼（Goffman，1963：42）对于污名的描述。戈夫曼的理论和安藤描述的如出一辙。戈夫曼认为，身受污名笼罩意味着时刻要问自己这样一些问题："要展示吗？要提吗？要透露真实情况吗？还是撒个谎糊弄过去？每个问题都涉及何时、怎样、在哪、对谁说等的方方面面。"（同上）安藤远不是唯一一个我知道用"实际上……"这个开头犹犹豫豫地表述离异状态的人。

近年来，很多离婚人士的群体，尤其是线上群体，创造了离婚新词汇，看上去很可能成为身份认同政治的起源。和改变其他污名词汇的努力相似，离异人士对于"叉叉"有不同见解。有人接纳这个说法，把它当成成熟的标志。有人则用"圈圈"代替"叉叉"来表示离异身份。社交媒体上，很多人用"圈圈"来表示自己的婚姻状态。虽然符号上是一个小改变，但社会、情感和图像意义上，"圈圈"都是"叉叉"的反面。如果"叉叉"代表缺乏、错误、禁止、不可能等负面意义，那么"圈圈"正相反，代表认可、正确、适当等正面信息。（在图 5 中也可以看到用"圈圈"强调正面建议[7]。）"圈圈"很像美国文化中的大拇指，离异人士想要通过圈圈来取得一般意义上的认可。虽然"圈圈"在网上和流行词汇中相当有存在感，但现实里除了自嘲以外，我没见人用这个词。

新型婚姻失败者

2003年酒井顺子出版了非虚构作品《"丧家犬"的呐喊》，深受读者喜爱。该作品用戏谑的口吻讨论离婚、污名以及亲密关系等话题。和英国小说《BJ单身日记》很像，这本书诙谐幽默且刻薄地给"丧家犬"提供了行动指南（酒井，2003）。"丧家犬"指的是那些未婚、未育的单身女性。酒井认为自己就是一只"丧家犬"，在书中陈述了种种或明或暗的社会规范，这些规范用亲密关系状态来谴责评判当代女性。在她的陈述中，"丧家犬"是更有趣的一群人。在书中酒井批判了"被主流价值观洗脑的人，用婚姻状况将女性分成赢家和失败者的想法是愚蠢的"（Yamaguchi，2006：111）。"丧家犬"因为这本书而变成流行词汇，一大波媒体跟进讨论。我遇到很多人也喜欢讨论什么叫"赢家"，特别是在亲密关系上。

一个未婚年轻女士也说了和这本书相似的看法。她描述了"赢家"的通俗含义，同时也强调赢家概念本身的荒谬。据她描述，大众观念里女性赢家应在婚前有个好学历、好工作，然后和律师医生一类的成功人士结婚。最好丈夫上的是类似于庆应义塾一类的精英大学。（如果读者对日本学校不熟悉，可能没法立刻理解其中的语气。这位年轻女士是在讽刺庆应义塾大学的毕业生自视甚高。）女性赢家结婚并有两个完美小孩之后，就不应该工作了，而是成为一个全身心投入家庭的母亲。整个"赢家"定义的问题在于，婚姻决定一切，只有嫁得好，嫁给一个"赢家"丈夫，女性才是"赢家"。就像酒井在书中讥讽的那样，婚姻质量或者稳定与否，都不是"赢家"标准的一部分。酒井认为，未婚或者离婚与大众观念相反，是勇敢、自信、理性的证据。《"丧家犬"的呐喊》启发读者重新审视用亲密关系定义"赢家""失败者"的鄙视链。

《"丧家犬"的呐喊》出版时，书中对于亲密关系鄙视链的讽刺与大众观点的变迁不谋而合，人们开始反思亲密关系到底意味着什么，有着怎样的影响。如果说在传统规范中，相比于未婚，已婚的人是"赢家"，那么在当代辩论中这种联系就没那么明确了。在日本，选择不婚、离婚、丁克的人群数量日增，越来越多的人在从前的标准下是失败者，但现在却不一定。原因在于，标准在变化。这种变化也体现在对话里人们对于离婚愈发理解、认同的态度上。中青年对离婚的态度和老一辈人形成鲜明对比，离婚比很多其他选择好，而且也没有文献中描述的那般让人抬不起头。

我第一次听人说离婚比没结过婚好的时候，差点以为听错了。悦子三十多岁，活泼聪明也豁达，但不幸的是，她丈夫五年前去世了，她成了寡妇。很多人包括我自己都想要给她介绍对象。（事与愿违，我丰富的离异知识没能转化成牵线搭桥的技能。）有一次，悦子和我在厨房里一起准备晚饭，一个朋友建议她去见某个男人，那人是个律师！听上去不错吧？我并不认识那个男的，但我认识这个朋友，而且听上去这个男的不错，至少可以见一面。悦子并不十分情愿，解释说她觉得那个男的说不定很奇怪。他已经47岁了，却从没结过婚。悦子觉得从没结过婚比单身更可怕，这个男的肯定有问题。她进一步解释说，如果他结过婚然后又离了，看上去就正常多了，那至少意味着他可以进入一段亲密关系中，并且维持一段时间。但是"从来没结过婚"可能意味着他从来没有过亲密关系，单身如此之久，他可能是脾气太糟了，且不肯作出改变。悦子同意见面，但并不感到兴奋，他们见了一面之后便没了下文。悦子的直觉和偏好说明在各种关于亲密选择的讨论中，人们对离婚的态度在不断转变。

日渐增长的贫富差距

《"丧家犬"的呐喊》用讽刺的态度重新定义了赢家和失败者。无独有偶，在日本国内同样的词汇也用来描述日渐增长的贫富差距。二战后的日本曾经是个著名的中产阶级社会，从70年代到90年代，全国调查显示超九成国民认为自己是中产（Kelly，1986：604）。虽然阶级一直都存在，但是那段时间里阶级差异在大众认知、媒体作品、政策以及研究中显得若有若无。战后早期，基本的人口学信息显示，自认为是中产的人群中有很大的内部差异。有的中产是需要工作来补贴家用的母亲，有的则是接受顶尖教育的精英，信仰消费至上主义。但是种种差异并没能阻挡"民间社会学"中日本独有的阶层平等学说（Kelly，1986：605）。日本媒体发明了一系列词汇，让抽象的中产社会变得更具体，比如"一亿总中流"，意思是日本有一亿人属于中产阶层（Chiavacci，2008：10）。

流行文化对共有中产身份的认同离不开想象中的精英教育系统。贫富差距在经济蓬勃发展的那段时间里，确实减小了，尤其是和二战以及战后早期相比。70年代，"随着经济发展，家庭收入增加，白领和蓝领收入差距也在减小，减小的主要原因是所受教育大致相似"（Tachibanaki，2005：75）。那段时期外国对日本的研究也强调了严格的教育系统带来的精英化后果，学历对后续人生有很大影响（Chiavacci，2008：13；Tachibanaki，2006：16）。七八十年代的观念与当下不同，人们普遍认为教育系统是维持日本社会平等的重要机制。

在经济增长前期，索耶（Sawyer，1976）研究发现日本和其他富裕国家相比，收入上更为平等。他的结论似乎证实了所有人都知道的事情——日本社会独特的财富公平分配进一步促进了经济发展。这个说法和当时流行的"日本人论"遥相呼应——日本人拥有的独特品质是经济"奇迹"发生的根本原因。在这个保守派政府格外推崇的观点中，日本的民族同一性是日本成为平等、精英、中产社会的大前提（Chiavacci，2008：13）。将近十年之后，学者们重新计算了索耶的数据，发现他的结果是错的。与他的结论、大众认知正相反，日本的贫富差异其实比其他发达国家大得多。感情和体验上的中产认知其实从来就没有真实发生过（同上，14；d'Ercole，2006：2；Ishizaki，1983）[8]。

虽然日本从来就不是大众认知中的中产社会，但中产社会形象却一直是人们认知当代收入不平等的参照。经济泡沫破灭后，日本经历了几十年的经济衰退，收入差距显著增加。从90年代起，社会经济不平等加剧的同时，大众对不平等的认知也在逐步深入（Ishida and Slater，2010）。例如，2004年的某调查显示，64.5%的参与者感到不平等程度"高"，或者"有些高"。在2006年，"不平等社会"成为"年度词汇"最后一轮的热门选项（Tachibanaki，2006：6）[9]。上述例子不仅体现出媒体对于不平等的关注，也反映出真实的人口变化。从80年代中期到2000年，绝对贫困的比重（收入低于可支配收入中位数的一半）增加了五个百分点，比同水平国家高出不少。2000年，总人口中15%的人处于相对贫困区间（R. Jones，2007：16）。在这一时期，许多人在非正式员工岗位上工作。与正式员工相比，薪水低，福利少，稳定性也差。1984年只有15.3%的劳动力在非正式员工岗位上工作，但是这个比例到2008年增长到34.1%（Osawa et al.，2013：314）。虽然工作内容一样，但非正式员工岗位的薪水平均来说是正式员工的40%—70%。非正式员工数量增长加剧了社会经济的不平等（Japanese Trade Union Confederation，2006：45；R. Jones，2007：10；Song，2014：97）。到2006年，人口中收入最高的10%的人与收入最低的10%的人之间的收入差距已是从前的20倍（Funabashi and

Kushner，2015：xxix）。公众对收入不平等的认识越来越深。在这个大背景下，婚姻状态中新"赢家"和"失败者"的讨论日益流行起来。

梅：没想到贫困会来临

在本章开头提到过梅，她37岁，没想到生活会落到这步田地。她思想开明，很幽默，喜欢和人聊天。我们得以相识就是因为一个朋友去她工作的发廊理发时，她聊起了离婚经历。那个朋友立马把她介绍给我。梅对我也什么都说。我们能成为朋友一方面是因为她很幽默，另一方面是她需要人陪。老天爷知道，人类学家缺啥都不缺时间，我们会一起参加音乐会，会边喝咖啡吃点心边聊电视节目，也会一起讨论她将来的出路。我认识她已经有十年了，目睹了她人生下行的整个过程。

我和梅刚认识时，她的生活虽不尽如人意，但她没觉得自己是个失败者。梅在东京的郊区长大，从小就对时装和音乐感兴趣。上学期间，她常去城里，在原宿玩耍。原宿是个时髦的街区，每周日那里都变成步行街，大量青少年在此聚集。梅在这里遇见她的前夫，两人当时都16岁。他那时非常喜欢乡村摇滚风格的着装和音乐，梅非常欣赏他（80年代乡村摇滚风格还正当时）。他们很快成为密友，保持联系。两人22岁时开始谈恋爱，八年之后结婚。

梅在回想自己的经历时，看到了从前没注意到的线索和危险信号。她认为最主要的问题是她没有在婚前和丈夫一起生活过，不知道他的真实面孔。虽然他看上去很有趣，喜欢喝酒，但是他的家庭观念受家里人影响很深。他家所有人都用一种梅觉得"封建"的方式尊敬父亲，她丈夫也期待她这样对待自己。她丈夫在公共场合嘻嘻哈哈，但要求她表现得像个规规矩矩的传统妻子。梅觉得像是挂羊头卖狗肉，她做不到。婚后五年，两人在一起十二年之后，他们离婚了。梅虽然很生气当初没认清丈夫的真面目，但觉得离婚是正确的，很必要。

梅高中毕业之后，根据自己的兴趣考取了发型师资格证。她本可以找工作，在不同的发廊里打工，但她是个自由职业者，只是在发廊里租空位，需自己招揽生意。虽然她一直在同一家发廊干活，但她不是正式员工，所以也没有任何工资保证。梅和前夫在2001年离婚时，由于多种原因，没要经济支持。他俩没有孩子。两人一直都在工作，前夫其实也没什么钱。梅也想着离婚就是句号，不想有其他瓜葛。她挣的钱一直都过得去，觉得自己一个人生活肯定没问题。

2003年我遇到梅时，她的日子就不轻松。到了2005年，境况愈发糟糕，恶化到了梅从来没设想过的地步。有段时间事事不顺，一下就暴露出她看似稳定的生活是多么的脆弱。开始是一个发廊房东偷了梅的钱，然后为了打掩护散播关于她的谣言。突然间，梅发现有关系的发廊都对她关上了门。她本来可以在东京找到另一家发廊，但那里的租位费太贵了，她负担不起。梅失去了稳定的工作，不得不同时做四份兼职来支付在川越市的房租。她住的地方离东京市中心有一个半小时的车程。第一份兼职是在一个朋友的理发店帮忙剪头发，但并不经常做，因为朋友不收她租位费。生意好的时候一个星期有四个客人，每人付 4000 日元（40 美元）。第二份兼职是在夜店里做化妆师，一个星期工作两三晚。每星期大概有 2 万日元（200 美元）的收入。第三份兼职是早上 6 点到 10 点，在一家全国连锁面包房做烘焙。每周三天，时薪是最低工资（673 日元，不到 7 美元），一星期可以入账 8000 日元（80 美元）。第四份兼职是走街串巷兜售男士假发。只有卖出去才有钱拿，但生意不好做。

梅几乎日日夜夜都面临着入不敷出的风险，但收入并不是她唯一的烦恼。就像在引言部分中提到的那样，梅反复说过好几次，她想有男友。她特别想念肢体接触，并不是怀念性生活，只是想有触摸的感觉。2005 年我们聊天时，梅已经两年没有和任何人约会了。她孤独、难过又迷惘，不明白自己怎么到了这步田地。用她的话说，"（生活）水准掉下去了"，既指整体状态、财富、阶层，也包括恋爱、友谊方面的落差。她说道：

> 离婚那会儿，我觉得"好吧，一切都完事了，我会好起来的"。但现在，我经济上很糟糕。日子太难了。我以前觉得什么都难不倒我。特别自信，觉得自己什么都行。我学英文的时候，说得不错。泰语也是。我出国玩，也能交到朋友。当然啦，在这儿也是。我去哪儿都和人相处得不错。一点不担心失败了的话该怎么办。但现在（生活）水准掉下去了，自尊心很低。所有事情都能吓到我。感觉什么都处理不好。

就像梅自己描述的这样,她曾经是一个自信、外向又有好奇心的人,喜欢交朋友,学习语言。没了稳定工作之后,她在几份兼职中疲于奔命,除了工作还是工作,没有自己的时间。工作上只是认真还不够,她还得一直找工作,找到了工作还要想办法延长工时,或者拉更多客户。就像竹山(Takeyama,2016)书中描写的那些需要和客户保持联系的公关一样,梅一直得和客户发短信,让客户记着她这个人,理发的时候找她,告诉他们现在她在哪家发廊工作。由于没有稳定的工作,无法长期驻扎在固定的发廊,收入不稳定,梅受到了很大打击,世界观也发生了改变。所有的一切看上去都变得更可怕了。

梅面对的种种问题在她开始第五份兼职时一起爆发了。这份兼职是在东京的一间酒吧里,梅得到这份工作时,激动地告诉我,雇用她的铃木先生离过两次婚,现在结了第三次婚。在梅的描述中,铃木先生是个有趣的人,一定有很多有意思的故事。但是直到我见到两人才发觉,现实情况好像不是那么回事:铃木先生是个"中央空调",对谁都挺好;梅喜欢他,至少很喜欢博取他的关注。她一直讲她很需要男友,铃木先生在场时,我算是头一次看到那意味着什么。见到铃木之前,梅就跟我说他特别有趣,非常有吸引力,有"光晕"围绕。但在我看来,他就是个不错的调酒师,只要你一直买酒,他就会和你聊个不停。梅蹦蹦跳跳地跑去吧台,咯咯地笑个不停。你能看出她有多寂寞,多么渴望男性注意她。就像在引言中介绍的那样,我在田野调查中并不会评判人们在亲密关系上作出的选择。我的任务是理解为什么人们作出了某个决定,而不是质疑他们。但是那一晚不同，我差点破坏了自己的原则，因为看到我很在乎的朋友迷恋上了一个并不在意她的人，这实在太令人难受了。我想问她，"就他？"但答案其实已经很明显了。

梅开始工作几星期之后，就和我说"光晕"消失了。在铃木先生手下工作，和当他的顾客、与他像朋友一样聊天，完全不是一码事。他对所有员工都很糟，要求他们早来晚走，中间不许休息。没有一个员工是开心的，大家都很害怕铃木先生。梅还发现铃木先生喜欢操控别人，专门雇属于弱势群体的人，比如移民或者离异女性。这些人迫切地需要工作，而且不会抱怨待遇。更要命的是，梅还没拿到任何收入。我试图说服她，一定要拿到工资，至少也要知道什么时候发钱。她反过来安慰我说，酒吧里的工作和性服务行业的工作有类似之处，你不能期待着像一个正常工作一样按时领薪水。需要澄清的是，梅从没说过或暗示想要成为一个性工作者，她只是用这个比喻来解释某些看上去不可理喻的行为其实是可以理解的。她觉得我天真到以为在这种地方也可以按时领薪。也许我确实有点天真。

梅很清楚离婚之后生活上将面临的巨大变化，生活质量有可能会持续下跌。但她不知道哪一步走错了。她很难过，列出一长串失去的东西：

> 结婚以前，我可有魅力了。男人们总能注意到我。但现在呢，啥都没有。没工作，没人喜欢，没自信。真的啥都没有。

她的描述很明确：没有工作、男性注意力，也没有自信。她感觉自己什么都没有，连从前觉得人格中最重要的自信都失去了。梅在中低收入环境中长大，但现在滑入了"穷忙族"之列。有一次梅满不在乎地提到目前状况的严重后果。早年间她工作时还在交养老保险，但现在已经交不起了。日本的养老保险覆盖所有日本公民以及在日外籍人士，近年来因人口老龄化而日渐紧张。2005年时，每月需缴纳1万多日元（约100美元）的费用，梅肯定是付不起的。针对当前形势，梅作出的决定是合乎逻辑的。但这个决定也意味着当下的贫困很可能给将来带来深远影响。

性别与离异贫困

几十年来大量学术研究显示，离婚后男女在经济状况上存在差异。不同文化背景中，离异女性的生活质量和财富水平均显著下降，男性则略微下降甚至上升（Smock，1994：251）。这个规律在维茨曼（Wietzman）1985年极富争议的著作《离婚革命》(*The Divorce Revolution*)出版后广为人知。维茨曼在书中声称在她的研究对象中，女性因离婚生活质量下降73%，而男性则生活质量上升42%，性别差异有115%之巨。她主要关注当时新颁布的"无过失"离婚选项，研究得出结论"该规则在理论上试图平等地对待两性，但在实际应用中剥夺了女性（特别是年长的家庭主妇以及年轻妈妈）在旧法中享有的合法经济庇护"（同上，xi）。但后来的学者发现维茨曼的数据有问题。彼得森（Peterson，1996）在十年后用维茨曼的原始数据重新进行计算后，反驳了她的结果。在彼得森的计算结果中，女性的生活质量仅下降27%，男性升高10%。他发现大体趋势和维茨曼所述相近，但程度上远没有原作中描述的那样极端。而且，男性也会经历一些负面影响。虽然维茨曼原著作最终在学界失去效力，但它已经被引用了太多次，现在依旧影响着美国的法律、政策，以及大众认知（Abraham，1989；Braver，1999：113；Nielsen，2014：165）。

上述令人深思的争论引发了一系列后续研究，探索离婚对财富和生活质量的影响。和彼得森得出的结果相似，很多学者也发现，离婚对女性在经济上伤害更大，虽然男性也可能有损失[10]。在这个大趋势中，学者们也做了细化研究：美国的无孩女性离婚后生活质量和男性相似，因为没有孩子的支出（Smock，1994）。只有富有的男性在离婚后没有财富损失；中低收入男性的生活质量会显著下降（McManus and DiPrete，2001）。

近期的研究发现，在美国和其他国家，离婚和阶级紧密相关。离婚不仅会减少女性的相对财富，而且在低社会阶层中，离婚发生的概率更高，在美国（Amato and Previti，2003；Carbone and Cahn，2014：15；Martin，2006）、韩国（Park and Raymo，2013）和日本（Raymo，Fukuda，and Iwasawa，2013）皆是如此[11]。阿马托和普雷维蒂（Amato and Previti，2003：622）发现，低社会阶层不仅更可能离婚，而且他们也更倾向于用问题行为（比如暴力）而不是亲密关系问题（比如性格不合）来解释离婚。大量的研究显示，离异女性可能面临的经济问题并非日本独有。

然而在过去的二十年中，离婚和女性贫困逐渐因两种机制而变得高度相关。第一，离婚使贫困风险增高，离异的女性更可能陷入经济困境。第二，贫困也增加了离婚风险，低社会经济阶层女性更可能离婚。两种机制相互关联，相互影响，使日本的贫富差距进一步加大。上述机制以及相关危害从90年代才开始，是最近才显露出的重大变化。

离婚在当代日本是重要的单亲家庭致贫原因。大约40%的单亲妈妈和25%的单亲爸爸生活在相对贫困线以下（Abe，2012：64）。最重要的是，离婚妈妈比其他打工人挣得少。2010年，单亲妈妈家庭平均收入不到有孩家庭的一半，有孩家庭平均年收入为658万日元（约65,800美元），单亲妈妈即便需要供养同等数目的小孩，她们的收入平均也只有291万日元（约29,100美元）（Kyodo News，2017；Takada，2011：106）。绝大多数（85%）单亲妈妈在家务以外都有工作，但依旧赚钱不多（Zhou，2008）。46%的单亲妈妈做临时工或者兼职，42%有永久职位（Takada，2011：106）。单亲妈妈选择工资低、"勉强算作全职的工作"，主要是因为她们想要稳定收入，即使代价是放弃更高的薪水（Ono，2010：171）。高薪全职岗位的工作时间相对缺乏灵活性，对家长不友好（Ezawa，2016：83；Murakami，2009；Raymo and Zhou，2012：731）。虽然妈妈们越来越多地和前夫协商子女的抚养费问题，但就像前一章提到的那样，执行机制的缺陷让很多妈妈无法将抚养费纳入预算（MHLW，

2011；Murakami，2011）。

离婚致贫的另一面是，从 80 年代起，女性的经济状况（相对贫困）成为离婚的一个重要预测指标。林和与田（Hayashi and Yoda，2014）用教育程度作为衡量社会阶层的变量，发现从 1945 年到 1974 年，高中学历与高等学历在离婚率上并没有显著差别。但其后年代中，两者的离婚率产生显著变化。1980 年后结婚的夫妻中，低社会经济阶层的夫妻更可能离婚（同上；Raymo，Iwasawa，and Bumpass，2004）。基于上述研究，"离婚风险主要聚集在社会经济金字塔的下部"，并且离婚率在近三十年中快速上涨（Hayashi and Yoda，2014：52；Ono，2010：156）。与流行观念中女性经济上离得起才离婚相反，研究提供了有力证据，离不起婚的女性最可能离婚。

千春：勉强度日

第一次遇见千春女士是在关东家庭中心举办的某个夏日野餐活动上。虽然我参加每星期的咨询小组快一年了，认识所有常来的人，却从来没见过千春女士。然而她一说出网名，我立马就知道她是谁了。她活跃在线上邮件小组中，不仅讲述过她自己的挣扎，也极富同理心地回复其他人。千春没有参加常规的咨询小组是因为她付不起费用。参与线上的邮件系统只需要 5000 日元一年（50 美元），而线下的小组要贵得多。下一章我将提到的咨询小组，"仅供女性"参加，在每星期五早上会面，每次两小时，单次费用为 6000 日元（60 美元）。千春想参加，但是既没时间也没钱,所以只好折中加入邮件系统,和其他人在线上互动,偶尔来参加一次线下的聚会。

千春50岁出头,有三个小孩,最小的18岁,最大的25岁。她穿着简单的衣服,背着个不错的包,第一眼看不出和相对贫困有什么关系。但她邀请我去她家时,就很明显了。她家距离东京市中心有45分钟车程。她租住的是一间很小的两居室,她和两个孩子一起住。许多住在东京的人都没有大房子,但有限的空间可以存放很多东西,收纳成了一门艺术。而相比之下,千春的寓所几乎是空的。她有基本的家具,但是没有任何额外的物件,和我通常看到的家居场景十分不同[12]。

千春离异只有几年,但和前夫分居已经快十年了。她的婚姻充满了暴力。前夫酗酒,打骂千春和孩子们,但千春等了很久才离婚。她认为忍受傲慢可以让人更坚韧成熟,因此一直试图在保护孩子的同时让丈夫开心。最终,过了很多年暴力生活后,她在小儿子9岁时搬出了原来的家,搬到这个小公寓里。那时候这个公寓就算老房子了,因此房租便宜。她银行工作的工资勉强付得起。千春工作的薪水并不高,而且她是小时工,而不是正式工。但能有稳定收入,千春已经很高兴了。她也很庆幸自己有这样一份稳定工作,因为年长女性很难找到类似的职位。

千春和前夫分居期间,她的孩子们已经开始和爸爸自行修复关系了。虽然他们大多数时候住在千春的公寓里,但有时年长的几个会去父亲的住所。因此,虽然千春从来没有收到过抚养费,但前夫通过这种方式分担了一点抚养成本。我追问时,她解释说,她还是希望前夫和孩子们联系,但她并不觉得自己和前夫可以保持任何关系。他不再威胁她了,但千春也不觉得可以信任他或者请他帮忙。千春生活极为节俭,赚的钱刚好够她自己和孩子们的花销。生活并不富裕,但过得去,孩子们在学校里都表现不错,以后可以找到体面的中产工作。千春极简的家便是她成功生存并抚养孩子的证明。

离婚的代价是否值得?

日本人离婚时依旧会面对污名困扰。即使年轻一代不那么关注离婚如何伤害到自己或者孩子的将来,但离婚仍然是需要解释、需要证明的一个概念范畴,相当扎眼。无论是醉酒同事开的玩笑,还是侮辱性的"删节线"称呼,我们依然可以看到,离婚使隐形的社会规范现身。一旦脱离隐形规范,人们便会注意到你。

当代日本人对离婚最深的刻板印象是,离婚证明女性获得了主导地位。虽然很多人都这样看,但女性离婚后的现实是另一幅图景。离婚使女性更容易陷入贫困,特别是有孩子的女性。经济上的"赢家"和"失败者"的差距进一步增大。

然而即便真相如此,离婚到底好还是不好,也不是一句话能说清的;本章中介绍的所有女性都认为,如果再来一次的话,她们依旧会选择离婚。她们并不知道自己离婚后可能会面临什么样的挑战。她们选择离婚是因为想要自由、稳定的生活,以及生活上的多样可能性。也许有些人得到了，但是由于个人因素和结构性因素的存在，稳定非常难。就像梅令人感伤的叙述中提到的那样，离婚的艰难只在离婚后才显现出来，她变得更加胆小怕事，一切都变得难以承受，选择愈发受限。只有经历过，你才会知道离异后的日常生活会变得多么沟壑丛生。

第六章

社会关系断裂后的新生

第六章　社会关系断裂后的新生

整个研究过程中，一直有个孤独饥饿的"老男人"阴魂不散。在不同情境里，我笼统地问与离婚损益相关的问题时，不管男性还是女性都会提到这个"老男人"，被妻子抛弃，孤独终老。人们常常把这个想象中的"老男人"描述成一个自理能力极度匮乏的人，因为在传统"脱节依存"模式中，男人既不会做饭也不会打扫房间。他若独自生活，就吃不到妻子做的健康饭菜，只能借助便利店的垃圾食品勉强度日，常常忍饥挨饿。很多人提到了这个想象中的离婚恶果——落单的老男人，与世隔绝，没人照顾也照顾不了自己，面黄肌瘦。人们常常可怜这个饿鬼。即便知道他和婚姻解体脱不了干系，但也同样可怜他。我接触到的很多人都认为，离婚理所当然地会创造一大波孤苦伶仃的老男人，身心交瘁，濒临死亡。

在上述反乌托邦叙事中，很多人认为性别差异无需赘述，离婚毫无疑问是男性失联的开始、失联的标志。他们预感到离婚会让特定的人与世隔绝，变得孤独又绝望。"无缘社会"的讨论正流行，离婚看上去是最恰当的实例：人们蓄意破坏已经存在的人际纽带。更确切地说，离婚似乎是个零和博弈，一方得到自由，另一方则将堕入孤独的深渊。

离婚确实可能让人变得孤独、与世隔绝，但它也会促成独特的新机缘。离婚可以催化"社会关系断裂后的新生"（bonds

of disconnection），很多人相识相知正是因为他们拥有离婚的共同经历。在心理治疗、娱乐或者私人场所，离婚是让人亲近、交朋友的契机。此类新关系比新自由主义中"好公民可以照顾自己，远离或者否认社会关系"的常见看法更复杂（Rimke，2000：61）。疗愈空间虽然可以促进新关系形成，但那并不意味着离异的两个人会自动开启新自由主义风格的亲密关系。就像一个考虑离婚的人，或没有监护权的一方尝试维系亲子情感一样，在离婚后的友谊中，我们会看到，男人和女人会权衡利益与规避风险。

人们离异后怎样生活、如何交友都和性别息息相关，但这并不意味着男性就一定缺乏人际网络。我认为，性别从两个方面显著影响离异后的生活。第一，正式的心理治疗空间常常为女性准备，让离异女性讨论关系上的困境，结交新朋友。相比之下，男性社交场合就没有如此正式，参与者更可能回避离婚话题，就好像大家没准备好谈论这个话题一样。第二，离异后的经历也受身份认知的显著影响，谁是"离开的人"，谁是"被抛下的人"，夫妻间谁提出离婚、谁想要挽留这一区别非常重要（Vaughn，1990）。虽然在日本并不是所有离婚都由女性提出，但我的研究显示大多数当代离婚确实由女性主导。因此，性别与身份认知高度相关。

需求、社会关系以及失联都在不断变化；为了呈现上述转变，本章将进一步详述几位受访人对离婚的回应。不论是作为提出离婚的一方还是试图阻止的那一方，人们都会有顺利的日子、困难的日子，都有可能感到振奋或沮丧。本章中的实例可以很好地展示离异的复杂性以及多样性。人们会在新生活中建立起多种多样的社会关系。本章中所有人物在之前的章节中均已出场，进一步描述让读者更好地了解这些人，更全面地知晓离婚对人生的影响。同时，我也会提到这些社会关系的形成过程。和其他章节不同的是，我在本章中更像是一个局中人，有人接纳，有人拒绝，成了他们生活中的一部分。

无缘社会

在日本探讨"无缘社会"时，一定会提到那个非常令人不安的死亡案件。2010年7月，东京市中心出现一具干尸。尸主已经去世三十年了，但是家里人并没有上报，继续在同一间住所生活。根据官方记载，尸主已经111岁了，成为日本长寿的实例之一（Nozawa，2015b）。该死亡案例挑战了不少流行观念（比如，日本一直以长寿著称），大家认为官方数据很有可能注水了[1]。在此案中，我们看到至少有三种纽带的缺失。第一，户籍系统没能准确追踪公民信息，至少没能在这位公民身上体现。第二，家里人也不在乎他，更别提上报死亡了[2]。第三，广义上的社会关系也蒸发了。不论是朋友、邻居还是前同事，没有人想着他，或者说记挂到去看看发生了什么事。

日语中有两个词与此案以及广义社会趋势相关："无缘社会"和"孤独死"。"无缘社会"最初受某电视纪录片启发，很快就成了社会关系缺失的代名词（NHK，2010）。然而，这个词并没有很快进入英语世界，因为"缘"字的含义很复杂。"缘"既可以是社会关系、社会纽带，也可以代表佛教中人世与冥界间社会、精神以及情感上的联系（Rowe，2011）。因此，联系缺失既可以是活着的时候没有社交，也可以是死后没人扫墓（同上；Ozawa-de Silva，2018）。在日本媒体中，"无缘社会"最初和死亡关系密切，指的是孤独终老，或是死后无人扫墓。

"无缘社会"的字面以及实际含义随后进一步扩展，渐渐代表广义上的社会关系缺失。从独居、没有全职工作，到年轻人大量的线上交往，社会关系的缺失会引发一系列社会问题（Hommerich，2015；Iwama，2011；Luckacs，2013；Tachibanaki，2010；Ueno，2009）。艾利森（Allison，2013）在回顾日本媒体报道，特别是 2011 年 3 月的三起事故时，用"不稳定性"（precarity）这一概念将重组的劳动力市场与政府面对福岛核电站事故响应（缺失）联系起来。不论是"不稳定性"还是"无缘社会"中，我们都可以看到新自由主义风险：公民和家庭成员都失去了社会网络的支撑与帮助。与此同时，也有田野调查发现，社会联系的消失让一些群体感到轻松。比如在大阪的老年居民挺庆幸人际关系上的转变，因为从前"太近"了，特别八卦爱管闲事的邻居和不断索要的家庭成员让人感觉吃不消（Kavedžija，2018）。正如本书介绍的正在或者已经离婚的人士一样，退休人员也在"太近"和"失联"中游走，这两个极端在他们看来都具有风险。

我做研究的过程中，遇到的最普遍的需求是想建立新的社会关系，之所以得出这样的结论，是因为大家都想让我给他们介绍对象。有时是开玩笑，有时半真半假，有时他们自己也知道自己有不切实际的幻想。但他们向我提出这样的请求，是因为他们觉得研究离婚的人肯定认识很多单身人士。整个研究过程中我没碰到对异性恋婚姻框架感到绝望的人。具体来说，没人把离婚当成对婚姻制度的反抗。相反，人们认为他们之前的婚姻只是一次失败的尝试，婚姻本身依旧是美好的。从前失败只是因为没有遇到对的人。人们相信婚姻可以比他们经历过的更好。从他们的需求中我听到的是对于社会联系的渴望。人们都要我帮忙找对象，没人说要找朋友，虽然我没准能成为他们的朋友。

吉田先生：太近了

有个日本人对我的研究影响巨大。此人在书中尚未出场过，但一直左右着我对当代日本离异生活的看法。他离过婚，也是我的密友。他的经历一方面给我很大启发，让我看到离婚的复杂性，另一方面我目睹了他离婚的整个过程，这让我的叙述变得艰难[3]。

我在 2002 年为田野调查做前期工作时，认识了吉田先生。那时，我想做计划生育药物的研究，探寻药物在日本如何推广。1999 年相关药品合法化后，我想探究制药企业如何开拓市场。那年夏天我认识了吉田先生，他当时 40 岁出头，是政府官员。吉田先生已婚，但他妻子一直在海外教日语，我从未见过。两人通过相亲认识，结婚比一般人晚一点。吉田先生十分好客，总会举办诸如聚餐、野餐以及游戏等活动，邀请朋友参加。他有很多海归朋友，聚会上大家可以聊不少有关跨文化经历的内容。他热情好客，自然而然地帮我牵线搭桥，让我认识了很多对研究有帮助的人。

快进几年，吉田先生和我还是朋友关系，但是情况有变。我意识到之前计划生育药物的研究做不了，因为几乎没人在用那种药物——当时，只有不到2%的女性使用口服避孕药。几乎同时，我从朋友们那听说，突然间好像所有人都想要离婚（Matsumoto et al., 2011: 888; Sandberg, 2019: 59）。在我更改研究课题之后第一次见吉田先生时，他听说我的新方向后，脸色立时就变了。他那时还没和我说，他妻子提出离婚，但他不想离。我的研究和他的生活以一种可怕的方式意外地挂上了钩。当我的研究和他没什么关系时，他也一直给予援手，但后来我们都尽力避免提到这件事。只有在他喝酒时，如果有人问我们怎么认识的，他才会略带讽刺地回答："她研究离婚，我老婆要离婚。"大多数时候，人们会感到很不自在，尴尬地笑笑，或者直接忽略他的回答。

吉田先生在很长时间里都拒绝离婚。他没有在离婚协议上签字，因此进入调停阶段。调停环节的糟糕程度远超预期。就像我在第三章讲到的那样，吉田先生说，要在一大帮调停官面前讲述个人恩怨实在是太没面子了。只经历了两次调停，吉田先生就受不了了，默许了离婚，即便他从来都不想离。

离婚让人心碎，抬不起头，吉田先生大多数时候缄口不言。我们每个月都会聚几次，但我能看得出来，他不想聊离婚的事，也不问我研究进展如何。他还继续策划各种活动，邀请很多人来玩，一起喝酒。自打我认识他时他就很喜欢喝酒，离婚之后酒精的重要性似乎上升到了一个新高度，喝酒前后他判若两人。由此种种推断，我从来也没有问过他离婚的事情，因为我想要成为一个朋友而不是研究人员。事实上，我有点担心他看见我就会想到离婚。

虽然大多时候吉田先生不提此事，但偶尔还是会聊起个中艰难情形。有一次让人印象很深。在一个共同好友的婚礼上，新人的家人和朋友在念贺词，吉田先生突然靠向我，没头没尾地说了句，"她上星期给我打电话了"。自从几个月之前他提到离婚调停结束之后，他几乎没讲过任何和离婚或者前妻相关的事情。但现在，我们听着各种声情并茂的贺词，吉田先生却突然提及这个极为私密且艰难的话题，用词也极为简单，好像前一秒才聊过现在又要捡起话头。然而我们并没有谈到过他的前妻，特别是两人离婚板上钉钉之后更是一句也没说过，我花了好一会才明白过来"她"指的是谁[4]。吉田先生解释，他俩已经好久没说过话了，但上星期他突然有三个未接来电，都是从前妻父母家那片区域打来的。他没有接，打电话的人也没有留下信息，但他相信，就是前妻打来的。我不是那么确信，但同时也意识到，是不是并不重要。他确信两人之间可能还有点什么，并且和我说了。这就像是他发起的一个精准打击：在一个不能聊天的环境里，透露出一点重要信息。实际上，婚礼贺词环节很快就结束了，我们那桌人立刻开始聊天，没机会继续之前的话题。

我以为吉田先生确实有点想聊前妻的事情。作为好朋友，几个星期之后我在一次聚会上又提起这个话头。当时我们在印度餐馆吃晚饭，聊工作，聊朋友，然后我想把对话拉到他刻意提过的那件事上。我问，"所以，那些电话后来怎样了？"吉田先生仰头看了看，友好但坚定地说，"还没到时候"。他的姿态明确地传达出这样一个信息：没喝酒的时候，不能聊关于前妻的任何话题。因为我们计划吃完饭后去酒吧，他意思是说有些话题只能在特定情境下进行。我感到很愧疚，因为吉田先生不想讲前妻，我还偏偏提出了这个话头。同时我也突然明白，酒精对吉田先生有多重要。

我并不知道吉田先生是否酗酒，但他确实喜欢喝酒，有酒的时候整个人更放松，乐得装傻充愣，也能聊些艰难的话题。酒吧的布局可能也会让难以启齿的情感对话更容易进行，这对吉田先生和我接触过的很多其他男性来说都是如此。吉田先生坚定表示"过一会"再聊时，其实是把话题限制到一个我们不能面对面聊天的场合。印度餐馆里，我们面对面地坐在桌子的两侧，而酒吧里则是肩并肩坐成一排，没有了目光对视的环节。可能除了酒精，酒吧的这种座次对吉田先生来说也更自在。面对面聊自己万般无奈的离婚，对他来说太不自在了。

吉田先生一直在消化他不想离婚但还是离婚了的现实。因为离婚是他妻子在海外工作时提的，所以吉田先生的日常相比于那些被迫离开孩子的父亲来说并没有很大改变。但离婚依旧给吉田先生带来很多措手不及的改变与困境。从妻子突然的离婚请求，到调停环节中对个人隐私无休止的刺探，到最终"缴械投降"同意离婚，吉田先生的自我认知受到了挑战。他曾经以为他是个正常人，努力工作，与父母兄弟姐妹保持着良好的关系，组织活动、建立友谊。虽然离婚并没有直接改变他生活的其他方面，但感觉上一切都因这个突发事件改变了，即便他不肯开口倾诉。

离开与被离开

在黛安·沃恩（Diane Vaughn）的经典研究中，她发现人们分手之后对离婚的应对方式取决于他们的身份认知——到底是"提出者"（initiator），还是"非提出者"（noninitiator）（Vaughn，1990；也见于 Hopper，1993b）。离婚或者其他形式的分手对提出和被抛弃的人有完全不同的影响。沃恩就强调，很长一段时间里，人们对身份的认知可能在两者之间摇摆不定，但最终，一个人想努力挽回，另一个人拒绝。最终的选择会制造出"离开的人"以及"被抛下的人"，认知随时间流逝而逐渐定型。沃恩认为，身份认知和人们的应对方式高度相关。

在日本，和其他异性恋主导的地方一样，离婚需要双方解释为什么关系走到了尽头，不论是对自己有个交代，还是向他人解释。沃恩发现，"离开的人"和"被抛下的人"的身份的根本区别在于如何解释两人关系中"发生"了什么。她认为虽然很可能两人都不开心，但其中一方会率先开始设想分开了会怎样。这一方可能不会立即采取行动，但实际已经开始了复杂的心理建设过程。他们会找原因，识别出解决不了的问题，还常常把当下问题和长期的规律联系起来。当他们最终决定要离开时，对于亲密关系的看法已经形成，即两人关系中存在根本性问题，从一开始就注定要失败。相比之下，另一方可能也觉得有压力，不满意，但他们依旧相信问题可以解决。单从他们没提分手这一条上看，他们其实依旧想继续当前的亲密关系。对这些人来说，分手似乎是可怕的突发状况，没人能预见它的发生。基于上述规律，我们可以看到一个强相关：分手的"提出者"更可能认为亲密关系从一开始就有问题，而"非提出者"认为变好的可能性依旧存在，分手只是"提出者"临时起意的决定，是对方突然之间变了心。

我的研究结果和沃恩描述的十分相似，但在她的基础之上还需补充一点，即在当代日本"提出者"的性别是有规律的。就像吉田先生和本书中出现的其他人一样，很多日本男人在听到妻子提出离婚时，是震惊的。他们没有这种预期，不知道该说什么。他们以为自己感受到的婚姻压力不过是正常人都会经历的，没什么大不了的。媒体报道和大众认知常常把这种震惊和男性联系起来，或者把震惊形容为一种具有男子气的反应（Ikeuchi, 2006）。在该逻辑中，和女性相比，男性对离婚缺乏准备，难以接受亲密关系的断裂，不太能独处，因此更可能成为一个挨饿孤独的鬼魂般的存在。了解了沃恩在美国社会所观察到的分手模式后，我们可以更好地解释日本的现状：日本男性面临的离婚窘境并不是男性普遍会面临的问题，而是他们作为被离婚的一方，大概率会遇到的窘境。

因此，女性更可能提出离婚这件事本身会引发多米诺效应，左右着离异后走出阴影的节奏。沃恩的研究表明，"提出者"很可能已经考虑离婚很久了，因此离婚发生时，看上去好像立马就走出去了。而另一方才刚开始消化婚姻瓦解的现实，"满脑子都是过去发生的事情，分析梳理经过，在精神上又重新过了一遍从前的日子"（Vaughn，1990：136）。从局外人的角度看，被"抛下"的人好像卡在了过去，明明已经结束了，却不肯走出来。实际上，他们只是想要好好消化突如其来的分手、已然翻天覆地的现实。

疗愈项目的世界

和上世纪90年代相比，新世纪初人们遇到婚姻问题时，更可能寻求广义上心理咨询方面的帮助。一个要离婚的人，如果找专业或者半专业的咨询服务，会面临一系列的选择，包括不同的费用、形式以及场所。所有这些选择都代表着现今处理家庭问题的方式和从前大不同了。在我参加过的一个疗愈小组里，有位参与者说，她来这里是因为十四年前她离婚时并没有这样的服务。哪怕已经过了十多年，她已再婚，婚姻很快乐，她还是觉得这样的项目很有帮助。她每月来一次，一个早上的讨论约花费6000日元（60美元）。

日本的心理咨询产业逐渐发展壮大，体现出人们新自由主义式的自我要求、与日俱增的专业知识需求，以及日趋私有化的支持系统（Gershon，2011；Rose，1998；Yang，2015）。当我问五十多岁的人会不会寻求心理咨询帮助时，很多人说咨询会让人感到羞耻。他们觉得心理有问题才会去做咨询。田中女士是一位工薪阶层母亲，1993年因情感和家庭暴力离婚。她说离婚本身就挺让人羞耻的了，心理咨询只能让离婚污名更复杂。而新世纪初，离婚的人们对心理咨询抱有更接受的态度。心理咨询服务和90年代相比，也更容易获得。这一点在很多学术研究中也有体现（Iwakabe，2008：104；Iwasaki，2005；Ozawa-de Silva，2006）。在我的研究中这个规律在不同场景下都相当一致。

日本的家庭婚姻咨询有很多不同形式，在私密程度、费用以及个性化程度上均有差异。任何能上网的人都可以找到多个提供婚姻建议的网站[5]。不用费多大劲，人们就可以找到田中贞子的网页，她在线上提供免费个性化的婚姻建议。当我见到贞子时，她快三十岁。她解释说，婚姻咨询的技能是通过两个渠道获得的：一个是自己婚姻中的问题，另一个是主流杂志上的建议。据她估计，她已经和两千多人通过邮件进行过沟通，每天花几个小时为他们提供个性化建议。她从没收过费。而且在我联系她之前，也没有与任何使用她网站的人见过面。

对比之下，关口洋子在电视节目中频繁出镜大大提升了她的知名度。她创办了一家高端咨询中心，提供一系列服务。在我们聊天的过程中，洋子透露她一个小时的咨询费高达3万日元（大约300美元），她很得意，时薪"比律师还高"。她也很坦诚，承认自己从没受过咨询方面的专业培训，但是创办的关东家庭中心培训了很多咨询师，帮助了很多需要长期咨询服务的客户。除了私人咨询，洋子也举办讲座，传授离婚相关问题的处理办法，比如如何分财产，如何就监护权达成一致，怎样协商离婚条款，等等。

企业也可能提供咨询方面的福利。在东京的一间小办公室里，两位中年女子在电脑电话上聊天。她们两人都是有多年经验的婚姻顾问，现供职于一家电话咨询公司，客户大多是企业。大公司通过外包服务来给员工提供福利。不论是婚姻问题，还是家暴，抑或学校拒信，都可以求助咨询服务。这些咨询热线不仅显示出家庭问题的变迁，我们也可以看出企业对性骚扰、权力骚扰相关投诉更加重视，对员工精神健康也愈发关注（Kitanaka，2012；Okada，2005）。因为企业很大一部分员工在海外居住，咨询师们说她们不仅要经常提供与海外生活工作相关的建议，同时因为海外工作也会引发家庭矛盾，她们也要提供这方面的咨询。而且，对于企业客户来说，打电话咨询的人并不直接付费——热线是企业福利的一部分，企业支付固定费用购买此项服务。咨询师们说热线是在新世纪新近出现的业务，愈发流行。这似乎意味着企业对员工需求的认识有了重大转变，即关于到底什么是员工精神健康快乐所需要的东西的认识与从前很不一样。如果说娱乐账户曾经是让（男性）员工在下班时间也为公司业务作贡献的刺激手段（Allison，1994），那么当下的情况是，婚姻家庭咨询也成为相似的手段，可以提高员工的工作效率。

我发现不仅找咨询服务变得更容易，而且咨询师培训项目也越来越有市场。病人和咨询师间的界限也变得相当模糊。表面上，参加培训的人们是为了帮助他人走出困境，但实际上，从自我介绍环节来看，他们自己也有类似的问题亟待解决。比如，我参加一个关西心理咨询中心的周末培训课程时，绝大部分参与者表示，他们参加培训的动机是自己或者家人朋友遇到类似问题。培训每周一次课，每次课程两小时，一次花费5000日元（约50美元）。有一个星期，我们在课上学习如何表达关心和情感而不让他人感到尴尬。比如，你如果对某人有好感，如何表达好感，又如何应对对方的回应。虽然你可能很喜欢那个人，也想有进一步的发展，但培训师提醒我们，这样的告白可能使对方感到压力。在情境模拟和结对演练中，我们练习措辞，让最终的表达变得诚实且温和。此外，我们也训练自己，听人说话的同时，也关注对方的肢体语言。其实这些技能既可以是给他人的建议，也可以应用到自己的日常生活中。如果有人觉得参加咨询是件丢脸的事，那么此类有关开启新事业或者帮助他人的培训课程就是挡箭牌。我了解到大部分参加培训的学员自己都经历过重大的人生转折，比如离婚。但他们同时也真诚地想帮助他人。所以自己先学习应用这些建议，然后再提供给别人。而且没准儿这也能成为一份更灵活的工作[6]。

没有男性想要参加这个活动

大多数时候，咨询场所的结构是明确为女性准备的，或者虽没有明说，但大家默认如此。这一点在某次关东家庭中心的夏日聚会上变得清晰。那次聚会在中心的办公室举办，办公室是由住宅改造的。参与者包括三位女性咨询师、八位男性，以及四十三位与该中心有一定关系的女性。有些参加过洋子一对一的咨询，有些是疗愈小组成员，还有一些只订阅了通讯邮件。所有人都或多或少经历着家庭问题，要么是挣扎犹豫要不要离婚，要么是正在处理离婚相关事宜。

在分组的自我介绍和分享环节中，你可以清楚地看到人们所经受的痛苦。正常情况下，有些人会更乐意分享个人经历。我的小组里有位女士说着说着就哭起来了。她三十多快四十了，结婚七年，没有孩子，丈夫完全不表达爱意。她很确定她不仅仅是缺乏性生活，感受不到爱同样让她非常崩溃。她啜泣的时候，小组成员表示很支持她，虽然她丈夫觉得她不可理喻，但是她的想法是再正常不过的了。活动快结束的时候，她脸上还有泪水，但可能是出于礼貌，她说她分享完感觉好多了。

在聚会的末尾，洋子女士和其他咨询师表示每人都可以参加抽奖，赢得一份小礼品，希望大家在沉重的谈话之后可以改善一下心情。洋子笑着拿出三捧花和一小袋礼物，袋子上有个香奈儿的商标。人群中的女性立刻就开始骚动，猜想袋子里的奖品一定价值不菲。洋子女士报以微笑，但有个站在后面的男性质问：我们拿这个能干什么呢？此时气氛立刻没那么兴奋了，很多人意识到，可能只有女性才喜欢这样的礼物。这位男士早先介绍过，他因婚外情而离婚，过程很崩溃，姓名牌上写的是"受够了先生"[7]。他的言语强硬苛刻，充满男子气。洋子女士表现得很专业，她致歉并感谢这位先生提意见，说如果某位男士赢得了奖品，希望他有他愿意分享奖品的人。

游戏开始之后，洋子女士表示说她也想参加，因此需要一位志愿者来帮忙主持。停顿了一下后，她问"受够了先生"是否愿意帮忙拿话筒。（就像一位有经验的老师或者领导者一样，她熟练地给一位不愿参加活动的成员找到了参与活动的方式。）"受够了先生"走到了房间前面主持游戏，气氛又变得轻松愉快起来。"受够了先生"恰好是位极好的主持人，主持中穿插了不少段子，欢声笑语不断，三捧花束也很快有了主人。最后一轮很多人参加，大家都想赢得香奈儿大礼包，"受够了先生"试图劝退男性参与者，说："得了吧，哪个男的想要这个？没有男的想要这个。"好意的组织者没想到礼物的性别倾向性如此明显，以至于有男性参与者在大声强调男性不属于这里。最终，一位赢得了花束的男性看上去很开心，说他会把花给女儿。一位女士赢得了香奈儿礼包，里面有吸油纸，她看上去也很开心。

在我的研究过程中，一个最大的议题是，性别在离婚过程中扮演怎样的角色。所有人都和我说女性更经常提离婚，但是作为一个喜欢质疑的研究者，我想要寻找证据，同时很好奇，为什么大家都如此坚信事实如此。我并不是唯一一个想要弄明白男性在离婚过程中扮演何种角色的人。尽管，或者说正是因为父权社会和系统化的性别歧视，大多数我见过的疗愈空间都是由女性创办，并且明确为女性服务的。

女性小组：学习倾听

洋子的关东家庭中心每月举办一次工作坊，且仅对女性开放。洋子自己解释说，十年前有一个针对男性的小组，但现在因为女性提出离婚的数量非常大，所以目前的结构更适应当下的需求。虽然成立小组的目的主要是应对"人际关系"而非"家庭问题"，但参与者提出的话题大多和丈夫以及小孩相关[8]。在正式讨论环节中，参与者会学习如何确诊人际关系中存在的问题，如何改善某种情况。除此之外，小组，也包括家庭中心，提供了一个交友的平台，有离异经历的人在中心外也延续着她们在此建立的友谊。

在女性小组中，八个成员中最小的不到三十岁，最年长的五十多岁，由一位四十多岁的女性咨询师领导。我们小组里第二个讨论环节的话题是关于良好的沟通技能，以及沟通的不同方式。比如，咨询师说，如果一个人站着，双手交叉架在胸前，看上去很生气，你可以很容易地理解这个人的感受，即便他／她说，"我不生气"。咨询师还让我们思考沟通方式如何影响沟通内容，电话、邮件以及当面沟通有何不同[9]。咨询师建议我们用正面信息包围一个要传达的负面信息，这样听者更容易接受：先说点好的，然后说糟糕的（要传达的信息），再说点好的。

中场休息之后，咨询师请小组成员通过对话来练习刚学到的技巧。我们两两结成对子，前三分钟先练习倾听别人讲述最近一段开心的经历。我和良子女士一组,她是个要离婚的中年人。我们笑着互相谦让,希望对方先来。咨询师告诉我们,好的倾听者会看着对方的眼睛,手臂不会交叉在胸前,并且尽量问开放式的问题。我讲了参与一个朋友的演唱会的经历,良子女士认真倾听。然后角色互换,她讲之前看的歌剧,我成为倾听的那个人。所有人都有机会练习倾听,之后大家一起讨论,大家都认为聚精会神地倾听别人很有意思。时间过得飞快。组里的女性朋友也提到了日常生活,她们说自己完全不了解丈夫每天工作时都做什么,也不知道怎么问。咨询师建议可以用"对了"来开头,会很有用。大家也都觉得如果不知道怎样提起一个话题,这是个不错的办法。那一次的小组讨论结束后,大家纷纷向咨询师表示感谢,随后收拾好各自的物品离开。

　　大家一起走出咨询中心时,又开心地聊起了天。西村女士是组里话不多的一位,她友善地了解我的研究,也透露说她曾经在纽约住过一段时间。与此同时,其他人也在谈话。走到大街上时,良子女士——我的"倾听者"——和大家道别,剩下的人继续往地铁站的方向走。几分钟之后,良子女士又跑了回来,有点上气不接下气,她刚刚想到问大家:有没有人想一起吃午饭?有几个人有事,但最后有五个人决定一起吃午饭,于是我们去了附近的一家饭馆继续聊天。

　　良子女士突如其来的想法变成了一次大型"二次会",我们聊了差不多三个小时,聊自己,聊亲密关系,聊担心的问题,聊参加小组的动机。每个人都认真倾听,对话和正式活动比,更加热闹、大胆。西村女士五十多岁,孩子已经成年了。平时话不多,但这次也讲到发现丈夫出轨的经历。大家一起喝了很多杯咖啡之后,交换了电话号码和邮件以保持联系。

这一群女性很快就成了好朋友。除了参加常规小组活动以外,我们还聚餐、看电影,周末一起短途旅行,甚至还参加了另一个咨询中心举办的工作坊。整个小组人不少,并不是每个人都有机会参加每次的活动,但我们相互之间分享了很多鼓舞人心的经历,并在正式或者非正式场合讨论高度私密的话题。咨询小组是我们相识的契机,随后大家成了真正的朋友,虽然经历可能各不相同,但同理心让我们关系一直很好。

良子女士：计划确凿

早在良子女士成为我的"倾听者"之前,我就认识她了。第一次见面时,她明确表示自己还没离婚,但是一年之后肯定就离了。我在本书引言中提到过,良子女士五十多岁,她想等新退休金法案通过再离婚,这样她就可以分到老公一半的退休金。她很确信她会离婚,讲了很多关于她老公可怕又可笑的故事。不论是在互助小组还是其他场合,她都分享了很多,包括她老公的行为举止、外遇以及对她多么冷淡。很多年前,她发现老公偷腥,不仅仅是几次一夜情。他和一个女的感情很深,经常密会,发亲昵的邮件。良子某一天用错了软盘,误打误撞发现了这些邮件。不难想象,她当时生气极了,马上把所有往来邮件都打印出来。如果那个软盘发生了故障,她手上还有证据。有一次我们见面做录音采访,她给我看了这些打印出来的邮件（她订在了一起），说我可以拿回去读。几星期之后，我把这些放在一个纸袋里，在一个小组讨论前还给她，她直白地向其他人解释，说谁想看也可以看。她还在生丈夫的气，一想到背叛程度之深，以及丈夫满不在乎的态度，依旧感到很受伤。她丈夫没有表现出后悔的样子，也没有好好道歉。良子女士和小组里其他人分享这些可怕的经历，当她们也认为男方行为太过分后，她感觉轻松不少。

在良子女士看来，她的婚姻已经走到尽头，只不过要等一段时间再离婚以便最终分到一部分丈夫的退休金[10]。在该项法律落实前两年，良子女士似乎就已经过上了梦想中的生活。我认识的很多女性都渴望拥有一个又感性又相爱的伴侣，但是只有良子女士真正找到了。她的男友与冷淡无交流的丈夫正相反，聪明有趣而且充满活力。在咨询小组里，她是一个童话般的存在——老女人离开了不珍视她的丈夫，找到了魅力爆表、看上去完美的年轻男子，开始了新的恋爱。良子女士那时过着既独立又有伴侣的理想生活。

良子女士和男友是在某个博物馆认识的，两人都对电影特别感兴趣。因为这个共同爱好，两人有时一起旅行，看影展。良子从没和丈夫有过这种级别的共同兴趣。她男友也知道她的婚姻状况，很同情她，但两人并没有谈很多这方面的话题。良子女士搬出了丈夫的家，但也没有和男友搬到一起住。她在新恋情里很开心，喜欢这种亲密关系，但同时也享受独居生活。虽然良子描述说这段关系是真正的亲密关系，而且她也说过两人有性生活，但我其实不知道在多大程度上是因为她丈夫背叛了她。将新恋情和夫妻关系分离其实是没有必要的，因为两者本来也分不开。良子女士在 2005 年说，她确定以及肯定离婚一定会发生，她只是在等待法律上的利好消息。我做研究的过程中，没碰到比良子女士更确信离婚一定会发生的人了。

没人猜得到良子女士未来的走向。到 2006 年 9 月的时候，新退休金法案在两个月之后就要实行了。但良子女士变得缄默不语。那天咨询小组成员一起吃晚饭，大家聊天，了解各自近况。良子女士几乎找不出话头，她不知道怎样和我们说，她丈夫确诊癌症了。就是那个劈腿、发了很多暧昧邮件被她发现的丈夫。那星期她得知了丈夫的病情，手足无措。细节慢慢浮出水面，让大家震惊的不仅仅是她丈夫的病情，还有她的态度，她突然之间就变得很犹豫了。尽管良子曾经态度坚决地要离婚，并计划与小男友开始新的浪漫生活，但是突然之间她居然要重新考虑离婚与否了。她不想把丈夫抛下，因为这样就没人照顾他了。她也不想见他死。要是她不帮他一把，谁会帮他呢？一切都变得更复杂。虽然良子说了好几个月她想离婚，且一定会离婚，但丈夫的确诊却让离婚变得没那么确定了。

即便良子计划周详，她最后还是决定不离了。她不能想象丈夫独自一人对抗癌症的情景。良子还是很愤怒，觉得两人关系一直会很糟糕。但多年以来的感情，不论多么坎坷，还是让她生出一股责任感。她自己也觉得吃惊，而且她也挺尴尬，前后两个选择天差地别。丈夫的病改变了一切，包括她的计划。良子女士想象不出丈夫孤苦伶仃、一人病死的情形。离婚也许挺好的，但她没有办法抛下他。

吉田先生和秋吉先生:我一点都不想你

那天阴天,快下雨了,在街角我遇到了老朋友吉田先生。当时我们在东京新宿,他只说有点"状况",不想去他经常造访的酒吧,但没透露细节,吊我胃口。我们到了另一个酒吧之后,秋吉先生从转角处走出来。我很开心几个月之后再次遇见他。他从前的同事一直用我的研究调侃他。那天晚上就我们三人,吉田先生兴致勃勃地宣布当晚的主题是:80年代的歌曲!我们要唱卡拉OK!但我们只能选非日语的80年代歌曲。吉田先生立刻开始逗我:"啊,艾丽,你可以准确说出所有单词,但是你能唱歌吗?"(我不行。)秋吉先生笑了,缩到自己的伞下,带路去吉田先生选的KTV。秋吉先生和吉田先生在前面走,我在后面跟着,路上有点滑,很多人撑伞,人挨人,伞碰伞。

我们这个小团体刚转过街角,吉田先生就大喊:"什么?!"他在我前面半步,转身问我:"你知道么?"街上很吵,天还在下雨,我什么都没听见,因此回答道:"不知道,出什么事了?"吉田先生看看我,又看看秋吉先生,不敢置信。秋吉先生低着头,继续往前走,平静地说:"我离婚了。"他的平静和吉田先生的聒噪形成鲜明对比。没等我们回答,秋吉先生继续往前走,吉田先生停下来,露出一个张大嘴巴吃惊的表情。他当然很吃惊,但也很幸灾乐祸,又有一个人要加入他的小圈子了。

虽然我采访过很多离异人士,但这一次我真的不知道要说什么。如果他的语气中有那么一丁点儿"既来之则安之",或者庆幸，我都可能采取新近才启用的"恭喜"来回应。对某些人群，尤其是年轻女性，历经磨难终于离完婚时，确实是可以这样说的。但在这里，我不确定可不可以。我足足怔了五秒钟，才用低沉的语气挤出一句："呃，所以，感觉如何？"

吉田先生站在边上的台阶上，也不知说什么，静静地等秋吉先生解释。秋吉先生离婚其实只是上个星期的事情。他的语调让我完全猜不出他是难过还是开心。很多离异的人说他们离婚时，他们对离婚的看法是有迹可循的，你能猜到离婚是好还是不好。秋吉先生则完全不是这样，我问他感觉如何是希望能够得到一点线索。他还在看着地面往前走，先说了一句"自由了"（free），用日文发音说的英文单词，然后又补了一句"感觉自由了"。虽然他这样讲，但是语气上完全听不出任何正面情感。感觉像是遇到了糟糕的情况，给自己强行注入正能量。我不想再问了，但秋吉先生接着说，他的经历可能正好适合做研究，说不定离婚也受到我研究的影响。最后一句当然是玩笑，因为离婚是他妻子提的，他自己也笑了笑。这时吉田先生去订唱卡拉 OK 的房间，我问秋吉先生黄金周怎么过的。然后我们走去包房，聊之前唱歌的经历，都刻意避免谈到离婚的话题。

啤酒和零食送到包房，吉田先生打开了 K 歌系统，把麦克风递给我们，又提醒了一遍，"80 年代歌曲，不可以有日文歌"。我当时还是有点难过，没能消化秋吉先生离婚的消息。所以两人开始唱歌的时候，每一句歌词似乎都像是在评论失败的婚姻，评判两人不得不同意的离婚。吉田先生唱芝加哥乐队（Chicago）的《说不出口的抱歉》，然后秋吉先生接着唱约翰·韦特（John Waite）的《我一点都不想念你》。歌词描述的都是歌手一直拒绝承认自己想念前伴侣，而歌是写给前伴侣的。关于他如何不想念歌曲中的"你"，歌手列出一个长长的单子，越来越长的单子中细节越来越多。歌词变得如此狂热，没人相信"不想念"是真的。以前听这些歌时，从没觉得如此之伤感，现在觉得真实而不廉价。

两人英文说得都不错，但似乎都没有意识到他俩吼出来的歌词有多残酷，多现实。轮到我时，我反复唱贝琳达·卡莱尔（Belinda Carlisle）或廉价把戏乐队（Cheap Trick）那些盲目乐观的歌（后者严格说来不是80年代的，不过他们允许了）。前二十分钟，我以为我是唯一一个意识到歌词和现实对比的人，直到唱完警察乐队（The Police）的《你的每一次呼吸》，秋吉先生问我，歌词讲的是什么。我解释道，虽然我很喜欢这首歌，歌词挺浪漫但也很奇怪，描述者听上去像是一个跟踪狂。秋吉先生抬头，笑了出来。"所以刚好符合离婚丈夫的样子，呵呵，是不是？"话匣子立马就打开了。K歌系统上的画面是一对年轻情侣，大风中站在桥上，秋吉先生和吉田先生唱着画面上的歌词。唱到中间表达孤独的部分时，秋吉先生停下来，解释说，这些歌词唱出了他的感受。我不确定，到底是他已经知道这些歌的内容然后特意选了这些歌，还是说他只是唱自己知道的歌，而歌词恰如其分地描述了他的心境。

随后的唱歌环节中多了不少秋吉先生的独白，那种我常常在互助小组中听到的独白，但这次是和歌曲融为一体的。秋吉先生没有讲述离婚的细节，只是唱歌，然后插入自己的感受——像个失败者，孤独，不知所措。他的歌都是对着"你"唱的，但独白都是关于自己的感受。吉田先生还是照着之前的模式唱歌，没有独白。他仔细听秋吉先生的独白，但和我阴郁的状态相反，他不断地开玩笑，打趣秋吉先生。有了吉田先生，气氛相对轻松，虽然秋吉先生一直在讲述非常私人的经历。

我们没有得到什么结论。和互助小组不同，K歌最后是不会有总结或者反馈的，甚至也没人澄清到底发生了什么。两个小时之后，前台打来电话说时间到了，问要不要续。我们没有续，因为秋吉先生住得远，需要赶最后一班车，11点半之前就得离开东京。他拿出手机查车的时刻表，之后大家都开始加快动作。吉田先生唱最后一首歌时，秋吉先生又吃了一块凉比萨。我们付完账单后匆匆走向车站。极快地道别和感谢之后，秋吉先生就走了，我和吉田先生一起走去我们的车站，但是没聊刚才的事，只是寒暄，"唱得很开心，下次要再来"。几星期之后我向吉田先生提起那天晚上的事，我很惊诧男性之间居然可以如此坦诚地分享个人感触。吉田先生不屑一顾，"因为你在那，所以他才会那样"，"男人之间不会那么说话的"。

分离可以成为团聚的理由吗？

在过去的几十年间有很多关于日本经济泡沫时代男性气质的研究。伊藤（Itō，2018）认为21世纪最初十年是"从贫瘠中寻找男子气概"的十年。性别研究大多关注女性以及女性面对的结构性障碍,但伊藤提醒我们,男性也面临着相似但不同的性别规范。他认为在新世纪最初十年中,男性面临着几个隐性连锁问题,久而久之形成一种"不明原因的贫瘠感"(同上,63),它是"无名问题"(Friedan,1963)的进阶版本。其中最不隐性的问题是劳动力市场上缺失稳定的工作机会。除此之外,男性还面临家庭纽带消失、目标感模糊等问题,并且从前男子气概的象征也不再适用。伊藤认为,男性自身以及有关男子气概的社会规范是这些问题的根源,因为男性不肯承认他们需要并且依赖着别人,特别是对女性的需要和依赖。男性一直坚持不懈地"幻想自己是独立的",因此进入到一个愤怒的循环中,一方面他们确实在依赖着他人,另一方面又拒绝承认这种依赖(同上,75)。

在本书中我一直持有如下观点:2000年代早期,很多日本人难以确定什么样的亲密关系值得维护,如何创造出理想的亲密关系。主流话语和大众媒体描述日本的"无缘社会"时,也会讨论到新自由主义政策的多米诺骨牌式影响。在日本,因新自由主义而"无缘"的情况非常多:年轻人不愿意离开自己的房间;人们找不到工作,无家可归;男男女女找不到伴侣,孤身一人(Allison,2013;Arai,2016;Horiguchi,2011;Mathews,2017;Miyazaki,2010;Ueno,2009)。本章本着实事求是的原则探索前缘断裂之后,新人际关系的形成过程。此过程中,我看到了相当大的性别差异。当然我的性别和当地人对我的处境的反应对观察有影响,但是女性确实拥有更多专为女性设计的正式疗愈空间。不少女性自己也想要建立这样的空间。虽然有些疗愈空间是免费的或者费用很低廉，但大多数都挺贵的。不仅是费用昂贵，时间安排上也未必能照顾到需要朝九晚五工作的人群。而我接触到的男性大体来说没准备利用类似的疗愈空间，或者说来了也感觉不自在。他们更倾向于创造属于自己的交流方式。虽然并不是所有男性都维持"自力更生"的幻觉，但他们确实在衡量社会纽带的风险和收益。

离婚与社会关系断裂之间并没有必然的联系。不是说人一旦选择离婚，社会关系就全部因此荡然无存，人变得与世隔绝，社交大门从此关闭。相反，如同上述侧写中展示的那样，我们可以看到一系列可能性，人际交往、应对策略均不相同，离婚也可以成为人们的共同经历。大众话语更强调离婚的风险，比如，社会关系会减弱，会转变，离婚象征关系破裂最糟糕的后果。即便离婚确实会改变家庭关系，让友情变得比爱情更重要，然而对很多人来说，离婚不仅是终点，更是起点。

结语　终点和新起点

离婚并不高深莫测。婚姻不会在双方放弃后就自动解体。不论是在日本还是其他地区，大众媒体和私人话语都更强调建立、维护亲密关系所需的努力，但鲜有人关注，结束一段关系，也需要大量投入。本书尝试描述在当代日本结束一段婚姻所需的努力，包括个人、社会、法律、经济等方面。同时，本书也展示了离婚研究的价值。

在日本和其他地方，离婚意味着个人失败、社会关系崩塌、家庭解体，同时离婚也显示了性别差异。任何想要离婚的人一定要经历这一系列可怕的图景，了解如何应对（或者忽略）离婚被赋予的关于个体能力、社会命运的意义。新世纪初，人们过度地认定离婚是性别权力转移的象征，女性比男性拥有更多权力和控制。本书严肃地对待上述看法，针对该话语，展开一系列围绕真实离婚经历的调查。

在本书中我已经陈述了如下观点：人们如何认知处理亲密关系、社会关系以及依赖之间的张力是非常重要的；这会影响到人们离婚过程中作出的种种决定，以及离婚后复原的过程。从"脱节依存"到"相联独立"的整个区间中，人们通过不同方法建立亲密关系，考虑何种形式才是亲密关系应该有的样子。这种考虑问题的框架反映出某种日本文化规范。具体来说，人们认为某种形式的依赖可以很好地平衡亲密关系，强调情感依赖的心灵伴侣式相处范式的同时，推崇独立自主的新自由主义伦理观。实际生活中，人们尽力亲近但不相互伤害，分离而不隔绝或以自我为中心。社会关系带来希望，也带来风险。不论是处理婚姻中的矛盾、离异后小孩和非监护人的联系，还是在疗愈空间中建立新友谊，希望和风险一直并存。即便男男女女找到了适合自己的亲密关系模式，他们可能也一样承受着理想和现实间差异带来的压力。

重新思考人际关系

人类学研究表明，新自由主义政策事实上让家庭成员关系更紧密，增进了依赖程度。政府减少社会福利支持，让很多人开始向家庭网络求助。而在日本，社会契约受到新自由主义伦理观的挑战，家庭团结的力量减弱。因此，新自由主义伦理一方面重塑了劳动力市场，促使个体自力更生，另一方面也为那些认为家庭关系内在地具有破坏性的人提供了一套话语。新自由主义政策在日本并没有让家庭成员之间的关系更加紧密，它反而是让家庭分崩离析的楔子。研究中我发现，人们一方面寻求亲密关系，一方面也对亲密关系抱有怀疑，不知道它的副作用是怎样的。他们思考讨论这些问题，也和我分享，自己到底想要什么，从亲密关系中可以得到什么。随着日本亲密关系的政治经济学不断变化，婚姻不再是安全的上上之选。同样，对家长们来说，离婚也不再等同于双方或者亲子关系的"一刀两断"。人们想要讨论的是广义上亲密关系与人际关系的影响。

当代日本的离婚现象提供了一个独特的角度来研究人际关系中的意识形态、应对方法以及实际操作。离婚是一个法律流程，受法律约束，更重要的是离婚也是具有社会和个体意义的一个转变阶段，受到多种社会因素影响，犬牙交错。离婚对于想离和不想离的人是截然不同的，想离的人可能很兴奋，不想离的人可能很焦虑。同样，有小孩的夫妇明白，婚姻解体的影响远不止夫妻关系。本书追寻了人们在有关依赖和联结这对矛盾的意识形态间游走，建立不同亲密理念的过程。他们的决定反映出在评判关系相关风险与可能性的过程中，他们所面对的种种模棱两可的令人困惑的情形。

尾声

"你怎么看？这是不是很让人激动？"翠子开门迎接我的时候如此问道。那是我在日本的最后一个星期，翠子邀请我去她在东京的公寓，和几位互助小组里的女性朋友共进晚餐。那天晚上，翠子邀请了良子、西村和松田。她们四个都是五十几岁快六十岁了，要么已经离婚，要么在考虑离婚。

一起吃饭的这几位里我对西村的了解最少。虽然我们一起参加过很多小组活动，但我完全不知道她参加的动机。小组讨论环节中，参与者可以不讲什么话，也不用透露个人信息。其他人滔滔不绝，但西村常常沉默不语。她肯定在倾听，也表达支持，但没讲过自己的事。虽然西村和我在某次周末疗愈旅行中共用同一间卧室，可她依旧没分享过缘何参加旅行。

所以当翠子开门问我，"你怎么看？这是不是很让人激动"时，我完全不知道她指什么。那晚我第一个到达，翠子泡茶，然后开始问我各种小问题。过了一会儿，我才意识到，我错过某个消息。"你没看今天的群发邮件？！"翠子不敢相信。我想了一下，呃，确实没有。因为是最后一个星期，我要么在打包，要么在和朋友道别，没来得及查看邮件。我完全不知道她在说什么，但幸运的是，翠子复述了邮件内容。

这是西村女士的第一次发言。那天早上她写了很多。在前一天她丈夫回家后，西村向她丈夫解释了两人关系中长期存在的问题，其中最重要的是丈夫的婚外情。她丈夫并没有隐藏这段婚外情，而是经常带这位女士回家，西村得给她做饭。西村感觉自己像个仆人。就像我提到过的其他案例一样，西村丈夫不相信她敢离开家，于是嘲弄她很多年。她丈夫一直对她说，有本事的话，你可以把锁换了呀。

这天，西村终于换了锁，虽然她没说到底是什么促使她迈出了这一步，但她终于感到受够了，决定开始行动。她找人换了锁，然后打电话告诉丈夫，后来又群发了邮件告诉咨询中心的姐妹们。之后她就上班去了。

翠子讲完故事时，松田和良子也都到了，一起帮忙补充细节。她们都很开心我们计划了聚餐，可以在这个重要的日子里见到西村。西村发短信说因为工作耽搁了，赶不上吃饭，但一定会来。

我们四个等西村的时候,一边吃外卖寿司,一边聊天,话题自然而然地转到其他人的相似经历上。良子女士也讲了她的换锁故事。她和孩子们遭受了多年家暴和冷暴力之后,良子终于受不了了,换了锁,但不知道怎么和丈夫说。所以她就没说,躲在房间里等他回家。她的描述让人感觉这就像一个惊悚片。她丈夫到家之后,试图用钥匙开门。试了一次又一次,终于明白发生了什么。安静了片刻之后,他回过味来,抄起一块大石头,把门周围的玻璃砸碎了。但他还是进不来,他边恐吓良子,边绕着屋子跑,尖叫着威胁良子和孩子们。良子的故事把我们吓得都不敢出气。之前我们还很兴奋,因为西村终于迈出了这一步,但听了良子的故事之后,我们都明白了这一步的分量。我们坐着吃东西聊天,等西村来。

和很多田野调查者不同,我有非常明确的预感何时将结束田野。我的签证要过期了,一定要离开。可是这种现实状况也不能削减我寻找"自然"结尾的兴趣。有没有什么标志让我知道田野"结束"了(虽然项目还没有完全收尾,但大局已定)?当我到达翠子的公寓门口,她开始问我各种小问题时,我觉得这就是我一直考虑的事情了。我怎么知道这就是一个合适的结尾呢?这个时候走真的最好吗?我已经尽全力做到最好了吗?当然,读者肯定比那时的我更清楚,受访人对婚姻、离婚的描述与我对结尾的思考遥相呼应。即使像翠子这样已经离婚十年的人,经受过暴力等诸多问题的人,都还在思考,离开是不是一个正确选择,特别是和成年子女关系出现问题的时候。

当我到翠子家，脑子里想着结束点时，迎面而来的是希望，是兴奋，一段关系结束后可以带来怎样的新起点。我们几个都很激动，西村女士终于决定结束她糟糕的婚姻了，一直等到结束的这一刻才说出她的婚姻有多可怕。西村最后终于到了，她看上去很累，但是话很多，精神头很足，和从前判若两人。也许她很多年前就该走出这一步了，但在那天早上之前她一直不确定，下不了决心。现在她很兴奋地要结束这段婚姻了。要讨论的、要做的都还有很多，前路漫漫。

附录：人物介绍

附录表格包含本书中出现的人物的简单介绍，目的是帮助读者更好地梳理书中"人物"。人物介绍与出场顺序一致。对于书中人物所属社会阶层的判断部分源于各自的描述，同时也结合了我对他们的了解。这种判断多少是主观的（包括我自己和他们的主观因素），特别在一个大部分人都觉得自己是中产阶级的社会里，更是如此（Ishida and Slater，2009；Kelly，1991）。上述细节如实呈现了书中人物在 2005 年到 2006 年我研究期间的状况。

人物	涉及章节	性别	年龄	婚史	子女	社会阶层	职业	住所
山口先生	引言 第一章	男	六十中期	已婚	两个成年子女	中产	工薪族已退休	东京
良子女士	引言 第六章 结语	女	五十中期	计划离婚	两个成年子女	中产	全职家庭主妇后为兼职导游	东京郊区
佐藤女士	引言 第五章	女	八十中期	丈夫1975年提出离婚，1994年离婚达成。	三个成年子女，多个孙辈成员	中产收入偏低	家庭主妇随后办公室职员	四国岛松山市
梅	引言 第五章	女	三十后期	结婚五年后离婚，现在约会中	无	工薪阶层	美发师	东京郊区
安藤麻里子	第一、三、五章	女	三十早期	结婚三年后离婚	无	上流	商业咨询师	东京
野村女士	第一章	女	八十早期	已婚	三个成年子女，多个孙辈成员	上流	家庭主妇	东京

续表

人物	涉及章节	性别	年龄	婚史	子女	社会阶层	职业	住所
青山女士	第一章	女	三十后期	主动提出离异	两个孩子，丈夫持监护权	中产	办公室职员	四国岛
贞子	第二、六章	女	三十中期	已婚	一个幼子	中产	家庭主妇和线上婚姻咨询师	东京郊区
藤田先生	第二章	男	三十中期	已婚	一个幼子	中产收入偏低	理发师	东京郊区
千春女士	第二、五章	女	五十早期	离异	三个成年子女	工薪阶层	办公室职员	东京郊区
大田女士	第二章	女	四十中期	离异	无	中产	办公室职员	东京郊区
悦子	第二、五章	女	三十后期	离异恋爱中	无	中产	教师	东京
泰司	第二章	男	四十中期	单身未婚	无	中产	工薪族	东京
翠子女士	第二章 结语	女	五十后期	离异	两个成年子女	中产收入偏高	商店业主	东京

续表

人物	涉及章节	性别	年龄	婚史	子女	社会阶层	职业	住所
和田女士	第三、四章	女	五十早期	离异，和新伴侣（冈田先生）同居但并未再婚	成年子女，实际操作中共同监护	中产收入偏高	咨询师	东京
范子	第三章	女	三十中期	离婚中	无	中产	办公室职员	东京郊区
樱井女士	第三章	女	五十中期	离异	无	中产	教师	东京
田中女士	第三、五章	女	五十后期	离异	两个成年子女	工薪阶层	家庭主妇，已从办公室兼职工作退休	东京郊区
冈田先生	第四章	男	五十中期	离异，和新伴侣（和田女士）同居但并未再婚	两个成年子女，实际操作中共同监护	中产收入偏高	工薪族	东京
三浦	第四章	女	二十中期	单身，单亲家庭	无	中产	学生	东京

续表

人物	涉及章节	性别	年龄	婚史	子女	社会阶层	职业	住所
远藤先生	第四章	男	五十中期	离异两次	一个女儿，前妻拥有监护权	中产	工薪族	东京
真弓	第五章	女	五十中期	已婚，父母离异	两个成年子女	中产	家庭主妇	东京
吉田先生	第六章	男	四十早期	离异	无	中产	政府官员	东京
夫口洋子	第六章	女	五十中期	离异再婚	两个成年子女	中产收入偏高	婚姻与离异咨询师	东京
西村女士	第六章 结语	女	四十中期	考虑离婚	两个成年子女	中产	家庭主妇，现在做兼职	东京郊区
秋吉先生	第六章	男	四十早期	离异	无	中产	工薪族	横滨
松田女士	结语	女	五十早期	考虑离婚	无	中产	办公室职员	东京

注 释

引言 焦虑和自由

1 译者注:*shakaijin*,日文中的"社会人",常常与*gakusei*(即"学生")相对,字面上指进入社会中的人,暗含了相当多的潜在标准。

2 大量人类学文献研究不同文化中的亲密关系、心灵伴侣式浪漫关系(companionate romance),所涉及的国家包括日本(Ryang, 2006)、中国(Rofel, 2007; Santos and Harrell, 2016; Yan, 2003)、尼泊尔(Ahearn, 2001)、印度(Reddy, 2006)、巴布亚新几内亚(Wardlow, 2006)、西班牙(Collier, 1997)、墨西哥(Hirsch, 2003)、巴西(Rebhun, 2002)。其他领域的学者也探索了亲密关系对社会与社会关系的影响(Beck and Beck-Gernsheim, 1995; Illouz, 2012; Jamieson, 1988; Rubin, 1983)。

3 比如,日本航空(JAL)在1985年私有化,日本国家铁路局(JR)在1987年私有化,东京和大阪的出租车管理条例在1994年放宽(La Croix and Mak, 2001)。在第一章中我会进一步详述,日本前首相小泉把私有化日本邮储银行列为2005年的首要立法任务,并且他在竞选中成功地将公司私有化和个体责任二者联系起来(Porges and Leong, 2006)。

4 在日语中,所有以"自"开头的词都和"自分"(*jibun*)有关。随后第二章中我会谈到,学界有这样一种观点,日本人的自我认知是特别相连且相对的。Senko Maynard 将这个观点和"自分"的词源联系起来,她认为"'自分'在字面上意思是'分给自己的那部分',换句话说,从一个大整体中分给自己的那一部分,可以说是一张大饼中的一角。在词源上,'自分'意味着个体不是自动独立于整体的一个实体"(Maynard, 1997: 38)。因为时兴的新自由主义热词都用了"自"而没有用"分",从逻辑上来说,这意味着新自由主义话语不太在乎个体是不是某个整体的一部分。

5 在一个极端的例子中,"个体责任"是这样实践的。三个在伊拉克被绑架的日本公民遭到公开羞辱，被迫请求政府支付营救费用。三个人中有两个自由记者，一个救援人员。他们在 2004 年 4 月被绑架，媒体和大众都站在他们这边。但三人被释放后，媒体开始攻讦他们，认为他们太自私、太天真、不负责任，要求营救浪费了纳税人的钱。最终，三人收到了恐吓信，以及两万一千美元的营救费用账单（Inoue，2007）。

6 例如，学者分析了在日本（Ryang，2006；McLelland，2012）和中国（Lee，2007；Rofel，2007）关于亲密关系和浪漫关系的话语。

7 例如，Malik 与 Courtney（2011）；Zuhur（2003）；REniers（2003）。

8 描述我身边的人发起阅读小组这事，感觉上好像是暴露了根植在我个性深处的某些东西。这个小组的发起人是木村先生。他经历了痛苦的离婚、幸福的再婚之后，现在退休了，学习以前上班时没空学的东西。

9 其他领域的学者发现采访离婚双方是很难，甚至是不可能的（Hiller and Philliber，1985；Maccoby and Mnookin，1992：14）。

10 其他学者曾用"回顾重新想象"（retrospective reimaginings）这个概念，但是这个概念还没有进入家庭、亲密关系或是离婚领域（Cunneen，2011；Fuchs et al.，2011；Shahani，2008）。

11 当然，性少数群体可以合法结婚，只要他们是和异性结婚。日本内外学者曾做过研究，有些性少数人群会迫于家庭压力和异性结婚，目的是证明自己是个孝顺的人，或者平衡个人欲望与个体责任（Brainer，2017；Cho，2009；Engbretsen，2014：57；Lunsing，1995；McClelland，2000：464）。在我的研究中，没有人假结婚，也没有人离婚后开始和同性伴侣生活。

12 即便如此，很多人也努力向我"证明"他们所述真实，他们提供了大量的婚外情以及其他婚姻问题的证据，数量之巨，让人无从下手。我一直非常感激人们与我分享如此私人的细节，一直高度信任他们的话。我并没有要确认什么事实，而是将所有行为视为当事人在背叛中受伤的证据。正是因为离婚有时看上去很突然，人们不由自主地开始复原本以为清晰可预测的婚姻。人们开始找寻证据，证明自己的反应合理且理性。

13 为了保护本书中涉及人物的隐私，所有的人名以及个人信息都已匿名化处理。

第一章　日本亲密关系的政治经济学

1 麻里子和男友婚前没有同居过，因此她不知道男友在家务上对她的期待，结婚后才了解。在日本，婚前同居并不常见，10%—20% 的人会选择婚前同居（Raymo, Iwasawa, and Bumpass, 2009: 787）。

2 关于家庭主妇对国家经济作出的贡献，请见 Goldstein-Gidoni（2012）；Imamura（1987）；LeBlanc（1999）；Vogel with Vogel（2013）。关于男性白领职员如何将自身工作和国家发展联系到一起，请见 Rohlen（1974）和 Vogel（2013）。Cole（1971）和 Roberts（1994）主要研究蓝领工人。Bernstein（1983），Kelly（1990）和 Mulgan（2000）探究农民、农业工人的相关态度。

3 该词汇在日语里，不论是发音还是片假名，都是一个舶来词，但只说英语、不懂日语的人可能完全搞不懂这个词的意思。这个词可以写成 sarariiman，sararīman，或者 salaryman。本章中我使用的是最后一个版本的复数形式 salarymen，这个形式在日语中并不存在。

4 学界有不少研究关注经济繁荣与泡沫时期中的工薪族男性，包括 Allison（1994）；Bestor（1989）；Kumazawa（1996）；Ogasawara（1998）；Vogel（1971）。下一章中会提到更新的文献，探究工薪族男性如何应对"平成大萧条"，以及 1991 年至 2010 年的经济重组（Dasgupta, 2013；Hidaka, 2010）。

5 如果读者想了解更多关于在日本这种宪法明令禁止非自卫军队力量的国家中，男子气质相关的复杂关系，请参见 Frühstück（2007）。本书写作过程中，日本国会正着手改写军队政策，也许将来会允许武装力量参与自卫以外的活动。

6 比如，《上班族金太郎》（Salaryman Kintaro）系列讲述了一个小混混如何改过自新，成为一个不屈不挠的工薪族的故事。很多外国电影也通过工薪族来描写日本，常常把他们塑造成奇怪又没用的形象，是集体主义群体思维带来的非法后果。比如，《迷失东京》（Coppola, 2003），《旭日追凶》（Kaufman, 1993），以及《虎胆龙威》（McTeiman, 1988）。

7 终身雇佣制这个系统本身曾经是文化主义者用来论证日本集体主义偏好的证据。他们的逻辑是，终身雇佣制看上去不理性，但其实是日本自带集体主义偏好的证据（Johnson, 1982；Sugimoto 和 Mouer, 1980: 8）。事实上，终身雇佣制早在 20 世纪初就出现了，主要为了应对劳动力短缺以及员工跳槽频繁等问题（Gordon, 1985；Schregle；1993）。

8 虽然70年代和80年代也没有合同上的明确保证，但日本员工相比于美国和欧洲人来说，相对更少跳槽（Tachibanaki, 1987）。那段时间里，大公司员工确实在同一间公司供职时间更长，换工作频率更低（Clark and Ogawa, 1992）。

9 这些数据追踪的是女性参与任意有偿劳动的可能性，并不只是全职工作。虽然越来越多的女性在有偿劳动岗位上工作，但大多还是兼职或在非常规岗位工作（Nakamatsu, 1994）。

10 终结该条款的是1966年的一起案件。住友水泥株式会社的一名女员工因结婚而被开除，于是她提起民事诉讼。她当时签署的标准化合同中规定，她会在结婚或者35岁时，自愿"退休"。东京地方法庭判定该合同为"无正当理由性别歧视"。最终，双方达成和解协议（Knapp, 1995: 104; Upham: 187, 127）。

11 该政策在1983年受到挑战。四位日产汽车公司（Nissan Motor Corporation）的女员工虽是家中主要劳动力，却拿不到公司的"家庭补贴"。补贴是工资的10%。最初，日产只给男员工发补贴，后来把补贴的发放对象从男员工改成了户籍系统中的户主。我会在第三章中详细介绍，已婚女性理论上可以成为户主，但那是让人抬不起头的一件事。1989年，东京地方法院作出判决，该项政策应由公司视自身情况而定。但是，在那之前日产就已经改了内部条例，任何养家的女性，不论户籍卡上的身份，都可以申领家庭补助（Knapp, 1995: 105）。

12 Akabayashi（2006: 354）描述了减免的具体算法。如果配偶收入在70万—135万日元区间（7000美元—13,500美元），减免额度随收入增加而阶梯式减少，每个阶梯是5万日元（500美元）。虽然具体额度有变，但大致规则和原来一样（Takahashi et al., 2009; Yokoyama and Kodama, 2018）。

13 收入在103万—141万日元之间的女性将面临高边际税率（marginal tax rate）。比如，一个收入超过130万日元的员工需自己支付社保，那么这个收入以上的女性要挣到144万才能收支平衡（Takahashi et al., 2009）。

14 从1986年开始，国家养老基金有如下规定：妻子的收入如果少于110万日元，她的养老金由丈夫所在公司负责上缴。因此这个养老金系统会"根据结婚对象区别对待不同女性"（Estevez-Abe, 2008: 27）。这种模型只在想象中成立：女性对丈夫参加劳动有根本性决定作用，因此养老金是她应得的回报（Shimada 1993, 引用于 Nakamatsu 1994, 1992）。

15 山口先生和妻子间的矛盾反映了夫妻间关系过密而引发的常见问题，特别是丈夫退休以后。某指导手册建议丈夫们"和妻子保持距离……如果你不想被妻子抛弃的话，要让她有私人空间，要尊重她"（Hirokane, 2014: 160-161，引用于 Mathews, 2017: 236）。

16 在 80 年代，有种说法把烦人的丈夫比喻成垃圾（*sodai gomi*，大件垃圾，需花钱才能处理掉）或者烂叶子（粘得到处都是，很难清理）。认真对待上述比喻的话，我们应该知道这些说法中有性别因素存在，上述说法反映的是某种女性抱怨她们（烦人）丈夫的社会习俗，而不是（烦人）丈夫（Lebra, 1984; Salamon, 1975）。它有时可能是真的，有时只是开心的牢骚，还有时处于两者之间。

17 "长子"意味着一系列结构性的压力和利益。这个孩子在大家眼中是延续家族传承的那个人。在所有人的期待中，"长子"是将来要照顾父母，接管家族生意的那个人。家务责任也由"长子"妻子承担。大量的田野调查记录了女性讨论嫁给"长子"的额外负担，特别是农业家庭的"长子"（Bernstein, 1983: 44; Lebra, 1984: 151; Rosenberger, 2001: 55, 154）。虽然现实中非"长子"继承的概率也不低，但这些讨论依旧如火如荼（Bachnik, 1983: 154）。在 21 世纪早期，女性和我聊天时，用"长子"指代那些非常自我、在溺爱中长大、当不了好丈夫的男性。野村女士的丈夫更是如此，因为他是两代中唯一的男丁（即他外公的唯一男性后代）。他爸爸是入赘的女婿，住在女方家里。

18 比如，某 2004 年的调查问卷显示，大多数非常规员工完成和常规员工同样的工作，但是非常规员工工资只有常规员工的 58.9%—68.9%（日本贸易工会联合会，2006: 45; Song, 2014: 97）。

19 劳务派遣是一系列法律出台后，逐渐成形的一种雇佣模式。《人力劳务派遣法》在 1986 年划定了 26 种合法使用劳务派遣工的职位。1999 年的修订版扩大了这个范围。2003 年的修订版则进一步扩大了上述范围，同时，将合法使用劳务派遣工的期限从一年延长至三年。2012 年的最新版试图给劳务派遣工提供保护，禁止少于三十天的工作合同（日本劳动政策研究研修所，2016: 41）。

20 日语词与词之间不像英语那样有空格，因此"Train Man"这个词在日语里写为三个连续的字：電車男。不同的人在翻译这个词时停顿的地方略微不同，TrainMan 或者 Train-Man 的拼法都算是准确的。我使用"triain_man"是因为这是电影版（Murakami，2005）所用的标注，这部电影有在屏幕上视觉化呈现数字文本的惊人技术。

21 如果这个故事确实是虚构的（开头部分不是真实事件），那么创作者极好地压中了具有潜在热度的话题，编写出极具信服力的人物。这个故事之所以重要不在于它是否真实，而在于它作为一个互动媒介，成功地吸引了大众的注意力，在多媒体平台上的改编都取得了巨大成功。

22 电影《东京奏鸣曲》（Kurosawa，2008）中也有一个类似的人物，前工薪族，失去了工作，威信和安全感也随之消散。

23 青山女士的丈夫把我们带回到婚外恋问题以及用婚外恋作为离婚标准的话题上。人类学研究显示，"脱节依存"模式下的婚姻通常认为夫妻性生活也是脱节的一个领域，因此男性婚外恋并不是结束婚姻的理由（Allison，1994：106；Dore，1999［1958］：180；Lin，2012）。Moore（2010：65）发现描述婚外恋的两个词汇有常见差异："*uwaki*"只用来描述男性婚外恋，在人们想象中不是什么大事，但"*furin*"用来描述所有女性婚外恋，以及男性"严重"的婚外恋。某位 68 岁男性从自身利益出发解释两个词之间的差别，他说"除非心也出轨，不然不算婚外恋"（同上）。

24 "-katsu"后缀意指有计划地寻找，或者专门为某事做准备。相似的词有："终活"（*shūkatsu*），年长的人为临终做准备；"妊活"（*ninkatsu*），为怀孕做准备；"友活"（*tomokatsu*），寻找新朋友；甚至还有"离活"（*rikatsu*），为离婚做准备。但这些词都没有"婚活"（*konkatsu*）人气高。

25 Fukuda（2013）研究女性工资如何影响婚姻概率时发现，人们对女性做有偿劳动的态度呈现出代际差异。60 年代出生 80 年代成人的那一代人，正逢泡沫经济顶峰，高收入女性结婚概率低。与之形成鲜明对比的是，70 年代出生 90 年代成人的这一代人，刚好相反。这意味着人们对于什么使婚姻稳固的看法发生了重大变化——从"传统"性别分工到共同赚钱养家可能性的转移。

第二章　避免离婚的两个建议

1 研究和调查问卷显示暴力和虐待（abuse）是最常见的离婚原因（Kozu，1999；Yoshihama and Sorenson，1994：64）。本章中引用的那本（轻松好笑的）指导手册如此罗列熟年离婚的首要原因：不帮忙做家务、言语羞辱、丈夫没有用、男方外遇、酗酒、丈夫施加暴力、债务（TBS Program Staff，2006：9）。人气网站也作出相似的论断。2018 年有个网站声称离婚的首要原因是性格不合。对女性来说，第二条原因就是暴力。对男性来说，第二条是婚外恋，暴力排第九（https://ricon-pro.com/columns/10/#toc_anchor-1-1）。

2 这种操作已经不常见了。曾经这样做是因为大家假设一个人如果知道自己要死了，死亡过程会更加艰难。因此，尤其是对癌症病人来说，日本医务人员的常规操作是并不直接告知病人最终诊断结果，而是通过家人转达，让家人来决定是否告知病人诊断结果。虽然该系统令人不悦，但它确实和医生家长式的态度，以及医生有能力承受最终诊断的信念相关（Annas and Miller，1994；Higuchi，1992）。感谢 China Scherz 指出，这种对最终诊断的沉默策略并不只是局限在日本（Harris，Shao，and Sugarman，2003）。

3 比如，该建议广泛地出现在各种婚姻、离婚手册中，是"拯救"婚姻的良药（Ikeuchi，2002，2005；Okano，2005；Waki，2009），诊断中年婚姻问题的尝试（Ikeuchi，2006），也是针对男性的建议（Muroi et al.，2006；Watanabe，2004）。Kuwajima（2019：120）在评论暴力与感情表达的关系时提到，家暴救助中心的咨询师强调过，很多男性边打女人边说"我爱你"。

4 这句话最初是在 2007 年退休金改革前夕网上给老年夫妇的婚姻建议。最初的网站上已经找不到了，但是在互联网档案馆（www.web.archive.org）中还可以看到（http://www.jukunen-rikon.com/2007/03/post_37.html）。

5 译者注：关白，原指天皇的辅佐官，最高位的大臣。后泛指有权势的人，这里表示有大男子主义倾向的丈夫。

6 原始版本在该机构的网站上：http://www.zenteikyou.com/。

7 "空气般的爱"受到质疑的同时，一种新式骂人的话出现了：如果一个人在社交场上缺了根弦，或者没搞明白状况，他会被嘲笑"读不懂空气"（*kūki ga yomenai*，简写为 KY）。该新式骂人法并不只是局限在亲密关系中，而是成为一种笼统的、描述不善社交个体的词汇。感谢 Laura Miller 提出这个观点。而且 Roquet 说过，关于 KY 的话语故意忽略了社交和结构环境的建构性，把二者描述得好像是自然而然发生的一般（Roquet，2016：15）。

8 比如"谢谢你给我做了这顿饭"，贞子引用的这个表达是常见的日常礼貌用语，健康的家庭都会使用。这些问候语（*aisatsu*）有常见说法和回复。我在另外的文章中谈到,日本的婚姻指导手册认为多用问候语可以提高婚姻质量（Alexy, 2011b: 896）。

9 在日本,只有打电话的人需要交话费,接电话的人不用。在这个例子中,藤田先生很大方,一直在付所有话费,虽然有不少电话是他将来的老婆打来的。

10 在日本经济的顶峰时期,"日本贸易谈判人员过去最大化地利用所谓日本社会文化的特殊性,给日本社交操作增加神秘感,从而获益"（Sugimoto, 1999: 88）。比如,1987年,前农业部长羽田孜言之凿凿,日本不能再继续进口更多牛肉,因为日本人的胃与众不同,只能消化本土肉（Krauss and Naoi, 2010; Robinson, 1987; Sugimoto, 2003: 184）。

11 虽然土居明确表示依赖的倾向在所有人身上都存在（经历社交生活洗礼之前）,但他也明确表达了对于日本"国家性格"的认同（Doi, 1973: 65）。因为"国家性格"确实是统一的概念,暗含相似性降低了差异,土居的这个表态把自己的理论直接拉到"日本人论"的范围内。

12 Lane（2011: 45）研究美国被裁员的白领工人时发现,有些人对依赖避之若浼,甚至认为谋求任何稳定的工作都是羸弱的体现。

13 该情境中,Smith指的是日本人在不同对话中用不同的第一人称,如何选择取决于谈话对象。不同人称所表达的男子气质、女子气质、正式程度均不甚相同（Abe, 2004; Miyazaki, 2004）。

14 人类学中关于日本自我的理论已经发展了几十年,包括Bachnik and Quinn（1994）, Lebra（2004）, Ohnuki-Tierney（1993）, Ozawa-de Silva（2006）, Rosenberger（1992, 2001）,以及Smith（1983）。Cave（2007: 31-43）提供了一个准确翔实的时间轴,分析了此话题相关的文献。

第三章　达成协议

1 印章在正式文件中很常见。所有成年人都有一个姓名印章,最便宜的大概只需几百日元（5美元）,正式文件均须使用印章。印章很大程度上和美国的签字很像,是个人身份的官方证明。

2 只有律师或者法律学者向我直接提到过这个说法,但就像这一章论述的那样,很多非专业人士也表达过相似的看法,或者身体力行着这样的理念。

3 在德川幕府时期（1603—1868）有四个常见的社会阶层，包括武士、农民、手工艺人，以及商人。除此之外，还有讳莫如深的"污秽之人"（作者译为filth，日文为"穢多"）和"非人"（作者译为nonpersons）。将民众分类注册的做法影响了后来的户籍制度，在本章后半部分会有详细介绍。

4 日本民法典的前三卷规定了一般权利、所有权以及侵权，在1896年颁布。但关于家庭法以及继承法的两卷在1898年才得以颁布（Hatoyama，1902：300；Oda，2009：113）。1898年新民法典颁布时，离婚率突然下跌，1883年最高值曾达到3.39%（Fuess，2004：3）。

5 虽然法律要求所有人都服从户主，但人们也可以在法庭上以滥用权力起诉户主（Akiba and Ishikawa，1995：589）。Burns（2009）记录了在明治早期法庭审理的几起引人注目的案件。

6 日常生活中的结构性地位差异在很多针对日本家庭的田野研究中有详尽描述，包括Alexy（2011a），Bernstein（1983），Hamabata（1991），Hidaka（2010），Lebra（1976），Vogel with Vogel（2013），以及White（2002）。读者还可以看第一章中野村女士的例子。

7 户籍系统的原型早在公元654年就出现了，但明治时期系统的前身是江户幕府时期所有家庭须在佛教庙宇中注册的规定（Chapman and Krogness，2014；Krogness，2011：65-66）。该规定目的是确保民众中没有基督徒，因为当时基督教被德川幕府认定为非法宗教（Cornell and Hayami，1986；Jensen，2000：57）。

8 Krogness（2014）描述了户籍系统变迁的细节。关于平行的"家制度"的讨论，请见Tanaka（1980）、Toshitani（1994），以及Watanabe（1963）。

9 户籍卡上，离婚是通过移除一方（以及那一方监护的子女）来标注的。户籍卡上的此类变动时至今日依旧肉眼可见，并且像我在第五章中讨论的那样，这也助长了离婚污名。

10 户籍系统文件是歧视的工具，潜在的雇主、学校以及婚姻对象都经常用它来检查对方家庭历史是否"合适"（Tsubuku and Brasor，1996：83）。1969年，在部落（Buraku）组织行动派抗议过后，新法通过，禁止公众查看上述资料，因为这些文件提供并且维持了歧视的可能性（Hah and Lapp，1978）。

11 在当代的案件中，曾有过一位政府职员驳回的申请被另一位职员（可能从属于另一个办公室）批准的先例（Mackie，2014：206）。Chen报道过，对于有争议的注册变更，一个有效的策略是尝试投递不同的办公室，直到遇见友好肯批准的职员为止（Chen, 2014: 235）。我自己的经历也让我相信，就像所有由人运转的官僚系统一样，这个精细的户籍系统也会包含很多偶发因素带来的差异，而这并非一开始就能被察觉到。

12 在我做研究的过程中，这是唯一一次我亲耳听到有人使用"拒绝离婚申请书"的情况，即便偶尔在媒体中可以见到此类报道（Yomiuri, 1992: 1996），特别是在建议专栏中（Yoshihiko, 1996）。Ninomiya（2005: 92）估计，在2002年，大约有4万个拒绝离婚申请。

13 这只是法律中性别差异的一个例子。直到2015年，女性如果想再婚的话，仍须等待六个月（日本民法典，第733条）。2015年高法作出判决，女性现在要等100天。男性则立时可以再婚，我在第四章提到过，有一个人说她前夫离婚当天就再婚了。法律上的这个差异最初是强化父权。通过限制女性即时再婚，任何不为人知的胎儿在再婚时都会一目了然，从而法律就有可能判定谁是"真"父亲。日本民法典第772条描述了和父权相关的假设：女人生的所有小孩都是她丈夫的小孩，离婚后300天内生的小孩是前夫的小孩。该逻辑当然忽略了女方婚外性行为以及测验父方基因的可能性。这条法律和夫妻保留各自姓氏一样，成为行动派呼吁改革的重点，尤其是考虑到当下有更为准确的测量方式（Matsush-ima, 1997; White, 2018）。Burns（2009）和Goldfarb（2019）提出，"基因"在日本家庭法中是极为重要的"理念"，比实际基因测验更重要。女性不被允许立即再婚，因为法律界定的父权优先于基因鉴定中的父权。

14 樱井提到的"协商"指的是在律师办公室的会议，并非家庭仲裁所的调停。

15 详见，Dewar（2000）、Halley（2011a, 2011b）、Hasday（2014）和Nicola（2010）。

16 对法律漠不关心可能反映出更普遍的态度，有人称为"日本法律意识"（hō ishiki），此概念用于解释相对较低的人均诉讼率，也用来指代人们喜欢私了而不是上法庭的偏好（Kawashima, 1967）。表面上看，绝大多数日本人都绕过正式法律解决家庭问题，似乎是"日本法律意识"最简单的体现。我在其他地方描述了这样的观点：人们决定通过这种方式解决问题是因为认识到了其中诸多好处。比如，可以躲开正式家庭法中的重大限制，调停官极度保守的观点，以及在系统中消耗的大量时间（Alexy, 2021）。

第四章 家庭分合

1 据报道,两人是"协议"离婚。如前章介绍,这种离婚只有双方都同意才能达成。很多人觉得小泉家族中女性成员,包括他母亲和姐妹,以及幕僚共同说服他提出离婚,并且给宫本施加压力,让她同意签字(Reitman, 2001)。小泉也试图获得尚未出生的小儿子的监护权,但没有得到批准。

2 日本的已婚夫妇相比于未婚情侣在不少方面都能享有特权,包括税收、财产继承,以及为配偶做医疗决定等(Machkie, 2009)。这种特权也延伸到孩子身上,已婚夫妇的小孩享有更多的法律权利,有更高的社会地位(Hertog, 2009: 81)。2004 年以前,非婚子女在户籍系统中的注册形式依旧凸显他们的"非法"身份(Machkie, 2014: 206; White, 2014: 240)。2013 年以前,非婚子女只享受"合法"子女一半的继承权(Jones, 2015: 151)。该项政策改革在某种程度上是回应日本在 1994 年联合国大会中签署的儿童权益。虽然法律上的差异在此次改革后消失,但孩子父母的状态依旧在户籍系统中明确标注,即便在当代也可能成为歧视的来源(Goodman, 1996: 109; Korgness, 2011: 75; Mackie, 2009: 150)。

3 家长双方分居但尚未离婚时,看护权(*kangoken*)只能由一方持有。Jones(2007b: 217)认为,分居时持有看护权的家长很有可能在离婚时得到全部监护权(看护权和亲权)。如果一家长了解上述规律,或者通过律师知道这种可能性,他们很有可能会在协商期间限制另一方家长和小孩的接触,从而提高最后"赢得"监护权的概率。Jones 描述了法律上指定探视的难度。尤其是家长双方已经分开但尚未离婚,此时双方从法律角度上说均可探视子女,虽然事实上并不一定。

4 不论哪种离婚,家长双方各持一种监护权的情况并不常见,法院也很少作出类似判决(Saito, 2016: 945)。比如在 1993 年,最高法院推翻了某共同监护协议,"因为法院认为双方家长不太可能再继续合作"(T. Tanase, 2010: 17)。

5 "参勤交代"(*sankin kotai*)系统在 1635 年到 1642 年间成为江户政策中常规化的一部分,目的是强化地方首领忠诚度,避免地方独大的情形。虽然征夷大将军(*shogun*)人在江户(现在的东京),但他需要边远地区大名(*daimyo*,地方领主)的支持。为了确保大名不会一离开江户就筹谋政变,征夷大将军要求大名和妻子、继承人交替在江户居住。当大名在江户时,家人住在地方官邸；但当大名回到地方执政时，家人则领搬到江户，在大将军的眼皮底下生活。详见 Gordon（2003：13），Maruyama（2007），以及 Vaporis（2008）。

6 虽然户籍系统普及度很高，在人们心中也根深蒂固，但日本除户籍系统外还有平行的"住民票"（jūminhyō，居民注册系统）（Chapman, 2008: 425）。该系统由市级机构负责，记录居民现住址，多用于选举以及其他事项（同上）。在同一户（户籍系统）中的人并不一定住在同一个屋檐（住民票）下。

7 总计 13,196 人次投票。另外一个在雅虎新闻上不科学的问卷发现，在 13,721 名参与者中，57% 支持"共同监护"选项，29% 反对，14% 不确定。

8 当然，人们对不同称呼有不同的联想，哪个称呼最好和如何组织婚姻的讨论有诸多相像之处。比如，在第一章中提到，青山女士把常见称呼"丈夫"（danna，字面义为主人）和"脱节依存"模式下她感受到的婚姻问题联系起来。更多关于"丈夫""妻子"等多层含义称呼的分析，请见 Mizumoto（2010）。

9 Tanase（2004：28）认为非监护家长如果在探视时间上保有灵活性的话，结果会更好。这可能意味着，比如，小孩如果不想赴约，家长依旧可以正向回应。

10 和田女士在这里用的是"我前夫的新妻子"，而不是"继母"。这很可能反映出描述继父母关系上，称呼尚未达成共识（Nozawa, 2008: 79）。虽然她应该用 mama 或 haha，意思是继母，但这个词感觉非常冷淡，有种法律词汇的派头，因而没人在日常生活中使用。

11 在关于哪些家庭成员应保持联系的讨论里，我看到了与 Weston（1991）所提出的"我们选择的家庭"（families we choose）概念相反的情形。在她的分析中，美国同性伴侣创造的家庭有时不被法律或主流社会承认。对比之下，在日本，有些离异家长选择断绝和小孩的联系，时常选择"第二个"家庭，而不是前段婚姻的小孩，好像这些关系可以相互替代。日本法庭也作出过相似判决。比如，在 2003 年的某判决要求非监护母亲减少和儿子的相处时间，原因是父亲再婚，新妻子已经合法领养了这个男孩。大阪高级法院的意见书中解释说，"让孩子在生活习惯迥异、规则也不同的两个家庭中生活，对孩子的情感和情绪稳定会有负面影响"（Tanase, 2011: 569）。

12 某离异亲子调查显示，28% 的家长从来没有就离婚和小孩解释过。在这一群人中，有幼子的父母认为小孩还搞不明白。年长一点的孩子的父母认为他们不需要解释，要么因为小孩已经通过监护权争端了解了离婚，要么是觉得不可能把离婚原因解释清楚（家庭问题信息中心，2005；也见 Saito, 2016: 959）。

13 在恩布里夫妇对须惠村的描述中,一个离异母亲如果再婚,而再婚丈夫不愿抚养她前段婚姻中的子女,那么她将不得不把小孩留在自己的原生家庭里。他们的描述中包含多个继母虐待继子的例子(Smith and Wiswell,1982:169)。差不多一百年之后,Ono(2010:168)使用日本综合社会调查(Japanese General Social Survey)的数据发现,拥有监护权的父亲再婚的可能性比监护母亲高。

14 电影和电视总是把"一刀两断"表现为无需标注的规范,即便在故事中涉及到"一刀两断"带来的问题(Kore-eda, 2011, 2015; NHK, 2005; Takita, 2008)。

15 我们很难通过这些统计数据看出父母双方是不是都同意"一刀两断"。在本章之后还会提到,这些数据中很可能包括很多想和孩子联系但却没有联系的非监护家长。

16 随后她了解到她父亲确实和"另一个"女人再次结婚,可能就是和三浦妈妈离婚一天后注册结婚了。在之前的章节中提到过,男性离婚后可以立即再婚,但女性那时还要等六个月,才有可能合法再婚。2015 年时等待时间减少到 100 天。

17 在某报关于子女监护权以及抚养费的论坛上,下夷美幸(Shimoebisu Miyuki)引用新自由主义的"个体责任"来描述上述观点:"自行承担取得抚养费的风险。"(Ushida, 2016)同样,关于探视系统的某新闻报道中,记者 Baba Hayato 说,"在日本,离婚、达成探视协议还是家里人自己的事情"(NHK, 2017)。

18 在美国语境中,"探视"(visitation)一词已经替换为"做家长时间"(parenting time),强调非监护家长看望小孩不仅仅是"探视"(Fabricius et al., 2010)。然而在日本,"探视"仍然是最常用的说法,因此我也使用该词。不仅如此,小孩和非监护家长的接触也确实更像字面意义上的探视,通过法庭协调的会面更是如此。见面交流时间很短,几乎没有过夜的可能。因此,在日本语境中,"探视"似乎最合适。在更加整体化、合作更深的情形中,我用"一起当家长"(co-parenting)来描述。在日本,描述探视的词汇从"面接交涉"这个法律感很强的词,变成了"面会交流"(Kaba, 2014)。

19 虽然对比协议离婚和其他种类离婚的统计数据很有帮助,但协议离婚的频率让所有比率都有所倾斜,难以得出有价值的结论。协议离婚的规范是如此之强,没能达成协议离婚的家庭很可能在其他方面也不同寻常。

20 该报告将回应分成了两部分,一部分来自单亲妈妈家庭,另一部分来自单亲爸爸家庭。单亲妈妈远比单亲爸爸要多,此报告中几乎是单亲爸爸的三倍。在单亲妈妈家庭中,27.7% 有探视,17.6% 曾经探视但当下没有,50.8% 从未有过探视(MHLW,2011:57)。单亲爸爸家庭中母亲的探视频率略高,37.4% 有探视,16.5% 曾经探视过,41% 从未有过探视(同上,58)。该问卷的信息很明确,大多数单亲家庭的孩子和非监护方都没有常规性接触。

21 这些图表可在线上获得:http://www.courts.go.jp/tokyo-f/saiban/tetuzuki/youikuhi_santei_hyou/。更多图表以及更新情况,详见 Miyashaka(2015)。

22 学界中有关于日本藐视法律权利的讨论。虽然很多学者认为藐视法律权利并不存在,或者极为有限(Ginsburg and Hoetker,2006:34;Hayley,1991;Jones,2007a:177),但 Ramseyer 和 Nakazato(1999:148)敦促学界拓展"藐视"的定义,以覆盖法官在监护权争端中对不履行责任的家长处以罚款的情形。本书写作阶段中,有很多提案都要求对不遵守协定探视时间表的家长处以罚款(Kaneko,2016)。

23 比如,最近的一个例外证明了上述规律/规则。2015 年,福冈家庭仲裁所把监护权判给了原本是非监护方的父亲,原因是他的前妻拒绝执行协商好的探视时间表。著名家庭法学者棚村政行(Tanamura Masayuki)强调了这个判决的独特性,他说,"这是首例因探视受阻而改判监护权的案件"(Asahi Newspaper,2015)。

24 "进入"和"退出"等词汇在描述家庭成员上还是很常见的,但并不是指家庭本身,而是户籍系统。比如,"结婚"的简称是"入户",即女性进入丈夫的户籍卡。更多与空间、性别相关的户籍系统指代,请见 Alexy(2011a:247)以及 Tanase(2010:18)。

25 这些规律和美国监护权法律变化有相通之处。笼统来讲,直到 19 世纪末,美国法庭依旧把孩子当成父亲的财产,绝大多数情况下都把监护权判给父亲。到 20 世纪时,法庭开始想象年幼的孩子需要母亲照顾,形成了所谓的"幼年学说"(tender year doctrine)。从 1960 年代开始,法庭则通过"子女利益最优"(child's best interest)这个有着宽泛解释的理念来作出判决(Mason,1996)。

26 虽然最近的监护权偏好只是家庭法系统众多不公平也不平衡的例子之一,但很多法律和法律规范依旧对女性有严重的歧视,包括离婚后 100 天内不许再婚，要求所有家庭成员使用同一姓氏，对抚养费的执行无能，等等。要说清楚的是，其他不公正情况不会让上述歧视变得可以接受，但就像不少行动派说的那样，法庭哪怕把监护权大量地判给母亲，也不意味着它就在各个方面都支持女性。

27 大量非监护方的例子（尤其是父亲）显示判决中的探视可以非常有限，比如每三个月一小时，或者一年两次甚至更少（Nishimuta，2017；Sakuda，2017；Tanase，2011）。

28 第一幅海报中的父亲是丸山正温，是著名女星安室奈美惠的丈夫。成为海报中的"理想父亲"三年后，两人就离婚了（Makatani，2006：95）。娱乐八卦新闻说丸山先生得到了儿子的监护权，但是两人继续同居，共同抚养。2005年丸山再婚后，安室奈美惠上诉家庭仲裁所，得到了儿子的抚养权（Anon，2015b）。"奶爸"运动的形象代言人在离婚后执行共同监护符合我的期待，参与养育的父亲确实会在离婚后保持联系。然而，他再婚之后，尤其是和新配偶的女儿出生之后，监护权以及实际情况都发生了改变。这印证了之前提过的理念——"新"家庭会受到"旧"家庭关系的威胁。

29 日语中，那个警察说的是："Mōshiwakenain desu kedo, kono ken ni tsukimashite wa, maa, yūkai no kējijiken wa taranain desu yo. Myūcharu toraburu to itta mon de, miuchikan no mondai de, sasuga kairi dekiru you na mondai jya nain de..."

30 这种情况下，我想到一个美国的反例：艾兰·蒂阿兹（Alan Diaz）臭名昭著的照片中，伊里安·甘扎勒兹（Elián González）尖叫着和冲锋枪瞄准他的移民局官员对峙。日本家庭仲裁所尽力避免类似情形，常常把孩子留给父母（或者其他亲戚），家长也不想放弃，不论法律文件上怎么说。

31 在现行系统下，降低父母劫持概率的一个手段是监护方家长禁止探望。鉴于法律能对父母劫持作出的回应，这种明确的拒绝是合理且合逻辑的做法，来降低另一方家长带走小孩的概率。

32 Naoi（1996）引用了 Iwanaga（1990），发现母亲的教育背景比父亲的教育背景更可能影响子女教育上的抱负。因为女性的受教育程度常和社会阶层相关，这个机制是阶层延续的一部分。

33 在美国情境下这方面的争论详见 Amato and Booth（1997）；Hetherington（1999）；Kelly（2002）；Stewart et al.（1997）；Wallerstein, Lewis, and Blakeslee（2000）。Goldstein、Freud 和 Solnit（1973）在美国情境下重新使

用了"一刀两断"的说法,他们认为单方监护应该是唯一选项,因为子女夹在有过节的家长中间,可能面临"忠诚矛盾"(loyalty conflict)。

第五章　离异后的生活

1 译者注:原意是"叉"。词语"*batsu ichi*"(前文提到)是"删节线"的意思,引申意指离过婚的人。
2 这个问卷将女性是否与孩子共同居住和母亲身份作了具体区分。在我的描述中,"离异女性"是指没有与孩子在同一住所生活的女性,她们也有可能是没拿到监护权的母亲。
3 "*Demodori*"是个高度污名化的词语,指代离过婚的人,字面意思是离开又回来(原生家庭)的人。虽然听上去和性别没关系,但女性是从原生家庭"嫁出去"的那个,"嫁到"丈夫家,离婚后又"回到"原生家庭,因此这个词一直用来专门贬损离婚女性。在意象上,这个词让人感觉(嫁出去的女儿)又"爬回来"了。Takemaru(2005)发现,女性认为该词汇性别歧视含义特别明显。理论上每个人都可以建立自己独立的户籍卡,但是很少有人这样做(Krogness,2011)。
4 从法律角度上讲,我们可能本来拿不到这份户籍卡,因为大甫请求查看的并不是他自己的那份。日本的民法典在1976年的修订明确了只有本人才能查阅户籍卡,他人不具备该项权利(Bryant,1991:149;Chapman,2014:98)。然而法律上的变更并没有真正付诸实施,因为很多人,尤其是私家侦探,还在用家庭户籍系统区别对待那些家庭历史中有"污点"的人。大甫本来不能被允许查阅母亲的户籍(他只能查自己的),但他母亲身体不舒服,也不想和我们一起来市政府办公室,所以就把自己的名章给了大甫,请他代劳。政府工作人员也愿意接受这个解释。
5 其他学者也发现了用"脏了""污点"等来描述户籍卡的说法,以及偏离模范理念的家庭(Bryant,1992:407;Krogness,2011:82)。九州岛上一个很保守的父亲,他女儿因家暴离婚,他用"叉叉"来表达自己感受到的巨大羞耻和尴尬。
6 考虑到当时存在的种种歧视,真弓对这些事件的解读其实是合理的。在1983年,纪伊国屋书店(Kinokuniya Bookstore)曾有一项隐性政策,在众多犯忌讳的雇佣对象中，有一个是离异女性（Fan，1999：109）。

7 手机里的表情包其实也依旧有发源于日本的痕迹，比如，好几个男女版本的"叉叉"（小臂在体前交叉）和"圈圈"（双手在头顶上接触，手臂呈圆形，好像一个芭蕾演员），在日本语境中，前一个是拒绝，后者是赞同。而当我询问美国朋友这些表情是什么意思时，有人说是啦啦队员在摆姿势，或者解读成"目标！"，抑或"离远点！""我不玩"。我很想看到研究跨文化表情包翻译的文献。

8 这个情况下，Sawyer 和 Ishizaki 都用了基尼系数（Gini Coefficient）——一个常见的描述社会财富或者收入分布的指数。高基尼系数意味着更严重的不平等。Sawyer（1976）最早算得日本的基尼系数是 0.316，但 Ishizaki（1983）认为是 0.400。和经合组织（OECD）其他成员国相比，这个差别已经可以把日本从相当平等移到很不平等的区间（Chiavacci，2008：14）。Tachibanaki（2005：67）认为上述差异也可能反映的是两份重量级测量收入不平等纵向问卷之间的差异。

9 2011 年某线上调查也得出了相似的结果，约 74.3% 的受访者认为日本贫富差距在过去五年间有所扩大（Oshio and Urakawa，2014：762）。

10 学者已经证实离婚后经济状况上存在性别差异，比如在英国（Brewer and Nandi，2014；Jarvis and Jenkins，1999），欧洲（Uunk，2004），荷兰（Manting and Bouman，2006），加拿大（Finnie，1993；Gadalla，2008），以及美国（Avellar and Smock，2005；Bianchi，Subaiya，and Kahn，1999；Espenshade，1979；Newman，1986；Smock，1993；Smock，Manning，and Gupta，1999）等。有些研究发现女性在短期内可以"反弹"，特别是再婚之后（Dewilde and Uunk，2008；Hao，1996；Morrison and Ritualo，2000）。

11 在包括日本、韩国和美国的很多国家，人们越来越不容易结婚了，自然会影响到离婚率。

12 Ezawa（2016：85）同样描述了单身妈妈家中空旷的情形，以及她们紧张的预算。

第六章 社会关系断裂后的新生

1 该尸体是官员们到访、恭贺寿辰时发现的（Tamaki，2014：203）。

2 他的女儿、女婿以及孙辈解释说,在死者生前他们不被允许进入该房间,因此,死者很长时间没出现他们也没有去开门看看发生了什么。但他们照旧接收死者的养老金,最终以诈骗罪被起诉。

3 Sandberg 和 Goldfarg 两人都明确描述过,人类学家和研究对象之间保持一点(社交)距离会让研究对象更舒服,更乐意分享亲密话题。详见 Alexy 和 Cook(2019:240,251)。

4 母语不是日语的读者可能理解我那时的困惑。在日语的日常会话中,省略主语并不罕见,说话的人假设对方知道语境。吉田先生那天就是这样,他说的差不多是"……给我打了电话",然后我就陷入困惑,"等等,啥?谁给你打电话了?"在这句话前我们也没聊到他前妻,因此语境信息并不明显。我想他如此聊起这个艰难的话题,是因为他觉得我应该能猜出来他的意思,同时婚礼也让他触景生情,又或许他觉得我和他一样时时在想离婚这件事。

5 比如,www.heartclinic.co.jp,www.rikon-web.com,www.newgyosei.com/info,还有 www.rikonsodan.com。

6 理论上来说,咨询是一份时间灵活的工作,可以提供收入来源。年长的离异女性看到了潜在的市场,而且作为过来人她们可以给出建议。比如,关口洋子就通过咨询赚到了可观的收入。其他人还在培训中(比如第二章提到的大田女士)或者免费提供此类服务(例如本章以及第二章中提到的贞子)。

7 这很有可能是他在线上论坛以及群邮件中的网名。很多线上活跃的会员参加此类聚会时都会用网名称呼自己。

8 正式小组讨论以外,参与者有时也会和我说说家中的婆媳问题,这是一个经典冲突点,但是她们常常弱化问题的重要程度,不会在小组讨论中提出来。

9 Gershon(2012)在不同文化场景中的亲密关系问题上也谈到了这点。

10 我在引言中介绍过,2004 年通过的一项养老金条款直到 2007 年 4 月才落实。2005 年我刚开始做研究时,很多人像良子女士一样,公开讨论 2007 年后离婚的计划。对很多男性来说,这好像一把悬在头顶上的达摩克利斯之剑(Alexy,2007;Curtin,2002)。

参考文献

Abe, Aya K. 2012. "Poverty and Social Exclusion of Women in Japan." *Japanese Journal of Social Security Policy* 9(1): 61–82.

Abe, Hideko. 2004. "Lesbian Bar Talk in Shinjuku, Tokyo." In Okamoto and Shibamoto Smith, *Japanese Language, Gender, and Ideology*, 205–21.

Abe, Yukiko. 2011. "Danjo koyō kikai kintōhō no chōkiteki kōka" [The Long-Term Effects of the Equal Employment Opportunity Law]. *Nihon rōdō kenkyū zasshi* 53(10): 12–24.

Abegglen, James. 1958. *The Japanese Factory: Aspects of Its Social Organization*. Glencoe, IL: The Free Press.

Abegglen, James. 1970. "The Economic Growth of Japan." *Scientific American* 222(3): 31–37.

Abraham, Jed H. 1989. "The Divorce Revolution Revisited: A Counter-Revolutionary Critique." *Northern Illinois University Law Review* 9(2): 251–98.

Adachi, Yoshimi. 2018. *The Economics of Tax and Social Security in Japan*. Singapore: Springer.

Adrian, Bonnie. 2003. *Framing the Bride: Globalizing Beauty and Romance in Taiwan's Bridal Industry*. Berkeley: University of California Press.

Ahearn, Laura M. 2001. *Invitations to Love: Literacy, Love Letters, and Social Change in Nepal*. Ann Arbor: University of Michigan Press.

Akabayashi, Hideo. 2006. "The Labor Supply of Married Women and Spousal Tax Deductions in Japan: A Structural Estimation." *Review of Economics of the Household* 4(4): 349–78.

Akiba, Jun'ichi, and Minoru Ishikawa. 1995. "Marriage and Divorce Regulation and Recognition in Japan." *Family Law Quarterly* 29(3): 589–601.

Alexander, Arthur J. 2002. *In the Shadow of the Miracle: The Japanese Economy since the End of High-Speed Growth*. Lanham, MD: Lexington Books.

Alexy, Allison. 2007. "Deferred Benefits, Romance, and the Specter of Later-life Divorce." *Contemporary Japan* 19:169–88.

Alexy, Allison. 2008. "Intimate Separations: Divorce and its Reverberations in Contemporary Japan." PhD dissertation, Yale University.

Alexy, Allison. 2011a. "The Door My Wife Closed: Houses, Families, and Divorce in Contemporary Japan." In Ronald and Alexy, *Home and Family in Japan*, 236–53.

Alexy, Allison. 2011b. "Intimate Dependence and Its Risks in Neoliberal Japan." *Anthropological Quarterly* 84(4): 895–917.

Alexy, Allison. 2021. "Children and Law in the Shadows: Responses to Parental Abduction in Japan." *Positions* 29(3): 523–549.

Alexy, Allison, and Emma E. Cook, eds. 2019. *Intimate Japan: Ethnographies of Closeness and Conflict*. Honolulu: University of Hawai'i Press.

Alexy, Allison, and Emma E. Cook. 2019. "Reflections on Fieldwork: Exploring Intimacy." In Alexy and Cook, *Intimate Japan*, 236–59.

Allison, Anne. 1994. *Nightwork: Sexuality, Pleasure, and Corporate Masculinity in a Tokyo Hostess Club*. Chicago: University of Chicago Press.

Allison, Anne. 2000. *Permitted and Prohibited Desires: Mothers, Comics, and Censorship in Japan*. Berkeley: University of California Press.

Allison, Anne. 2013. *Precarious Japan*. Durham: Duke University Press.

Amato, Paul R. 2003. "Reconciling Divergent Perspectives: Judith Wallerstein, Quantitative Family Research, and Children of Divorce." *Family Relations* 52(4): 332–39.

Amato, Paul R. 2010. "Research on Divorce: Continuing Trends and New Developments." *Journal of Marriage and Family* 72(3): 650–66.

Amato, Paul R., and Alan Booth. 1997. *A Generation at Risk: Growing Up in an Era of Family Upheaval*. Cambridge: Harvard University Press.

Amato, Paul R., and Denise Previti. 2003. "People's Reasons for Divorcing: Gender, Social Class, the Life Course, and Adjustment." *Journal of Family Issues* 24(5): 602–26.

Annas, George, and Frances Miller. 1994. "The Empire of Death: How Culture and Economics Affect Informed Consent in the US, the UK, and Japan." *American Journal of Law and Medicine* 20(4): 357–94.

Antell, Matt, and David Hearn, dir. 2013. *From the Shadows*. Los Angeles: International Documentary Association.

Applbaum, Kalman. 1995. "Marriage with the Proper Stranger: Arranged Marriage in Metropolitan Japan." *Ethnology* 34(1): 37–51.

Arai, Andrea Gevurtz. 2016. *The Strange Child: Education and the Psychology of Patriotism in Recessionary Japan*. Stanford: Stanford University Press.

Araki, Takashi. 2007. "Changing Employment Practices, Corporate Governance, and the Role of Labor Law in Japan." *Comparative Labor Law and Policy Journal* 28(2): 251–81.

Asagei Plus. 2016. "'Rikon 33-nen' hatsu shuki happyō mo Koizumi Jun'ichirō moto tsuma ga sore demo akasanu 'wakareta riyū'" [33 Years after Their Divorce, Ex-wife of Jun'ichirō Koizumi Published Note without Revealing "Reasons for Divorce"]. http://www.asagei.com/excerpt/54654.

Asahi Newspaper. 2015. "Menkai kyohi de chichi ni shinken henkō Fukuoka kasai 'haha no gendō, chōnan ni eikyō'" [Fukuoka Court Gives Custody to Father, Citing Mother for Breaking Visitation Promise]. February 24, 2015.

Asahi TV. 2005. *Jukunen rikon* [Later-Life Divorce].

Assmann, Stephanie. 2014. "Gender Equality in Japan: The Equal Employment Opportunity Law Revisited." *Asia-Pacific Journal-Japan Focus* 12(45): 1–24.

Atsumi, Reiko. 1988. "Dilemmas and Accommodations of Married Japanese Women in White-Collar Employment." *Bulletin of Concerned Asian Scholars* 20(3): 54–62.

Avellar, Sarah, and Pamela J. Smock. 2005. "The Economic Consequences of the Dissolution of Cohabiting Unions." *Journal of Marriage and Family* 67(2): 315–27.

Bachnik, Jane, and Charles Quinn, Jr., eds. 1994. *Situated Meaning: Inside and Outside in Japanese Self, Society, and Language*. Princeton: Princeton University Press.

Bachnik, Jane. 1983. "Recruitment Strategies for Household Succession: Rethinking Japanese Household Organization." *Man* 18(1): 160–82.

Beardsley, Richard, John Hall, and Robert Ward. 1959. *Village Japan*. Chicago: University of Chicago Press.

Beck, Ulrich, and Elisabeth Beck-Gernsheim. 1995. *The Normal Chaos of Love*. Cambridge: Polity Press.

Befu, Harumi. 2001. *Hegemony of Homogeneity: An Anthropological Analysis of "Nihonjinron."* Melbourne: Trans Pacific Press.

Berlant, Lauren, ed. 2000. *Intimacy*. Chicago: University of Chicago Press.

Bernstein, Elizabeth. 2007. *Temporarily Yours: Intimacy, Authenticity, and the Commerce of Sex*. Chicago: University of Chicago Press.

Bernstein, Gail Lee. 1983. *Haruko's World: A Japanese Farm Woman and Her Community*. Stanford: Stanford University Press.

Bestor, Theodore C. 1989. *Neighborhood Tokyo*. Stanford: Stanford University Press.

Bianchi, Suzanne M., Lekha Subaiya, and Joan R. Kahn. 1999. "The Gender Gap in the Economic Well-Being of Nonresident Fathers and Custodial Mothers." *Demography* 36(2): 195–203.

Bloch, Dalit. 2017. "More than Just *Nakayoshi*: Marital Intimacy as a Key to Personal Happiness." In Manzenreiter and Holtus, *Happiness and the Good Life in Japan*, 25–40.

Blomström, Magnus, Byron Gangnes, and Sumner La Croix, eds. 2001. *Japan's New Economy: Continuity and Change in the Twenty-First Century*. Oxford: Oxford University Press.

Blomström, Magnus, and Sumner La Croix, eds. 2006. *Institutional Change in Japan*. Abingdon, UK: Routledge.

Boling, Patricia. 2008. "State Feminism in Japan?" *US-Japan Women's Journal* 34:68–89.

Boris, Eileen, and Rhacel Salazar Parreñas, eds. 2010. *Intimate Labors: Cultures, Technologies, and the Politics of Care*. Stanford: Stanford University Press.

Borovoy, Amy. 2001. "Not a Doll's House: Public Uses of Domesticity in Japan." *US-Japan Women's Journal* 20–21: 83–124.

Borovoy, Amy. 2005. *The Too-Good Wife: Alcohol, Codependency, and the Politics of Nurturance in Postwar Japan*. Berkeley: University of California Press.

Borovoy, Amy. 2010. "Japan as Mirror: Neoliberalism's Promise and Costs." In Greenhouse, *Ethnographies of Neoliberalism*, 60–74.

Borovoy, Amy. 2012. "Doi Takeo and the Rehabilitation of Particularism in Postwar Japan." *Journal of Japanese Studies* 38(2): 263–95.

Bradshaw, Carla. 1990. "A Japanese View of Dependency: What Can *Amae* Psychology Contribute to Feminist Theory and Therapy?" In *Diversity and Complexity in Feminist Therapy*, edited by L. Brown and M. Root, 67–86. Abingdon, UK: Routledge.

Brainer, Amy. 2017. "Materializing 'Family Pressure' among Taiwanese Queer Women." *Feminist*

Formations 29(3): 1–24.

Braver, Sanford L.. 1999. "The Gender Gap in Standard of Living after Divorce: Vanishingly Small." *Family Law Quarterly* 33(1): 111–34.

Brewer, Mike, and Alita Nandi. 2014. "Partnership Dissolution: How Does It Affect Income, Employment, and Well-Being?" *Institute for Social and Economic Research Working Paper Series* 30:1–135.

Brinton, Mary C. 1988. "The Social-Institutional Bases of Gender Stratification: Japan as an Illustrative Case." *American Journal of Sociology* 94(2): 300–334.

Brinton, Mary. 1993. *Women and the Economic Miracle: Gender and Work in Postwar Japan*. Berkeley: University of California Press.

Brinton, Mary. 2010. *Lost in Transition: Youth, Work, and Instability in Postindustrial Japan*. Cambridge: Cambridge University Press.

Bryant, Taimie. 1991. "For the Sake of the Country, For the Sake of the Family: The Oppressive Impact of Family Registration on Women and Minorities in Japan." *UCLA Law Review* 39(1): 109–68.

Bryant, Taimie. 1992. "'Reponsible' Husbands, 'Recalcitrant' Wives, Retributive Judges: Judicial Management of Contested Divorce in Japan." *Journal of Japanese Studies* 18(2): 407–43.

Bryant, Taimie. 1995. "Family Models, Family Dispute Resolution, and Family Law in Japan." *UCLA Pacific Basin Law Journal* 14:1–27.

Burns, Catherine. 2005. *Sexual Violence and the Law in Japan*. Abingdon, UK: Routledge.

Burns, Susan. 2009. "Local Courts, National Laws, and the Problem of Patriarchy in Meiji Japan: Reading 'Records of Civil Rulings' from the Perspective of Gender History." In *Interdisciplinary Studies on the Taiwan Colonial Court Records Archives*, 285–309. Taibei: Angle Publishing Company.

Cahill, Damien, and Martijn Konings. 2017. *Neoliberalism*. Cambridge: Polity Press.

Campbell, John Creighton, and Naoki Ikegami. 2000. "Long-Term Care Insurance Comes to Japan." *Health Affairs* 19(3): 26–39.

Carbone, June, and Naomi Cahn. 2014. *Marriage Markets: How Inequality Is Remaking the American Family*. Oxford: Oxford University Press.

Cave, Peter. 2007. *Primary School in Japan: Self, Individuality, and Learning in Elementary Education*. Abingdon, UK: Routledge.

Cave, Peter. 2016. *Schooling Selves: Autonomy, Interdependence, and Reform in Japanese Junior High Education*. Chicago: University of Chicago Press.

Chapman, David. 2008. "Tama-chan and Sealing Japanese Identity." *Critical Asian Studies* 40: 423–43.

Chapman, David. 2011. "Geographies of Self and Other: Mapping Japan through the Koseki." *Asia-Pacific Journal: Japan Focus* 9(29): 1–10.

Chapman, David. 2014. "Managing 'Strangers' and 'Undecidables:' Population Registration in Meiji Japan." In Chapman and Krogness, *Japan's Household Registration System*, 93–110.

Chapman, David, and Karl Jakob Krogness, eds. 2014. *Japan's Household Registration System and Citizenship: Koseki, Identification, and Documentation*. Abingdon, UK: Routledge.

Charlebois, Justin. 2013. *Japanese Feminities*. Abingdon, UK: Routledge.

Chen, Tien-shi (Lara). 2014. "Officially Invisible: The Stateless (*mukokusekisha*) and the Unregistered (*mukosekisha*)." In Chapman and Krogness, *Japan's Household Registration System and Citizenship*, 221–38. Abingdon, UK: Routledge.

Chiavacci, David. 2008. "From Class Struggle to General Middle-Class Society to Divided Society: Societal Models of Inequality in Postwar Japan." *Social Science Japan Journal* 11(1): 5–27.

Cho, John Song Pae. 2009. "The Wedding Banquet Revisited: 'Contract Marriages' between Korean Gays and Lesbians." *Anthropological Quarterly* 82(2): 401–22.

Clark, Robert L., and Naohiro Ogawa. 1992. "Employment Tenure and Earnings Profiles in Japan and the United States: Comment." *American Economic Review* 82(1): 336–45.

Clarke-Stewart, K. Alison, Deborah L. Vandell, Kathleen McCartney, Margaret T. Owen, and Cathryn Booth. 2000. "Effects of Parental Separation and Divorce on Very Young Children." *Journal of Family Psychology* 14(2): 304–26.

Cockburn, Patrick J. L. 2018. *The Politics of Dependence: Economic Parasites and Vulnerable Lives*. New York: Palgrave Macmillan.

Cole, Jennifer, and Lynne M. Thomas, eds. 2009. *Love in Africa*. Chicago: University of Chicago Press.

Cole, Robert E. 1971. *Japanese Blue Collar: The Changing Tradition*. Berkeley: University of California Press.

Cole, Robert E. 1979. *Work, Mobility, and Participation: A Comparative Study of American and Japanese Industry*. Berkeley: University of California Press.

Collier, Jane. 1997. *From Duty to Desire: Remaking Families in a Spanish Village*. Princeton: Princeton University Press.

Coltrane, Scott, and Michele Adams. 2003. "The Social Construction of the Divorce 'Problem': Morality, Child Victims, and the Politics of Gender." *Family Relations* 52(4): 363–72.

Cook, Emma E. 2016. *Reconstructing Adult Masculinities: Part-Time Work in Contemporary Japan*. Abingdon, UK: Routledge.

Cooper, Melinda. 2017. *Family Values: Between Neoliberalism and the New Social Conservatism*. New York: Zone Books.

Coppola, Sofia, dir. 2003. *Lost in Translation*. Universal City, California: Focus Features.

Cornell, L. L., and Akira Hayami. 1986. "The Shūmon Aratame Chō: Japan's Population Registers." *Journal of Family History* 11(4): 311–28.

Crawcour, Sydney. 1978. "The Japanese Employment System." *Journal of Japanese Studies* 4(2): 225–45.

Cunneen, Chris. 2011. "Indigeneity, Sovereignty, and the Law: Challenging the Processes of Criminalization." *South Atlantic Quarterly* 110(2): 309–27.

Curtin, Sean. 2002. "Living Longer, Divorcing Later: The Japanese Silver Divorce Phenomenon." Glocom.org.

Dales, Laura, and Beverly Yamamoto. 2019. "Romantic and Sexual Intimacy before and beyond Marriage." In Alexy and Cook, *Intimate Japan*, 73–90.

Dasgupta, Romit. 2005. "Salarymen Doing Straight: Heterosexual Men and the Dynamics of Gender Conformity." In McLelland and Dasgupta, *Genders, Transgenders, and Sexualities in Japan*, 168–82.

Dasgupta, Romit. 2011. "Emotional Spaces and Places of Salaryman Anxiety in *Tokyo Sonata*." *Japanese Studies* 31(3): 373–86.

Dasgupta, Romit. 2013. *Re-reading the Salaryman in Japan: Crafting Masculinities*. Abingdon,

UK: Routledge.

d'Ercole, Marco Mira. 2006. "Income Inequality and Poverty in OECD Countries: How Does Japan Compare?" *Japanese Journal of Social Security Policy* 5(1): 1–15.

De Vos, George, and Hiroshi Wagatsuma. 1961. "Value Attitudes toward Role Behavior of Women in Two Japanese Villages." *American Anthropologist* 63(6): 1204–30.

Dewar, John. 2000. "Family Law and Its Discontents." *International Journal of Law, Policy and the Family* 14(1): 59–85.

Dewilde, Caroline, and Wilfred Uunk. 2008. "Remarriage as a Way to Overcome the Financial Consequences of Divorce: A Test of the Economic Need Hypothesis for European Women." *European Sociological Review* 24(3): 393–407.

Doi, Takeo. 1971. *Amae no kōzō*. Tokyo: Kobundō.

Doi, Takeo. 1973. *The Anatomy of Dependence*. Tokyo: Kodansha.

Dore, Ronald. 1983. "Goodwill and the Spirit of Market Capitalism." *British Journal of Sociology* 34:459–82.

Dore, Ronald P. 1999 [1958]. *City Life in Japan: A Study of a Tokyo Ward*. Berkeley: University of California Press.

Dower, John W. 1999. *Embracing Defeat: Japan in the Wake of World War II*. New York: W. W. Norton & Co.

Driscoll, Mark. 2009. "Kobayashi Yoshinori Is Dead: Imperial War / Sick Liberal Peace / Neoliberal Class War." *Mechademia* 4: 290–303.

Edwards, Walter. 1989. *Modern Japan through Its Weddings: Gender, Person, and Society in Ritual Portrayal*. Stanford: Stanford University Press.

Embree, John. 1967 [1939]. *Suye Mura: A Japanese Village*. Chicago: University of Chicago Press.

Eng, David L. 2010. *The Feeling of Kinship: Queer Liberalism and the Racialization of Intimacy*. Durham: Duke University Press.

Engbretsen, Elisabeth. 2014. *Queer Women in Urban China: An Ethnography*. Abingdon, UK: Routledge.

Epp, Robert. 1967. "The Challenge from Tradition: Attempts to Compile a Civil Code in Japan, 1866–78." *Monumenta Nipponica* 22(1/2): 15–48.

Espenshade, Thomas J. 1979. "The Economic Consequences of Divorce." *Journal of Marriage and Family* 41(3): 615–25.

Estevez-Abe, Margarita. 2008. *Welfare and Capitalism in Postwar Japan*. Cambridge: Cambridge University Press.

Evans, Harriet. 2012. "The Intimate Individual: Perspectives from the Mother-Daughter Relationship in Urban China." In *Chinese Modernity and the Individual Psyche*, edited by Andrew Kipnis, 119–47. New York: Palgrave McMillan.

Ezawa, Aya. 2016. *Single Mothers in Contemporary Japan: Motherhood, Class, and Reproductive Practice*. Lanham, MD: Lexington Books.

Fabricius, William V., Sanford L. Braver, Priscila Diaz, and Clorinda E. Velez. 2010. "Custody and Parenting Time: Links to Family Relationships and Well-Being after Divorce." In *The Role of the Father in Child Development*, 5th ed., edited by Michael E. Lamb, 201–40. Hoboken, NJ: Wiley.

Faier, Lieba. 2009. *Intimate Encounters: Filipina Women and the Remaking of Rural Japan*. Berkeley: University of California Press.

Family Problems Information Center. 2005. *Rikon shita oya to kodomo no koe o kiku* [*Listening to the Voices of Divorced Parents and Children*]. http://www1.odn.ne.jp/fpic/enquete/report.html.

Fan, Jennifer S. 1999. "From Office Ladies to Women Warriors? The Effect of the EEOL on Japanese Women." *UCLA Women's Law Journal* 10(1): 103–40.

Fernandes, Leela, ed. 2018. *Feminists Rethink the Neoliberal State: Inequality, Exclusion, and Change*. New York: New York University Press.

Fineman, Martha. 2004. *The Autonomy Myth: A Theory of Dependency*. New York: W. W. Norton.

Finnie, Ross. 1993. "Women, Men, and the Economic Consequences of Divorce: Evidence from Canadian Longitudinal Data." *Canadian Review of Sociology and Anthropology* 30(2): 205–41.

Foote, Daniel H. 1996. "Judicial Creation of Norms in Japanese Labor Law: Activism in the Service of—Stability?" *UCLA Law Review* 43:635–709.

Frank, Katherine. 2002. *G-Strings and Sympathy: Strip Club Regulars and Male Desire*. Durham: Duke University Press.

Fraser, Nancy, and Linda Gordon. 1994. "A Genealogy of Dependency: Tracing a Keyword of the US Welfare State." *Signs* 19(2): 309–36.

Friedan, Betty. 1963. *The Feminine Mystique*. New York: Norton.

Fromm, Erich. 1956. *The Art of Loving*. New York: Harper and Row.

Frühstück, Sabine. 2007. *Uneasy Warriors: Gender, Memory, and Popular Culture in the Japanese Army*. Berkeley: University of California Press.

Frühstück, Sabine, and Anne Walthall, eds. 2011. *Recreating Japanese Men*. Berkeley: University of California Press.

Fuchs, Anne, Kathleen James-Chakraborty, and Linda Shortt, eds. 2011. *Debating German Cultural Identity Since 1989*. Rochester, NY: Camden House.

Fuess, Harald. 2004. *Divorce in Japan: Family, Gender, and the State 1600–2000*. Stanford: Stanford University Press.

Fuji, Toyoko. 1993. "Butsukaruto itai 100 man en no kabe" [The Painful Threshold of One Million Yen]. *Fifty Fifty*: 18–20.

Fuji TV. 2004. *Boku to kanojo to kanojo no ikirumichi* [*Me and Her and Her Life Path*]. TV program.

Fuji TV. 2009. *Konkatsu!*. TV program.

Fujita, Noriko. 2016. "*Tenkin*, New Marital Relationships, and Women's Challenges in Employment and Family." *US-Japan Women's Journal* 50:115–35.

Fukuda, Hikarada. 2009. "Haigūsha to no wakare to futatabi no deai—ribetsu to shibetsu, saikon" [Saying Goodbye to One's Spouse: Divorce, Death, and Remarriage]. In *Gendai nihonjin no kazoku* [*Modern Japanese Families*], edited by Junko Fujimi and Riko Nishino, 72–84. Tokyo: Yūhikaku.

Fukuda, Setsuya. 2009. "Leaving the Parental Home in Postwar Japan: Demographic Changes, Stem-Family Norms and the Transition to Adulthood." *Demographic Research* 20:731–816.

Fukuda, Setsuya. 2013. "The Changing Role of Women's Earnings in Marriage Formation in Japan." *Annals of the American Academy of Political and Social Science* 646(1): 107–28.

Fukushima, Mizuho. 1997. *Saiban no joseigaku* [*Women and the Trial System*]. Tokyo: Yūhikaku.

Funabashi, Yoichi, and Barak Kushner, eds. 2015. *Examining Japan's Lost Decades*. Abingdon,

UK: Routledge.

Fuwa, Makiko. 2004. "Macro-level Gender Inequality and the Division of Household Labor in 22 Countries." *American Sociological Review* 69(6): 751–67.

Gadalla, Tahany M. 2008. "Gender Differences in Poverty Rates after Marital Dissolution: A Longitudinal Study." *Journal of Divorce and Remarriage* 49(3–4): 225–38.

Ganti, Tejaswini. 2014. "Neoliberalism." *Annual Review of Anthropology* 43:89–104.

Garon, Sheldon. 2002. "Saving for 'My Own Good and the Good of the Nation': Economic Nationalism in Modern Japan." In *Nation and Nationalism in Japan*, edited by Sandra Wilson, 97–114. Abingdon, UK: Routledge.

Gelb, Joyce. 2000. "The Equal Employment Opportunity Law: A Decade of Change for Japanese Women?" *Law & Policy* 22(3–4): 385–407.

Gershon, Ilana. 2011. "Neoliberal Agency." *Current Anthropology* 52(4): 537–55.

Gershon, Ilana. 2012. *The Break-Up 2.0: Disconnecting over New Media*. Ithaca: Cornell University Press.

Gershon, Ilana. 2017. *Down and Out in the New Economy: How People Find (or Don't Find) Work Today*. Chicago: University of Chicago Press.

Gershon, Ilana. 2018. "Employing the CEO of Me, Inc.: US Corporate Hiring in a Neoliberal Age." *American Ethnologist* 45(2): 173–85.

Giddens, Anthony. 1992. *The Transformation of Intimacy: Sexuality, Love, and Eroticism in Modern Societies*. Stanford: Stanford University Press.

Ginsburg, Tom, and Glenn Hoetker. 2006. "The Unreluctant Litigant? An Empirical Analysis of Japan's Turn to Litigation." *Journal of Legal Studies* 35(1): 31–59.

Gluck, Carol. 1985. *Japan's Modern Myths: Ideology in the Late Meiji Period*. Princeton: Princeton University Press.

Goffman, Erving. 1963. *Stigma: Notes on the Management of Spoiled Identity*. New York: Simon and Schuster.

Goldfarb, Kathryn E. 2016. "Coming to Look Alike: Materializing Affinity in Japanese Foster and Adoptive Care." *Social Analysis* 60(2): 47–64.

Goldfarb, Kathryn E. 2019. "Beyond Blood Ties: Intimate Kinship in Japanese Foster and Adoptive Care." In Alexy and Cook, *Intimate Japan*, 181–98.

Goldstein, Joseph, Anna Freud, and Andrew J. Solnit. 1973. *Beyond the Best Interests of the Child*. New York: Free Press.

Goldstein-Gidoni, Ofra. 2012. *Housewives of Japan: An Ethnography of Real Lives and Consumerized Domesticity*. New York: Palgrave McMillan.

Goodman, Roger. 1996. "On Introducing the UN Convention on the Rights of the Child into Japan." In *Case Studies on Human Rights in Japan*, edited by Roger Goodman and Ian Neary, 109–40. Abingdon, UK: Routledge.

Gordon, Andrew. 1985. *The Evolution of Labor Relations in Japan: Heavy Industry, 1853–1955*. Cambridge: Harvard University Press.

Gordon, Andrew. 1997. "Managing the Japanese Household: The New Life Movement in Postwar Japan." *Social Politics* 4(2): 245–83.

Gordon, Andrew. 2003. *A Modern History of Japan*. Oxford: Oxford University Press.

Greenhouse, Carol J., ed. 2010. *Ethnographies of Neoliberalism*. Philadelphia: University of Pennsylvania Press.

Gregg, Jessica. 2006. "'He Can Be Sad Like That': *Liberdade* and the Absence of Romantic Love in a Brazilian Shantytown." In Hirsch and Wardlow, *Modern Loves*, 157–73.

Grimes, William W. 2001. *Unmaking the Japanese Miracle: Macroeconomic Politics, 1985–2000*. Ithaca: Cornell University Press.

Hah, Chung-do, and Christopher C. Lapp. 1978. "Japanese Politics of Equality in Transition: The Case of the Burakumin." *Asian Survey* 18(5): 487–504.

Haley, John Owen. 1991. *Authority without Power: Law and the Japanese Paradox*. Oxford: Oxford University Press.

Halley, Janet, and Kerry Rittich. 2010. "Critical Directions in Comparative Family Law: Genealogies and Contemporary Studies of Family Law Exceptionalism." *American Journal of Comparative Law* 58(4): 753–75.

Halley, Janet. 2011a. "What is Family Law? A Genealogy, Part I." *Yale Journal of Law and Humanities* 23(2): 1–109.

Halley, Janet. 2011b. "What is Family Law? A Genealogy, Part II." *Yale Journal of Law and Humanities* 23(2): 189–293.

Han, Clara. 2012. *Life in Debt: Times of Care and Violence in Neoliberal Chile*. Berkeley: University of California Press.

Hankins, Joseph. 2014. *Working Skin: Making Leather, Making a Multicultural Japan*. Berkeley: University of California Press.

Hao, Lingxin. 1996. "Family Structure, Private Transfers, and the Economic Well-Being of Families with Children." *Social Forces* 75(1): 269–92.

Hardacre, Helen. 1984. *Lay Buddhism in Contemporary Japan: Reiyukai Kyodan*. Princeton: Princeton University Press.

Harris, Julian, John Shao, and Jeremy Sugarman. 2003. "Disclosure of Cancer Diagnosis and Prognosis in Northern Tanzania." *Social Science & Medicine* 56(5): 905–13.

Hasday, Jill Elaine. 2014. *Family Law Reimagined*. Cambridge: Harvard University Press.

Hatoyama, Kazuo. 1902. "The Civil Code of Japan Compared with the French Civil Code." *Yale Law Journal* 11(8): 403–19.

Hayami, Akira. 1983. "The Myth of Primogeniture and Impartible Inheritance in Tokugawa Japan." *Journal of Family History* 8(1): 3–29.

Hayashi, Yūsuke, and Shōhei Yoda. 2014. "Rikon kōdō to shakai kaisō to no kankei ni kansuru jisshō-teki kenkyū" [Research on the Relationship between Divorce and Social Class]. *Kikan kakei keizai kenkyū* 101:51–62.

Hertog, Ekaterina. 2009. *Tough Choices: Bearing an Illegitimate Child in Japan*. Stanford: Stanford University Press.

Hetherington, E. Mavis, ed. 1999. *Coping with Divorce, Single Parenting, and Remarriage: A Risk and Resiliency Perspective*. New York: Psychology Press.

Hetherington, E. Mavis, and Anne Mitchell Elmore. 2003. "Risk and Resilience in Children Coping with Their Parents' Divorce and Remarriage." In *Resilience and Vulnerability: Adaptation in the Context of Childhood Adversities*, edited by Suniya S. Luthar, 182–212. Cambridge:

Cambridge University Press.

Hidaka, Tomoko. 2010. *Salaryman Masculinity: The Continuity of and Change in the Hegemonic Masculinity in Japan*. Leiden: Brill.

Hidaka, Tomoko. 2011. "Masculinity and the Family System: The Ideology of the 'Salaryman' across Three Generations." In Ronald and Alexy, *Home and Family in Japan*, 112–30.

Higuchi, Norio. 1992. "The Patient's Right to Know of a Cancer Diagnosis: A Comparison of Japanese Paternalism and American Self-Determination." *Washburn Law Journal* 31(3): 455–73.

Hiller, Dana, and William Philliber. 1985. "Maximizing Confidence in Married Couple Samples." *Journal of Marriage and Family* 47(3): 729–32.

Himuro, Kanna. 2005. *Rikongo no oyako-tachi* [Parents and Children after Divorce]. Tokyo: Tarōjirōsha editasu.

Hinokidani, Mieko. 2007. "Housing, Family and Gender." In *Housing and Social Transition in Japan*, edited by Yosuke Hirayama and Richard Ronald, 114–39. Abingdon, UK: Routledge.

Hirokane, Kenshi. 2014. *50 sai kara no "shinikata": nokori 30 nen no ikikata* ["How to Die" from Aged Fifty On: How to Live for Your Remaining Thirty Years]. Tokyo: Kōsaidō.

Hirsch, Jennifer, 2003. *A Courtship after Marriage: Sexuality and Love in Mexican Transnational Families*. Berkeley: University of California Press.

Hirsch, Jennifer, and Holly Wardlow, eds. 2006. *Modern Loves: The Anthropology of Romantic Courtship and Companionate Marriage*. Ann Arbor: University of Michigan Press.

Hirsch, Susan. 1998. *Pronouncing and Persevering: Gender and the Discourses of Disputing in an African Islamic Court*. Chicago: University of Chicago Press.

Holden, Livia. 2016. *Hindu Divorce: A Legal Anthropology*. Abingdon, UK: Routledge.

Hommerich, Carola. 2015. "Feeling Disconnected: Exploring the Relationship between Different Forms of Social Capital and Civic Engagement in Japan." *Voluntas* 26:45–68.

Hook, Glenn D., and Hiroko Takeda. 2007. "'Self-responsibility' and the Nature of the Postwar Japanese State: Risk through the Looking Glass." *Journal of Japanese Studies* 33(1): 93–123.

Hopper, Joseph. 1993a. "Oppositional Identities and Rhetoric in Divorce." *Qualitative Sociology* 16(2): 133–56.

Hopper, Joseph. 1993b. "The Rhetoric of Motives in Divorce." *Journal of Marriage and Family* 55(4): 801–13.

Hopper, Joseph. 2001. "The Symbolic Origins of Conflict in Divorce." *Journal of Marriage and Family* 63(2): 430–45.

Horiguchi, Sachiko. 2011. "Coping with Hikikomori: Socially Withdrawn Youth and the Japanese Family." In Ronald and Alexy, *Home and Family in Japan*, 216–35.

Hutchinson, Sharon. 1990. "Rising Divorce Among the Nuer, 1936–1983." *Man* 25(3): 393–411.

Ikeda, Satoshi. 2002. *The Trifurcating Miracle: Corporations, Workers, Bureaucrats, and the Erosion of Japan's National Economy*. Abingdon, UK: Routledge.

Ikegami, Eiko. 1995. *The Taming of the Samurai: Honorific Individualism and the Making of Modern Japan*. Cambridge: Harvard University Press.

Ikeuchi, Hiromi. 2002. *Koware kake fūfu no toraburu, kaiketsu shimasu* [Couple's Troubles and Their Resolutions]. Tokyo: Magajin housu.

Ikeuchi, Hiromi. 2005. *"Ii fūfu" ni naru shinpuru na 30 hinto* [Thirty Simple Hints for Becoming a

"Good Couple"]. Tokyo: Seishun shinso.
Ikeuchi, Hiromi. 2006. *Jukunen rikon no son to hodoku: suteru tsuma, suterareru otto* [*Unpacking the Costs of Later-life Divorce: Women Leaving, Men Being Left*]. Tokyo: Wanibukkusu.
Illouz, Eva. 2012. *Why Love Hurts: A Sociological Explanation*. New York: Polity Press.
Imai, Masami. 2009. "Ideologies, Vested Interest Groups, and Postal Saving Privatization in Japan." *Public Choice* 138(1–2): 137–60.
Imamura, Anne. 1987. *Urban Japanese Housewives: At Home and in the Community*. Honolulu: University of Hawai'i Press.
Inaba, Akihide. 2009. "Fūfu kankei no hyōka" [Examining Relationships between Husbands and Wives]. In *Gendai nihonjin no kazoku: NFRJ kara mita sono sugata* [*Modern Japanese Families: Perspectives from National Family Research of Japan*], edited by Sumiko Fujimi and Michiko Nishino, 122–30. Tokyo: Yūhikaku.
Inoue, Miyako. 2007. "Language and Gender in an Age of Neoliberalism." *Language and Gender* 1(1): 79–91.
Ishida, Hiroshi, and David Slater, eds. 2010. *Social Class in Contemporary Japan: Structures, Sorting and Strategies*. Abingdon, UK: Routledge.
Ishii-Kuntz, Masako. 1992. "Are Japanese Families Fatherless?" *Sociology and Social Research* 76: 105–10.
Ishii-Kuntz, Masako. 1994. "Paternal Involvement and Perception Toward Fathers' Roles: A Comparison Between Japan and the United States." *Journal of Family Issues* 15(1): 30–48.
Ishii-Kuntz, Masako. 2013. *"Iku men" genshō no shakaigaku: ikuji kosodate sanka e no kibō o kanaeru tame ni* [*Sociological Perspectives on "Involved Fathers": Hope for Their Participation in Child Care*]. Tokyo: Mineruvua shobō.
Ishii-Kuntz, Masako. 2015. "Fatherhood in Asian Contexts." In Qush, *Routledge Handbook of Families in Asia*, 161–74.
Ishii-Kuntz, Masko, Katsuko Makino, Kuniko Kato, and Michiko Tsuchiya. 2004. "Japanese Fathers of Preschoolers and Their Involvement in Child Care." *Journal of Marriage and the Family* 66(3): 779–91.
Ishii-Kuntz, Masako, and A. R. Maryanski. 2003. "Conjugal Roles and Social Networks in Japanese Families." *Journal of Family Issues* 24(3): 352–80.
Ishizaki, Tadao. 1983. *Nihon no shotoku to tomi no bunpai* [*The Distribution of Income and Wealth in Japan*]. Tokyo: Tōyō keizai shinpōsha.
Isono, Fujiko. 1988. "The Evolution of Modern Family Law in Japan." *International Journal of Law, Policy and the Family* 2(2): 183–202.
Itō, Kimio. 2018. "Hakudatsu (kan) no dansei-ka Masculinization of deprivation o megutte: sangyō kōzō to rōdō keitai no hen'yō no tadanaka de" [Masculinization of Deprivation: In the Middle of a Changing Industrial Structure and Labor Forms]. *Nihon rōdō kenkyū zasshi* 60(10): 63–76.
Itō, Takehiko. 2006. "Jukunen rikon shitai no wa ore da" [Men Who Want to Divorce in Later Life]. *Aera* 2(6): 34–36.
Iwakabe, Shigeru. 2008. "Psychotherapy Integration in Japan." *Journal of Psychotherapy Integration* 18(1): 103–25.
Iwama, Nobuyuki. 2011. *Fūdodezāto mondai: muen shakai ga umu 'shokunosabaku'* [*The Problem of Food Deserts: A Society without Bonds Creating Places without Food*]. Tokyo: Nōrin tōkei

kyōkai.

Iwanaga, Masaya. 1990. "Asupirēshyon to sono jitsugen" [Aspiration and Its Realization]. In *Josei to shakai kaisō* [Women and Social Class], edited by Hideo Okamoto and Michiko Naoi, 91–118. Tokyo: Tōkyōdaigaku shuppankai.

Iwasaki, Michiko 2005. "Mental Health and Counseling in Japan: A Path toward Societal Transformation." *Journal of Mental Health Counseling* 27(2): 129–41.

Jamieson, Lynn. 1998. *Intimacy: Personal Relationships in Modern Societies*. Cambridge, UK: Polity.

Jansen, Marius B. 2000. *The Making of Modern Japan*. Cambridge: Harvard University Press.

Japanese Trade Union Confederation. 2006. *Rengō hakusho* [White Paper from the Japanese Trade Union Confederation]. Tokyo: Japanese Trade Union Confederation.

Japan Institute for Labour Policy and Training. 2014. *Labor Situation in Japan and Its Analysis: General Overview 2013/2014*. http://www.jil.go.jp/english/lsj/general/2013-2014/all.pdf.

Japan Institute for Labour Policy and Training. 2016. *Labor Situation in Japan and Its Analysis: General Overview 2015/2016*. http://www.jil.go.jp/english/lsj/general/2015-2016/2015-2016.pdf.

Jarvis, Sarah, and Stephen P. Jenkins. 1999. "Marital Splits and Income Changes: Evidence from the British Household Panel Survey." *Population Studies* 53(2): 237–54.

Johnson, Cedric, Chris Russill, Chad Lavin, and Eric Ishiwata. 2011. *The Neoliberal Deluge: Hurricane Katrina, Late Capitalism, and the Remaking of New Orleans*. Minneapolis: University of Minnesota Press.

Johnson, Chalmers. 1982. *MITI and the Japanese Miracle: The Growth of Industrial Policy, 1925–1975*. Stanford: Stanford University Press.

Jones, Colin P. A. 2007a. "In the Best Interests of the Court: What American Lawyers Need to Know about Child Custody and Visitation in Japan." *Asian-Pacific Law and Policy Journal* 8(2): 166–269.

Jones, Colin P. A. 2007b. "No More Excuses: Why Recent Penal Code Amendments Should (but Probably Won't) Stop International Parental Child Abduction to Japan." *Whittier Journal of Child and Family Advocacy* 6(2): 351–59.

Jones, Colin P. A. 2015. "Nineteenth Century Rules Over Twenty-First Century Reality: Legal Parentage Under Japanese Law." *Family Law Quarterly* 49(1): 149–77.

Jones, Randall S. 2007. "Income Inequality, Poverty, and Social Spending in Japan." *OECD Economics Department Working Papers* 556:1–38.

Kaba, Toshirō. 2014. "Tsuma to rikon shite mo kodomo to aeru? Shinken wa?" [If I Divorce My Wife, Can I Still See My Child? What about Custody?]. *Yomiuri Newspaper*, February 26, 2014.

Kaneko, Maki. 2016. "Kodomo hikiwatashi, rūru o meibunka Hōseishin kentō e" [Child Handover Rules to be Clarified in Review of Legal Process]. *Asahi Newspaper*, September 13, 2016.

Kaufman, Philip, dir. 1993. *Rising Sun*. Century City: 20th Century Fox.

Kavedžija, Iza. 2018. "Of Manners and Hedgehogs: Building Closeness by Maintaining Distance." *Australian Journal of Anthropology* 29:146–57.

Kawarada, Shin'ichi. 2016. "Rikon, 'ko ni awa sete' kyūzō menkai chōtei, nen 1 man-ken 7-wari ga chichi" [Rapid Increase of Divorced Parents Requesting Mediation for Visitation; 10,000 in One Year, 70 Percent Fathers]. *Asahi Newspaper*, February 3, 2016.

Kawashima, Takeyoshi. 1967. *Nihonjin no hōishiki*. Tokyo: Iwanami Shoten.

Kawashima, Takeyoshi, and Kurt Steiner. 1960. "Modernization and Divorce Rate Trends in Japan." *Economic Development and Cultural Change* 9(1): 213–39.

Keizer, Arjan B. 2008. "Non-regular Employment in Japan: Continued and Renewed Dualities." *Work, Employment, and Society* 22(3): 407–25.

Kelly, Joan B. 2002. "Psychological and Legal Interventions for Parents and Children in Custody and Access Disputes: Current Research and Practice." *Virginia Journal of Social Policy and the Law* 10(1): 129–63.

Kelly, William W. 1986. "Rationalization and Nostalgia: Cultural Dynamics of New Middle-Class Japan." *American Ethnologist* 13(4): 603–18

Kelly, William W. 1990. "Regional Japan: The Price of Prosperity and the Benefits of Dependency." *Daedalus* 119(3): 209–27.

Kelly, William W. 1991. "Directions in the Anthropology of Contemporary Japan." *Annual Review of Anthropology* 20:395–431.

Kitanaka, Junko. 2012. *Depression in Japan: Psychiatric Cures for a Society in Distress.* Princeton: Princeton University Press.

Kitaoji, Hironobu. 1971. "The Structure of the Japanese Family." *American Anthropologist* 73(5): 1036–57.

Kitazawa, Yumiko. 2012. "Jidai de yomitoku dorama no hōsoku" [The Principles for Understanding TV Dramas by Era]. *Waseda shakai kagaku sōgō kenkyū bessatsu*: 155–68.

Knapp, Kiyoko Kamio. 1995. "Still Office Flowers: Japanese Women Betrayed by the Equal Employment Opportunity Law." *Harvard Women's Law Journal* 18:83–137.

Koga, Reiko. 2016. "Watashi no shiten: kazoku no arikata shinken mondai ni mo ronten hirogete" [My Perspective: Widening the Discussion of Family Norms to Child Custody Problems]. *Asahi Newspaper*, February 19, 2016.

Kondo, Dorinne K. 1990. *Crafting Selves: Power, Gender, and Discourses of Identity in a Japanese Workplace*. Chicago: University of Chicago Press.

Konishi, Emiko, and Anne Davis. 1999. "Japanese Nurses' Perceptions about Disclosure of Information at the Patients' End of Life." *Nursing and Health Sciences* 1(3): 179–87.

Kore-eda, Hirokazu. 2011. *Kiseki* [*I Wish*]. Tokyo: Gaga.

Kore-eda, Hirokazu. 2015. *Umimachi Diary* [*Our Little Sister*]. Tokyo: Toho.

Kozu, Junko. 1999. "Domestic Violence in Japan." *American Psychologist* 54(1): 50–54.

Krauss, Ellis, and Megumi Naoi. 2010. "The Domestic Politics of Japan's Regional Foreign Economic Policies." In *Trade Policy in the Asia-Pacific: The Role of Ideas, Interests, and Domestic Institutions*, edited by Vinod K. Aggarwal and Seungjoo Lee, 49–69. New York: Springer.

Krogness, Karl Jakob. 2011. "The Ideal, the Deficient, and the Illogical Family: An Initial Typology of Administrative Household Units." In Ronald and Alexy, *Home and Family in Japan*, 65–90.

Krogness, Karl Jakob. 2014. "Jus Koseki: Household Registration and Japanese Citizenship." In Chapman and Krogness, *Japan's Household Registration System and Citizenship*, 145–65.

Kumagai, Fumie. 1983. "Changing Divorce in Japan." *Journal of Family History* 8(1): 85–108.

Kumagai, Fumie. 2008. *Families in Japan: Changes, Continuities, and Regional Variations*. Lanham, MD: University Press of America.

Kumagai, Fumie. 2015. *Family Issues on Marriage, Divorce, and Older Adults in Japan: With Special Attention to Regional Variation*. Singapore: Springer.

Kurosawa, Kiyoshi. 2008. *Tōkyō sonata*. 120 minutes.

Kurotani, Sawa. 2005. *Home Away from Home: Japanese Corporate Wives in the United States*. Durham: Duke University Press.

Kuwajima, Kaoru. 2019. "My Husband Is a Good Man When He Doesn't Hit Me: Redefining Intimacy among Victims of Domestic Violence" In Alexy and Cook, *Intimate Japan*, 112–28.

Kyodo News. 2017. "As Japanese Poverty Grows, Support Groups Spring Up to Help Single Moms Deal with Harsh Economy." *Japan Times*, June 23, 2017.

La Croix, Sumner, and James Mak. 2001. "Regulatory Reform in Japan: The Road Ahead." In Blomström, Gangnes, and La Croix, *Japan's New Economy*, 215–44.

Lane, Carrie. 2011. *A Company of One: Insecurity, Independence, and the New World of White-Collar Unemployment*. Ithaca: Cornell University Press.

Laurent, Erick. 2017. "Japanese Gays, the Closet, and the Culture-Dependent Concept." In Manzenreiter and Holtus, *Happiness and the Good Life in Japan*, 106–22.

LeBlanc, Robin M. 1999. *Bicycle Citizens: The Political World of the Japanese Housewife*. Berkeley: University of California Press.

Lebra, Takie Sugiyama. 1984. *Japanese Women: Constraint and Fulfillment*. Honolulu: University of Hawai'i Press.

Lebra, Takie Sugiyama. 2004. *The Japanese Self in Cultural Logic*. Honolulu: University of Hawai'i Press.

Lee, Haiyan. 2007. *Revolution of the Heart: A Genealogy of Love in China, 1900–1950*. Stanford: Stanford University Press.

Lin, Ho Swee. 2012. "'Playing Like Men': The Extramarital Experiences of Women in Contemporary Japan." *Ethnos* 77(3): 321–43.

Luckacs, Gabriella. 2013. "Dreamwork: Cell Phone Novelists, Labor, and Politics in Contemporary Japan." *Cultural Anthropology* 28(1): 44–64.

Lunsing, Wim. 1995. "Japanese Gay Magazines and Marriage Advertisements." *Journal of Gay and Lesbian Social Services* 3(3): 71–88.

Maccoby, Elenor E., and Robert H. Mnookin. 1992. *Dividing the Child: Social and Legal Dilemmas of Custody*. Cambridge: Harvard University Press.

Mackie, Vera. 2009. "Family Law and Its Others." In *Japanese Family Law in Comparative Perspective*, edited by Harry N. Scheiber and Laurent Mayali, 139–63. Berkeley: Robbins Collection Publications.

Mackie, Vera. 2014. "Birth Registration and the Right to Have Rights: The Changing Family and the Unchanging Koseki." In Chapman and Krogness, *Japan's Household Registration System and Citizenship*, 203–20.

Maclachlan, Patricia L. 2006. "Storming the Castle: The Battle for Postal Reform in Japan." *Social Science Japan Journal* 9(1): 1–18.

Malik, Samina, and Kathy Courtney. 2011. "Higher Education and Women's Empowerment in

Pakistan." *Gender and Education* 23(1): 29–45.
Manabe, Kazufumi, and Harumi Befu. 1993. "Japanese Cultural Identity" *Japanstudien* 4(1): 89–102.
Manting, Dorien, and Anne Marthe Bouman. 2006. "Short- and Long-Term Economic Consequences of the Dissolution of Marital and Consensual Unions: The Example of the Netherlands." *European Sociological Review* 22(4): 413–29.
Manzenreiter, Wolfram and Barbara Holtus, eds. 2017. *Happiness and the Good Life in Japan.* Abingdon, UK: Routledge.
Maree, Claire. 2004. "Same-Sex Partnerships in Japan: Bypasses and Other Alternatives." *Women's Studies* 33(4): 541–49.
Maruyama, Yasunari. 2007. *Sankin kōtai* [*The "Alternate Attendance" System*]. Tokyo: Yoshikawa Kōbunkan.
Mason, Mary Ann. 1996. *From Father's Property to Children's Rights: The History of Child Custody in the United States.* New York: Columbia University Press.
Masquelier, Adeline. 2009. "Lessons from *Rubí*: Love, Poverty, and the Educational Value of Dramas in Niger." In Cole and Thomas, *Love in Africa*, 204–28.
Mass, Amy Iwasaki. 1986. "*Amae*: Indulgence and Nurturance in Japanese American Families." PhD dissertation, University of California Los Angeles.
Masujima, Rokuichiro. 1903. "The Japanese Civil Code Regarding the Law of the Family." *American Law Review* 37(4): 530–44.
Matanle, Peter, Leo McCann, and Darren Ashmore. 2008. "Men under Pressure: Representations of the Salaryman and His Organization in Japanese Manga." *Organization* 15(5): 639–64.
Mathews, Gordon. 2017. "Happiness in Neoliberal Japan." In Manzenreiter and Holthus, *Happiness and the Good Life in Japan*, 227–42.
Matsumoto, Yasuyo, Shingo Yamabe, Toru Sugishima, and Dan Geronazzo. 2011. "Perception of Oral Contraceptives among Women of Reproductive Age in Japan: A Comparison with the USA and France." *Journal of Obstetrics and Gynaecology Research* 37(7): 887–92.
Matsushima, Yukiko. 1997. "What Has Made Family Law Reform Go Astray?" In *The International Survey of Family Law*, edited by Andrew Bainham, 193–206. The Hague: Martinus Nijhoff Publishers.
Matsushima, Yukiko. 2000. *Contemporary Japanese Family Law.* Tokyo: Minjiho kenkyukai.
Maynard, Senko K. 1997. *Japanese Communication: Language and Thought in Context.* Honolulu: University of Hawai'i Press.
McKinnon, Susan, and Fenella Cannell, eds. 2013. *Vital Relations: Modernity and the Persistent Life of Kinship.* Santa Fe: School for Advanced Research Press.
McLelland, Mark. 2000. "Is There a Japanese 'Gay Identity'?" *Culture, Health and Sexuality* 2(4): 459–72.
McLelland, Mark. 2005. "Salarymen Doing Queer: Gay Men and the Heterosexual Public Sphere." In McLelland and Dasgupta, *Genders, Transgenders, and Sexualities in Japan*, 96–110.
McLelland, Mark. 2012. *Love, Sex, and Democracy in Japan during the American Occupation.* New York: Palgrave McMillan.
McLelland, Mark, and Romit Dasgupta, eds. 2005. *Genders, Transgenders, and Sexualities in Japan.*

Abingdon, UK: Routledge.

McManus, Patricia A., and Thomas DiPrete. 2001. "Losers and Winners: The Financial Consequences of Separation and Divorce for Men." *American Sociological Review* 66(2): 246–68.

McTeirnan, John, dir. 1988. *Die Hard*. Century City: 20th Century Fox.

Mendoza, Victor. 2016. *Metroimperial Intimacies: Fantasy, Racial-Sexual Governance, and the Philippines in US Imperialism, 1899–1913*. Durham: Duke University Press.

Miles, Elizabeth. 2019. "Manhood and the Burdens of Intimacy." In Alexy and Cook, *Intimate Japan*, 148–63.

Miller, Robbi Louise. 2003. "The Quiet Revolution: Japanese Women Working around the Law." *Harvard Women's Law Journal* 26:163–215.

Minamikata, Satoshi. 2005. "Resolution of Disputes over Parental Rights and Duties in a Marital Dissolution Case in Japan: A Nonlitigious Approach in *Chōtei* (Family Court Mediation)." *Family Law Quarterly* 39(2): 489–506.

Ministry of Health, Labour, and Welfare (MHLW). 2011. *Heisei 23-nendo zenkoku boshi setai-tō chōsa kekka no gaiyō* [2011 National Survey of Mother-Child Households]. http://www.mhlw.go.jp/seisakunitsuite/bunya/kodomo/kodomo_kosodate/boshi-katei/boshi-setai_h23.

Ministry of Health, Labour, and Welfare (MHLW). 2017. *Vital Statistics of Japan*. Tokyo: Ministry of Health, Labour and Welfare.

Miyasaka, Junko. 2015. "Rikon ni okeru yōiku-hi no genjō to mondaiten: kan'i santei hōshiki no kentō" [Current Conditions and Problems of Child Support after Divorce: A Consideration of Simplified Calculation Methods]. *Shōwa joshidaigaku josei bunka kenkyūjo kiyō* 42:47–59.

Miyazaki, Ayumi. 2004. "Japanese Junior High School Girls' and Boys' First-Person Pronoun Use and Their Social World." In Okamoto and Shibamoto Smith, *Japanese Language, Gender, and Ideology*, 240–55.

Miyazaki, Hirokazu. 2010. "The Temporality of No Hope." In *Ethnographies of Neoliberalism*, edited by Carol J. Greenhouse, 238–50. Philadelphia: University of Pennsylvania Press.

Miyazaki, Hirokazu. 2013. *Arbitraging Japan: Dreams of Capitalism at the End of Finance*. Berkeley: University of California Press.

Mizumoto, Terumi. 2010. "Aratamatta ba ni okeru tanin no haigūsha no yobi kata" [What to Call Someone's Spouse in Formal Situations]. *Nihongo jendā gakkai*. https://gender.jp/gender-essay/essay201003/.

Mnookin, Robert H. 1985. *In the Interest of Children: Advocacy, Law Reform, and Public Policy*. New York: W. H. Freeman.

Moore, Katrina. 2010. "Marital Infidelity of Older Japanese Men: Interpretations and Conjectures." *Asian Anthropology* 9(1): 57–76.

Mori, Naruki, Shigenori Shiratsuka, and Hiroo Taguchi. 2001. "Policy Responses to the Post-Bubble Adjustments in Japan: A Tentative Review." *Monetary and Economic Studies* 19:53–112.

Moriguchi, Chiaki, and Hiroshi Ono. 2006. "Japanese Lifetime Employment: A Century's Perspective." In Blomström and La Croix, *Institutional Change in Japan*, 152–76.

Moriki, Yoshie. 2017. "Physical Intimacy and Happiness in Japan: Sexless Marriages and Parent-Child Co-sleeping." In Manzenreiter and Holthus, *Happiness and the Good Life in Japan*, 41–52.

Morrison, Donna Ruane, and Amy Ritualo. 2000. "Routes to Children's Economic Recovery after Divorce: Are Cohabitation and Remarriage Equivalent?" *American Sociological Review* 65(4): 560–80.

Muehlebach, Andrea. 2012. *The Moral Neoliberal: Welfare and Citizenship in Italy*. Chicago: University of Chicago Press.

Mukai, Ken, and Nobuyoshi Toshitani. 1967. "The Progress and Problems of Compiling the Civil Code in the Early Meiji Era." *Law in Japan* 1(1): 25–59.

Mulgan, Aurelia George. 2000. *The Politics of Agriculture in Japan*. Abingdon, UK: Routledge.

Murakami, Akane. 2009. "Rikon ni yotte josei no seikatsu wa dō henka suru ka?" [How Do Women's Lives Change with Divorce?] *Kikan kakei keizai kenkyū* 84:36–45.

Murakami, Akane. 2011. "Rikon ni yoru josei no shakai keizaiteki jōkyō no henka 'shōhi seikatsu ni kansuru paneru chōsa' e no kotei kōka moderu henryō kōka moderu no tekiyō" [Divorce and Women's Socioeconomic Status: Applying Fixed Effect and Variable Effect Models to Japan's "Panel Survey on Consumer Life"]. *Shakaigaku hyōron* 62(3): 319–35.

Murakami, Shosuke. 2005. *Densha otoko* [*Train Man*]. Tokyo: Toho.

Muroi, Yūtsuki, Kurada Mayumi, Katō Seishi, Kaminarimon Shikago, and Futamatsu Mayumi. 2006. "Rikon no kiki! otoko nara dō suru?" [Divorce Crisis! What Should Men Do?] *Shunna tēma* 8:9–31.

Nakamatsu, Tomoko. 1994. "Housewives and Part-Time Work in the 1970s and 1980s: Political and Social Implications." *Japanese Studies* 14(1): 87–104.

Nakamura, Tadashi. 2003. "Regendering Batterers: Domestic Violence and Men's Movements." In Roberson and Suzuki, *Men and Masculinities in Contemporary Japan*, 162–79.

Nakano, Lynne. 2011. "Working and Waiting for an 'Appropriate Person': How Single Women Support and Resist Family in Japan." In Ronald and Alexy, *Home and Family in Japan*, 229–67.

Nakatani, Ayami. 2006. "The Emergence of 'Nurturing Fathers': Discourse and Practices of Fatherhood in Contemporary Japan." In *The Changing Japanese Family*, edited by Marcus Rebick and Ayami Takenaka, 94–108. Abingdon, UK: Routledge.

Naoi, Michiko. 1996. "Shakai kaisō to kazoku saikin no bunken no revyū" [Social Stratification and Families: Review of Recent Literature]. *Kazoku shakai-gaku kenkyū* 8:7–17.

National Institute of Population and Social Security Research (NIPSSR). 2017a. *Population Projections for Japan: 2016 to 2065*. http://www.ipss.go.jp/pp-zenkoku/e/zenkoku_e2017/pp29_summary.pdf.

National Institute of Population and Social Security Research (NIPSSR). 2017b. *Population Statistics*. Available online: http://www.ipss.go.jp/p-info/e/psj2017/PSJ2017.asp.

Neary, Ian. 1997. "Burakumin in Contemporary Japan." In *Japan's Minorities: The Illusion of Homogeneity*, edited by Michael Weiner, 50–78. Abingdon, UK: Routledge.

Nemoto, Kuniaki, Ellis Krauss, and Robert Pekkanen. 2008. "Policy Dissension and Party Discipline: The July 2005 Vote on Postal Privatization in Japan." *British Journal of Political Science* 38 (3): 499–525.

Newman, Katherine S. 1986. "Symbolic Dialectics and Generations of Women: Variation in the Meaning of Post-Divorce Downward Mobility." *American Ethnologist* 13(2): 230–52.

NHK. 2005. *Kaze no Haruka* [*Haruka of the Wind*].
NHK. 2010. *Muen Shakai—"Muenshi" 32000-nin no Shōgeki* [*Society without Ties: 32,000 Deaths without Ties*]. Tokyo: Nippon Hōsō Kyōkai.
NHK. 2017. "Naze higeki wa kurikaesa reru no ka: kenshō menkai kōryū satsujin" [Why Is This Tragedy Repeated? What Triggered Murder-Suicides During Visitation with Noncustodial Parents?]. *Ohayō Nihon*, September 19, 2017.
NHK. 2018. "Rikon ni tomonau kodomo no hikiwatashi kataoya fuzai demo kanō e hōsei shingikai bukai" [Ministry Subcommittee to Consider Transferring Child Even if One Parent Isn't Present]. NHK News Web. https://www3.nhk.or.jp/news/html/20180626/k10011496021000.html [link expired; PDF on file with author].
Nicola, Fernanda. 2010. "Critical Directions in Comparative Family Law." *American Journal of Comparative Law* 58(4): 777–810.
Nielsen, Linda. 2014. "Woozles: Their Role in Custody Law Reform, Parenting Plans, and Family Court." *Psychology, Public Policy, and Law* 20(2): 164–80.
Nihon TV. 2009. *Kayō sapuraizu* [*Tuesday Surprise*]. April 23. https://www.youtube.com/watch?v=VF98nRHyUDc.
Ninomiya, Shūhei. 2005. "Kazoku-hō ni okeru jendā kadai" [Gender Issues in Family Law]. *Kokusai josei* 19(19): 85–92.
Nish, Ian, ed. 2008. *The Iwakura Mission to America and Europe: A New Assessment*. Abingdon, UK: Routledge.
Nishimuta, Yasushi. 2017. *Wagako ni aenai rikon-go ni hyōryū suru chichioya-tachi* [*I Cannot See My Child: Fathers Made Aimless by Divorce*]. Tokyo: PHP kenkyūjo.
North, Scott. 2009. "Negotiating What's 'Natural': Persistent Domestic Gender Role Inequality in Japan." *Social Science Japan Journal* 12(1): 23–44.
Nozawa, Shinji. 2008. "The Social Context of Emerging Stepfamilies in Japan: Stress and Support for Parents and Stepparents." In *The International Handbook of Stepfamilies: Policy and Practice in Legal, Research, and Clinical Environments*, edited by Jan Pryor, 79–99. Hoboken, NJ: Wiley.
Nozawa, Shinji. 2011. "Hojū hōkoku suteppufamirī o meguru kattō: senzai suru nitsu no kazoku moderu" [Supplemental Report on Conflicts Surrounding Stepfamilies: Two Potential Family Models]. *Kazoku shakai to hō* 27: 89–94.
Nozawa, Shinji. 2016. "Suteppufamirī wa 'kazoku' na no ka" [Are Stepfamilies Families?] *Kazoku ryōhō kenkyū* 33(2): 72–77.
Nozawa, Shinji. 2015a. "Remarriage and Stepfamilies." In Qush, *Routledge Handbook of Families in Asia*, 345–58.
Nozawa, Shinji, Naoko Ibaraki, and Toshiaki Hayano, eds. 2006. *Q&A suteppufamirī no kiso chishiki—kodzure saikon kazoku to shien-sha no tame ni* [*Basic Knowledge About Stepfamilies: For Remarried Parents and Their Supporters*]. Tokyo: Akashishoten.
Nozawa, Shunsuke. 2015b. "Phatic Traces: Sociality in Contemporary Japan." *Anthropological Quarterly* 88(2): 373–400.
Oda, Hiroshi. 2009. *Japanese Law*. 3rd ed. Oxford: Oxford University Press.
Ogasawara, Yuko. 1998. *Office Ladies and Salaried Men: Power, Gender, and Work in Japanese Companies*. Berkeley: University of California Press.

Ogawa, Naohiro. 2003. "Japan's Changing Fertility Mechanisms and Its Policy Responses." *Journal of Population Reserach* 20(1): 89–101.

Ohnuki-Tierney, Emiko. 1993. *Rice as Self: Japanese Identities through Time*. Princeton: Princeton University Press.

Okada, Yasuko. 2005. *Jyōshi dono! sore wa, pawahara desu* [Mr. Boss-man, This Is Power Harassment!]. Tokyo: Nihon keizai shinbunsha.

Okamoto, Shigeko, and Janet S. Shibamoto Smith, eds. *Japanese Language, Gender, and Ideology: Cultural Models and Real People*. Oxford: Oxford University Press.

Okano, Atsuko. 2001. *Rikon shite shiawase ni naru hito fushiawase ni naru hito* [Divorce Makes Some People Happy but Others Miserable]. Tokyo: Bijinesusha.

Okano, Atsuko. 2005. *Chotto matte so no rikon! Shiawase wa docchi no kawa ni?* [Wait a Second with That Divorce! Will It Really Make You Happy?]. Tokyo: Jitsugyōno nihonsha.

Okano, Atsuko. 2008. *Otto toiu na no tanin: fūfu no kironi tatsu anata ni* [My Husband Is a Stranger: You Are Standing at Relationship Crossroads]. Tokyo: Yūraku shuppansha.

Ong, Aihwa. 2006. *Neoliberalism as Exception: Mutations in Citizenship and Sovereignty*. Durham: Duke University Press.

Ono, Hiromi. 2006. "Divorce in Japan: Why It Happens, Why It Doesn't." In Blomström and La Croix, *Institutional Change in Japan*, 221–36.

Ono, Hiromi. 2010. "The Socioeconomic Status of Women and Children in Japan: Comparisons with the USA." *International Journal of Law, Policy, and the Family* 24(2): 151–76.

Ono, Hiroshi. 2009. "Lifetime Employment in Japan: Concepts and Measurements." *Journal of the Japanese and International Economies* 24:1–27.

Ootake, Midori, Hiroko Amano, and Setsu Itoh. 1980. "Fūfu no seikatsu jikan kōzō no shitsuteki kentō" [A Qualitative Examination of Time Budgets among Married Couples]. *Kaseigaku zasshi* 31(3): 214–22.

Oppler, Alfred C. 1949. "The Reform of Japan's Legal and Judicial System under Allied Occupation." *Washington Law Review and State Bar Journal* 24:290–324.

Osawa, Mari. 2005. "Japanese Government Approaches to Gender Equality since the Mid-1990s." *Asian Perspective* 29(1): 157–73.

Osawa, Michiko, Myoung Jung Kim, and Jeff Kingston. 2013. "Precarious Work in Japan." *American Behavioral Scientist* 57(3): 309–34.

Oshio, Takashi, and Kunio Urakawa. 2014. "The Association between Perceived Income Inequality and Subjective Well-Being: Evidence from a Social Survey in Japan." *Social Indicators Research* 116(3): 755–70.

Ouellete, Laurie. 2009. "Take Responsibility for Your Self: *Judge Judy* and the Neoliberal Citizen." In *Reality TV: Remaking Television Culture*, 2nd edition, edited by Susan Murray and Laurie Ouellette, 223–42. New York: New York University Press.

Ozawa-de Silva, Chikako. 2006. *Psychotherapy and Religion in Japan: The Japanese Introspection Practice of Naikan*. Abingdon, UK: Routledge.

Ozawa-de Silva, Chikako. 2018. "Stand by Me: The Fear of Solitary Death and the Need for Social Bonds in Contemporary Japan." *The Routledge Handbook of Death and the Afterlife*, edited by Candi Cann, 85–95. Abingdon, UK: Routledge.

Park, Hyunjoon, and James M. Raymo. 2013. "Divorce in Korea: Trends and Educational Differentials." *Journal of Marriage and Family* 75(1): 110–26.

Peng, Ito. 2002. "Social Care in Crisis: Gender, Demography, and Welfare State Restructuring in Japan." *Social Politics* 9(3): 411–43.

Peterson, Richard R. 1996. "A Re-Evaluation of the Economic Consequences of Divorce." *American Sociological Review* 61(3): 528–36.

Porges, Amelia, and Joy M Leong. 2006. "The Privatization of Japan Post: Ensuring Both a Viable Post and a Level Playing Field." In *Progress toward Liberalization of the Postal and Delivery Sector*, edited by Michael Crew and Paul Kleindorfer, 385–400. New York: Springer.

Pugh, Allison. 2015. *The Tumbleweed Society: Working and Caring in an Age of Insecurity*. Oxford: Oxford University Press.

Qush, Stella R., ed. 2015. *Routledge Handbook of Families in Asia*. Abingdon, UK: Routledge.

Ramseyer, Mark, and Minoru Nakazato. 1999. *Japanese Law: An Economic Approach*. Chicago: University of Chicago Press.

Raymo, James, Setsuya Fukuda, and Miho Iwasawa. 2013. "Educational Differences in Divorce in Japan." *Demographic Research* 28:177–206.

Raymo, James, and Miho Iwasawa. 2008. "Bridal Pregnancy and Spouse Pairing Patterns in Japan." *Journal of Marriage and the Family* 70(4): 847–60.

Raymo, James, Miho Iwasawa, and Larry Bumpass. 2004. "Marital Dissolution in Japan: Recent Trends and Patterns." *Demographic Research* 11(14): 395–420.

Raymo, James, Miho Iwasawa, and Larry Bumpass. 2009. "Cohabitation and Family Formation in Japan." *Demography* 46(4): 785–803.

Raymo, James, and Yanfei Zhou. 2012. "Living Arrangements and the Well-Being of Single Mothers in Japan." *Population Research Policy Review* 31:727–49.

Rebhun, Linda-Anne. 2002. *The Heart is Unknown Country: Love and the Changing Economy in Northeast Brazil*. Stanford: Stanford University Press.

Rebhun, Linda-Anne. 2007. "The Strange Marriage of Love and Interest: Economic Change and Emotional Intimacy in Northeast Brazil." In *Love and Globalization: Transformations of Intimacy in the Contemporary World*, edited by Mark B. Padilla, Jennifer S. Hirsch, Miguel Munoz-Laboy, Robert Sember, and Richard G. Parker, 107–19. Nashville, TN: Vanderbilt University Press.

Rebick, Marcus. 2001. "Japanese Labor Markets: Can We Expect Significant Change?" In Blomström, Gangnes, and La Croix, *Japan's New Economy*, 120–41.

Reddy, Gayatri. 2006. "The Bonds of Love: Companionate Marriage and the Desire for Intimacy among Hijras in Hyderabad, India." In Hirsch and Wardlow, *Modern Loves*, 174–92.

Reitman, Valerie. 2001. "Divorce, Japanese Style." *Los Angeles Times*, October 2, 2001.

Reniers, Georges. 2003. "Divorce and Remarriage in Rural Malawi." *Demographic Research* 1(1): 175–206.

Rimke, Heidi Marie. 2000. "Governing Citizens through Self-Help Literature." *Cultural Studies* 14(1): 61–78.

Roberson, James E., and Nobue Suzuki, eds. 2003. *Men and Masculinities in Contemporary Japan: Dislocating the Salaryman Doxa*. Abingdon, UK: Routledge.

Roberts, Glenda. 2002. "Pinning Hopes on Angels: Reflections from an Aging Japan's Urban

Landscape." In *Family and Social Policy in Japan*, edited by R. Goodman, 54–91. Cambridge: Cambridge University Press.

Roberts, Glenda. 1994. *Staying on the Line: Blue-Collar Women in Contemporary Japan.* Honolulu: University of Hawai'i Press.

Robinson, Michael. 1987. "Stepped Up Beef Imports? Can't Stomach It, Says Japanese." Associated Press. https://www.apnews.com/8fff51f61de3400636ec9af70a2680d8.

Rofel, Lisa. 2007. *Desiring China: Experiments in Neoliberalism, Sexuality, and Public Culture.* Durham: Duke University Press.

Rohlen, Thomas P. 1974. *For Harmony and Strength: Japanese White-Collar Organization in Anthropological Perspective.* Berkeley: University of California Press.

Ronald, Richard, and Allison Alexy, eds. 2011. *Home and Family in Japan: Continuity and Transformation.* Abingdon, UK: Routledge.

Ronald, Richard, and Yosuke Hirayama. 2009. "Home Alone: The Individualization of Young, Urban Japanese Singles." *Environment and Planning A: Economy and Space* 41(12): 2836–54.

Roquet, Paul. 2016. *Ambient Media: Japanese Atmospheres of Self.* Minneapolis: University of Minnesota Press.

Rose, Nikolas. 1998. *Inventing Our Selves: Psychology, Power, and Personhood.* Cambridge: Cambridge University Press.

Rose, Nikolas, and Peter Miller. 2008. *Governing the Present: Administering Economic, Social, and Personal Life.* Cambridge: Polity Press.

Rosenberger, Nancy. 1991. "Gender and the Japanese State: Pension Benefits Creating Difference." *Anthropological Quarterly* 64(4): 178–93.

Rosenberger, Nancy, ed. 1992. *Japanese Sense of Self.* Cambridge: Cambridge University Press.

Rosenberger, Nancy. 2001. *Gambling with Virtue: Japanese Women and the Search for Self in a Changing Nation.* Honolulu: University of Hawai'i Press.

Rowe, Mark Michael. 2011. *Bonds of the Dead: Temples, Burial, and the Transformation of Contemporary Japanese Buddhism.* Chicago: University of Chicago Press.

Rubin, Lillian B. 1983. *Intimate Strangers: Men and Women Together.* New York: Harper and Row.

Ryang, Sonia. 2006. *Love in Modern Japan: Its Estrangement from Self, Sex, and Society.* Abingdon, UK: Routledge.

Sadaoka, Minobu. 2011. "Dairi kaitai de umareta kodomo no fukushi: shutsuji o shirukenri no hoshō" [Children's Well-Being in Surrogacy: Guaranteeing the Right to Know One's Origin]. *Koa eshikkusu* 7:365–74.

Saito, Hiroharu. 2016. "Bargaining in the Shadow of Children's Voices in Divorce Custody Disputes: Comparative Analysis of Japan and the US." *Cardozo Journal of Conflict Resolution* 17(3): 937–88.

Saitō, Juri. 2005. "Jukunen rikon ni miiru tsuma-tachi" [Wives Fixing Their Eyes on "Later-Life Divorce"]. *Aera* 12(5): 83–86.

Sakai, Junko. 2003. *Makeinu no tōboe* [*The Howl of the Loser Dogs*]. Tokyo: Kodansha.

Sako, Mari. 1997. "Introduction: Forces for Homogeneity and Diversity in the Japanese Industrial Relations System." In *Japanese Labour and Management in Transition: Diversity, Flexibility and Participation*, edited by Mari Sato and Hiroko Sato, 1–24. Abingdon, UK: Routledge.

Sakuda, Hirofumi. 2017. "Menkai dekita no wa 2-nenkan de 2-kai kodomo ni aenai chichioyatachi" [Fathers Who Have Visitation with Their Children Less than Twice in Two Years]. *Aera*, March 20: 28–30.

Salamon, Sonya. 1975. "'Male Chauvinism' as a Manifestation of Love in Marriage." In *Adult Episodes in Japan*, edited by David Plath, 20–31. Leiden: Brill.

Sandberg, Shana Fruehan. 2019. "Resisting Intervention, (En)trusting My Partner: Unmarried Women's Narratives about Contraceptive Use in Tokyo." In Alexy and Cook, *Intimate Japan*, 54–72.

Santos, Goncalo, and Stevan Harrell, eds. 2016. *Transforming Patriarchy: Chinese Families in the Twenty-First Century*. Seattle: University of Washington Press.

Sawyer, Malcolm C. 1976. "Income Distribution in OECD Countries." In *OECD Economic Outlook Occasional Studies*, edited by OECD, 3–36. Paris: OECD.

Scher, Mark J., and Naoyuki Yoshino. 2004. "Policy Challenges and the Reform of Postal Savings in Japan." In *Small Savings Mobilization and Asian Economic Development: The Role of Postal Financial Services*, edited by Mark J. Scher and Naoyuki Yoshino, 121–46. Armonk, NY: M. E. Sharpe.

Schregle, Johannes. 1993. "Dismissal Protection in Japan." *International Labour Review* 132(4): 507–20.

Shahani, Nishant. 2008. "The Politics of Queer Time: Retro-Sexual Returns to the Primal Scene of American Studies." *MFS Modern Fiction Studies* 54(4): 791–814.

Shibamoto Smith, Janet. 1999. "From Hiren to Happī-Endo: Romantic Expression in the Japanese Love Story." In *Languages of Sentiment: Cultural Constructions of Emotional Substrates*, edited by Gary B. Palmer and Debra J. Occhi, 131–50. Amsterdam: John Benjamins.

Shibamoto Smith, Janet. 2004. "Language and Gender in the (Hetero)Romance: 'Reading' the Ideal Hero/ine through Lovers' Dialogue in Japanese Romance Fiction." In *Japanese Language, Gender, and Ideology: Cultural Models and Real People*, edited by Shigeko Okamoto and Janet Shibamoto Smith, 113–30. Oxford: Oxford University Press.

Shimada, Tomiko. 1993. "Nenkin Sōdanshitsu" [Answers to Pension Problems]. *Egao* (May): 39.

Shioiri, Aya. 2017. "Shinken, menkai-sū mo arasou jidai haha ni 'toshi 100-nichi' yakusoku no chichi, gyakuten haiso" [In an Era of Disputes about Custody and Visitation, Father Who Promised 100 Days a Year Loses Case]. *Asahi Newspaper*, January 27, 2017.

Shiota, Sakiko. 1992. "Gendai feminizumu to Nihon no shakai seisaku 1970–1990-nen" [Modern Feminism and Social Policy in Japan from 1970 to 1990]. *Joseigaku kenkyū* 2:29–52.

Simmons, Christina. 1979. "Companionate Marriage and the Lesbian Threat." *Frontiers: A Journal of Women Studies* 4(3): 54–59.

Simpson, Bob. 1997. "On Gifts, Payments, and Disputes: Divorce and Changing Family Structures in Contemporary Britain." *Journal of the Royal Anthropological Institute* 3(4): 731–45.

Simpson, Bob. 1998. *Changing Families: An Ethnographic Approach to Divorce and Separation*. Oxford: Berg.

Skinner, Kenneth. 1979. "Salaryman Comics in Japan: Images of Self-Perception." *Journal of Popular Culture* 13(1): 141–51.

Slater, David, and Patrick W. Galbraith. 2011. "Re-Narrating Social Class and Masculinity in Neoliberal Japan: An Examination of the Media Coverage of the 'Akihabara Incident' of

2008." *Electronic Journal of Contemporary Japanese Studies.* http://www.japanesestudies.org.uk/articles/2011/SlaterGalbraith.html.

Smappy. 2015. "Amuro Namie no musuko, Atsuhito-kun no shinken wa dochira? Ikemen de genzai gyōsei kōkō" [Who Has Custody of Amuro Namie's Son, Atsuhito?]. http://daikaibou.com/archives/2886.

Smith, Daniel Jordan. 2006. "Love and the Risk of HIV: Courtship, Marriage, Infidelity in Southeastern Nigeria." In Hirsch and Wardlow, *Modern Loves*, 135–56.

Smith, Daniel Jordan. 2008. "Intimacy, Infidelity, and Masculinity in Southeastern Nigeria." In *Intimacies: Love and Sex across Cultures*, edited by William R. Jankowiak, 224–44. New York: Columbia University Press.

Smith, Daniel Jordan. 2009. "Managing Men, Marriage, and Modern Love: Women's Perspectives on Intimacy and Male Infidelity in Southeastern Nigeria." In Cole and Thomas, *Love in Africa*, 157–80.

Smith, Robert. 1974. *Ancestor Worship in Contemporary Japan*. Stanford: Stanford University Press.

Smith, Robert. 1983. *Japanese Society: Tradition, Self, and the Social Order*. Cambridge: Cambridge University Press.

Smith, Robert. 1987. "Gender Inequality in Contemporary Japan." *Journal of Japanese Studies* 13(1): 1–25.

Smith, Robert, and Ella Lury Wiswell. 1982. *The Women of Suye Mura*. Chicago: University of Chicago Press.

Smock, Pamela J. 1993. "The Economic Costs of Marital Disruption for Young Women over the Past Two Decades." *Demography* 30(3): 353–71.

Smock, Pamela J. 1994. "Gender and the Short-Run Economic Consequences of Marital Disruption." *Social Forces* 73(1): 243–62.

Smock, Pamela J., Wendy D. Manning, and Sanjiv Gupta. 1999. "The Effect of Marriage and Divorce on Women's Economic Well-Being." *American Sociological Review* 64(6): 794–812.

Song, Jesook. 2009. *South Koreans in the Debt Crisis: The Creation of a Neoliberal Welfare Society*. Durham: Duke University Press.

Song, Jiyeoun. 2014. *Inequality in the Workplace: Labor Market Reform in Japan and Korea*. Ithaca: Cornell University Press.

Stanlaw, James. 2004. *Japanese English: Language and Culture Contact*. Hong Kong: University of Hong Kong Press.

Steiner, Kurt. 1950. "The Revision of the Civil Code of Japan: Provisions Affecting the Family." *Journal of Asian Studies* 9(2): 169–84.

Stewart, Abigail J., Anne P. Copeland, Nia Lane Chester, Janet E. Malley, and Nicole B. Barenbaum. 1997. *Separating Together: How Divorce Transforms Families*. New York: Guilford Press.

Strathern, Marilyn. 2005. *Kinship, Law and the Unexpected: Relatives Are Always a Surprise*. Cambridge: Cambridge University Press.

Sugimoto, Yoshio. 1999. "Making Sense of Nihonjinron." *Thesis Eleven* 57(1): 81–96.

Sugimoto, Yoshio. 2003. *An Introduction to Japanese Society*, 2nd ed. Cambridge: Cambridge

University Press.

Sugimoto, Yoshio, and Ross E. Mouer 1980. "Reappraising Images of Japanese Society." *Social Analysis* 5/6:5–19.

Supreme Court of Japan. 2015. *Shihō tōkei nenpō 3 kaji-hen saikō saibansho jimu sōkyoku* [*Judicial Statistics Annual Report, Section 3: Households*]. Tokyo: Saikō saibansho jimu sōkyoku.

Swidler, Ann. 2001. *Talk of Love: How Culture Matters*. Chicago: University of Chicago Press.

Świtek, Beata. 2016. *Reluctant Intimacies: Japanese Eldercare in Indonesian Hands*. New York: Berghahn.

Tachibanaki, Toshiaki. 1987. "Labour Market Flexibility in Japan in Comparison with Europe and the US." *European Economic Review* 31 (3): 647–78.

Tachibanaki, Toshiaki. 2005. *Confronting Income Inequality in Japan: A Comparative Analysis of Causes, Consequences, and Reform*. Cambridge: MIT Press.

Tachibanaki, Toshiaki. 2006. "Inequality and Poverty in Japan." *Japanese Economic Review* 57(1): 1–27.

Tachibanaki, Toshiaki. 2010. *Muen shakai no shōtai—ketsuen chien shaen wa ikani hōkai shita ka* [*The Truth of a Society without Ties: Why Have Blood, Environmental, and Social Ties Collapsed?*]. Tokyo: PHP kenkyūjo.

Tahhan, Diana Adis. 2014. *The Japanese Family: Touch, Intimacy and Feeling*. Abingdon, UK: Routledge.

Takada, Shinobu. 2011. "Factors Determining the Employment of Single Mothers." *Japanese Economy* 38(2): 105–23.

Takahashi, Satsuki. 2018. "Fukushima oki ni ukabu 'mirai' to sono mirai" [The Future of "Fukushima Future"]. *Bunka junruigaku* 83(3): 441–58.

Takahashi, Shingo, Masumi Kawade, and Ryuta Ray Kato. 2009. "Spousal Tax Deduction, Social Security System and the Labor Supply of Japanese Married Women." Shiga University Center for Risk Research Working Paper Series: 1–32.

Takeda, Hiroko. 2004. *The Political Economy of Reproduction in Japan*. Abingdon, UK: Routledge.

Takeda, Hiroko. 2008. "Structural Reform of the Family and the Neoliberalization of Everyday Life in Japan." *New Political Economy* 13(2): 153–72.

Takemaru, Naoko. 2005. "Japanese Women's Perceptions of Sexism in Language." *Women and Language* 28(1): 39–48.

Takeyama, Akiko. 2016. *Staged Seduction: Selling Dreams in a Tokyo Host Club*. Stanford: Stanford University Press.

Takezawa, Junko. 2003. "Divorce Rates and Motives of Claims for Divorces in Japan." Presentation at Congress of the Japan Society of Home Economics.

Takita, Yōjirō. 2008. *Okuribito* [*Departures*]. Tokyo: Shochiku.

Tamaki, Teiko. 2014. "Live and Die in Solitude Away from the Family: Issues Relating to Unattended Death *Kodokushi* in Japan." *Housei Riron* 46(4): 203–18.

Tanaka, Hideo. 1980. "Legal Equality among Family Members in Japan: The Impact of the Japanese Constitution of 1946 on the Traditional Family System." *Southern California Law Review* 53(2): 611.

Tanase, Kazuyo. 2004. "Rikon no kodomo ni ataeru eikyō: jirei bunseki o tōshite" [The Effects of Divorce on Children: Case Analyses]. *Kyōto joshidaigaku gendai shakai kenkyū* 6:19–37.

Tanase, Kazuyo. 2010. *Rikon de kowareru kodomo-tachi shinri rinshō-ka kara no keikoku* [Children Hurt by Divorce: Warnings from Psychologists]. Tokyo: Kobunsha.

Tanase, Takao. 2010. "Post-Divorce Laws Governing Parent and Child in Japan." https://travel.state.gov/content/dam/childabduction/tanase_on_visitation_law_in_english.pdf.

Tanase, Takao. 2011. "Divorce and the Best Interest of the Child: Disputes Over Visitation and the Japanese Family Courts." *Pacific Rim Law and Policy Journal* 20(3): 563–88.

TBS Program Staff. 2006. *Jukunen rikon 100 no riyū* [100 Reasons for Later-Life Divorce]. Tokyo: Shōnensha.

Thomas, Lynne M., and Jennifer Cole. 2009. "Thinking Through Love in Africa." In Cole and Thomas, *Love in Africa*, 1–30.

Thorsten, Marie. 2009. "The Homecoming of Japanese Hostages from Iraq: Culturalism or Japan in America's Embrace?" *Asia-Pacific Journal* 22(4). http://www.japanfocus.org/-marie-thorsten/3157.

Toivonen, Tuukka, and Yuki Imoto. 2013. "Transcending Labels and Panics: The Logic of Japanese Youth Problems." *Contemporary Japan* 25(1): 61–86.

Toshitani, Nobuyoshi. 1994. "The Reform of Japanese Family Law and Changes in the Family System." *US-Japan Women's Journal* 6:66–82.

Tsubuku, Masako, and Philip Brasor. 1996. "The Value of a Family." *Japan Quarterly* 43(3): 79–87.

Tsutsui, Kiyoteru. 2018. *Rights Make Might: Global Human Rights and Minority Social Movements in Japan*. Oxford: Oxford University Press.

Tsuya, Noriko, Larry L. Bumpass, and Minja Kim Choe. 2000. "Gender, Employment, and Housework in Japan, South Korea, and the United States." *Review of Population and Social Policy* 9:195–220.

Tsuyuki, Yukihiko. 2010. *Otoko no tame no saikyō rikon-jutsu* [The Best Divorce Strategies for Men]. Tokyo: Metamoru shuppan.

Ueno, Chizuko. 1987. "The Position of Japanese Women Reconsidered." *Current Anthropology* 28(4) supplement: S75–S84.

Ueno, Chizuko. 2009. *Otoko ohitorisamadō* [Men on Their Own]. Tokyo: Hōken.

United States Department of State. 2007. "International Parental Abduction Japan." http://travel.state.gov/family/abduction/country/country_501.html. [As of 2019, this website is accessible through web.archive.org.]

Uno, Kathleen. 1991. "Women and Changes in the Household Division of Labor." *Recreating Japanese Women, 1600–1945*, edited by Gail Lee Bernstein, 17–41. Berkeley: University of California Press.

Upham, Frank K. 1987. *Law and Social Change in Postwar Japan*. Cambridge: Harvard University Press.

Ushida, Shigeru. 2016. "Fōramu: kodomo to hinkon, yōiku-hi" [Forum: Children, Poverty, and Child Support]. *Asahi Newspaper*, March 7, 2016.

Uunk, Wilfred. 2004. "The Economic Consequences of Divorce for Women in the European Union: The Impact of Welfare State Arrangements." *European Journal of Population* 20:251–85.

Vaporis, Constantine Nomikos. 2009. *Tour of Duty: Samurai, Military Service in Edo, and the Culture of Early Modern Japan*. Honolulu: University of Hawai'i Press.
Vaughn, Diane. 1990. *Uncoupling: Turning Points in Intimate Relationships*. New York: Vintage.
Vogel, Ezra F. 1971. *Japan's New Middle Class: The Salary Man and His Family in a Tokyo Suburb*. Berkeley: University of California Press.
Vogel, Ezra. 1979. *Japan as Number One: Lessons for America*. Cambridge: Harvard University Press.
Vogel, Suzanne Hall, with Steven K. Vogel. 2013. *The Japanese Family in Transition: From the Professional Housewife Ideal to the Dilemmas of Choice*. Lanham, MD: Rowman and Littlefield.
Wagatsuma, Hiroshi. 1977. "Aspects of the Contemporary Japanese Family: Once Confucian, Now Fatherless?" *Daedalus* 106(2): 181–210.
Wagatsuma, Sakae. 1950. "Democratization of the Family Relation in Japan." *Washington Law Review and State Bar Journal* 25(4): 405–29.
Waki, Mitsuo. 2009. *Zero kara hajimeru kekkon nyūmon* [Introductory Handbook for Marriage]. Tokyo: Bungeisha.
Wallerstein, Judith S., Julia M. Lewis, and Sandra Blakeslee. 2000. *The Unexpected Legacy of Divorce: The 25 Year Landmark Study*. New York: Hyperion.
Wardlow, Holly. 2006. *Wayward Women: Sexuality and Agency in a New Guinea Society*. Berkeley: University of California Press.
Watanabe, Junichi. 2004. *Otto toiu mono* [A Person Called Husband]. Tokyo: Shueisha.
Watanabe, Yozo, assisted by Max Rheinstein. 1963. "The Family and the Law: The Individualistic Premise and Modern Japanese Family Law." In *Law in Japan: The Legal Order in a Changing Society*, edited by A. T. von Mehren, 364–98. Cambridge: Harvard University Press.
West, Mark. 2011. *Lovesick Japan: Sex, Marriage, Romance, Law*. Ithaca: Cornell University Press.
Weston, Kath. 1991. *Families We Choose: Lesbians, Gays, Kinship*. New York: Columbia University Press.
White, Linda E. 2014. "Challenging the Heteronormative Family in the Koseki: Surname, Legitimacy, and Unmarried Mothers." In Chapman and Krogness, *Japan's Household Registration System and Citizenship*, 239–56.
White, Linda. 2018. *Gender and the Koseki in Contemporary Japan: Surname, Power, and Privilege*. Abingdon, UK: Routledge.
White, Merry. 1987. "The Virtue of Japanese Mothers: Cultural Definitions of Women's Lives." *Daedalus* 116(3): 149–63.
White, Merry Isaacs. 2002. *Perfectly Japanese: Making Families in an Era of Upheaval*. Berkeley: University of California Press.
Wietzman, Leonore J. 1985. *The Divorce Revolution: The Unexpected Social and Economic Consequences for Women and Children in America*. New York: Free Press.
Wilson, Ara. 2004. *The Intimate Economies of Bangkok: Tomboys, Tycoons, and Avon Ladies in the Global City*. Berkeley: University of California Press.
Yahoo News. 2009. "'Kyōdō shinken' ni sansei? Hantai?" [Do You Agree with Joint Custody? Oppose It?]. https://news.yahoo.co.jp/polls/domestic/3482/result.
Yamada, Ken. 2011. "Labor Supply Responses to the 1990s Japanese Tax Reforms." *Labour Economics* 18:539–46.

Yamada, Masahiro, and Momoko Shirakawa. 2008. *'Konkatsu' jidai* [*The Age of "Marriage Hunting"*]. Tokyo: Disukabā touentiwan.

Yamaguchi, Tomomi. 2006. "'Loser Dogs' and 'Demon Hags': Single Women in Japan and the Declining Birth Rate." *Social Science Japan Journal* 9(1): 109–14.

Yamauchi, Sayako. 2016. "Fōramu: yōiku-hi to shinken kodomo to hinkon" [Forum: Child Support and Custody, Children, and Poverty]. *Asahi Newspaper*, April 25, 2016.

Yan, Yunxiang. 2003. *Private Life under Socialism: Love, Intimacy, and Family Change in a Chinese Village, 1949–1999*. Stanford: Stanford University Press.

Yanagihara, Kuwako, and Gaku Ōtsuka. 2013. *Zettai kōkai shitakunai: yoku wakaru rikon sōdan* [*Definitely No Regrets: The Easy Guide to Divorce*]. Tokyo: Ikeda shoten.

Yang, Jie. 2015. *Unknotting the Heart: Unemployment and Therapeutic Governance in China*. Ithaca: Cornell University Press.

Yokoyama, Izumi, and Naomi Kodama. 2018. "Women's Labor Supply and Taxation: Analysis of the Current Situation Using Data." *Policy Research Institute, Ministry of Finance, Japan, Public Policy Review* 14(2): 267–300.

Yomiuri Newspaper. 1992. "Juri sareta tsuma no rikontodoke otto ga madoguchi de 'gōdatsu' moyasu" [Husband "Violently" Burns Wife's Divorce Notification Form at City Office Window]. November 10, 1992.

Yomiuri Newspaper. 1996. "Yakusho misu de rikon-todoke juri otto no fujurishinsei wasure" [Government Office Forgot a "Divorce Nonacceptance" Form Submitted by Husband]. July 27, 1996.

Yoshihama, Mieko, and Susan B. Sorenson. 1994. "Physical, Sexual, and Emotional Abuse by Male Intimates: Experiences of Women in Japan." *Violence and Victims* 9(1): 63–77.

Yoshihiko, Miki. 1996. "Jinsei an'nai: kekkon gokagetsu, betsu no josei to saikon shitai" [I've Been Married Five Months but Want to Marry Another Woman]. *Yomiuri Newspaper*, Osaka edition A17, October 16, 1996.

Young, Louise. 1998. *Japan's Total Empire: Manchuria and the Culture of Wartime Imperialism*. Berkeley: University of California Press.

Zelizer, Viviana. 2005. *The Purchase of Intimacy*. Princeton: Princeton University Press.

Zelizer, Viviana. 2010. "Caring Everywhere." In Boris and Parreñas, *Intimate Labors*, 267–79.

Zhou, Yanfei. 2008. "Boshi setai no 'ima': zōka yōin shūgyōritsu shūnyū-tō" [Single Mothers Today: Increasing Numbers, Employment Rates, and Income.] In *Boshi katei no haha e no shūgyō shien ni kansuru kenkyū*, edited by Japan Institute for Labour Policy and Training, 26–38. Tokyo: Japan Institute of Labour Policy and Training.

Zuhur, Sherifa. 2003. "Women and Empowerment in the Arab World." *Arab Studies Quarterly* 25(4): 17–38.

INTIMATE DISCONNECTIONS: Divorce and the Romance of Independence in Contemporary Japan
by Allison Alexy
Licensed by The University of Chicago Press, Chicago, Illinois, U.S.A.
Copyright © 2020 by The University of Chicago. All rights reserved.
Simplified Chinese Translation Copyright © 2022 by East China Normal University Press Ltd.
All rights reserved.

上海市版权局著作权合同登记 图字：09-2020-1003 号